図書館の自由に関する事例集

Selection from the Cases on Intellectual Freedom in Japanese Libraries

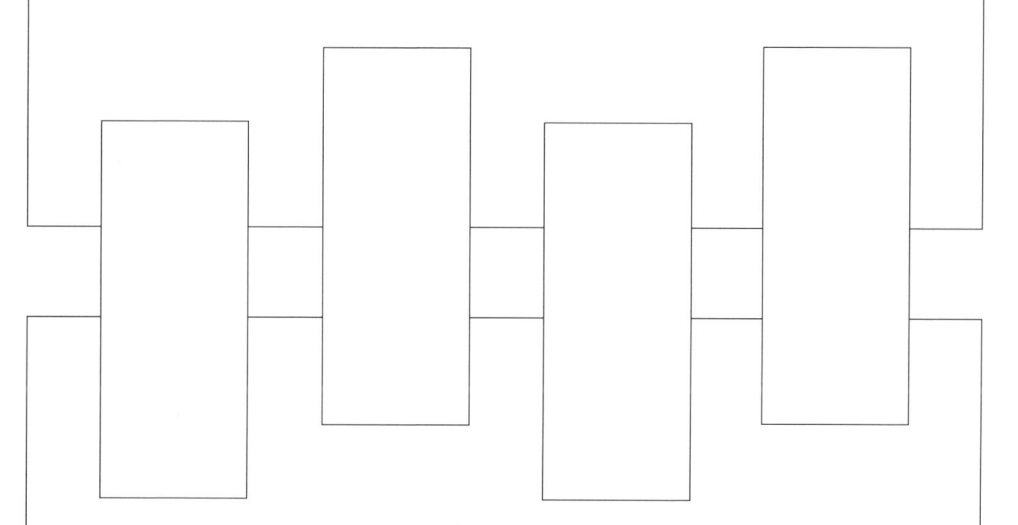

日本図書館協会図書館の自由委員会 編

compiled by Intellectual Freedom Committee of Japan Library Association

日本図書館協会

Selection from the Cases on Intellectual Freedom in Japanese Libraries
compiled by Intellectual Freedom Committee of Japan Library Association
published by Japan Library Association

図書館の自由に関する事例集 ／ 日本図書館協会図書館の自由委員会編. － 東京 ： 日本図書館協会, 2008. － 279p ； 21cm. － ISBN978-4-8204-0812-3

t1. トショカン ノ ジユウ ニ カンスル ジレイシュウ a1. ニホン トショカン キョウカイ s1. 図書館と自由 ①010.1

序

　「図書館の自由に関する宣言」(1954年) 50周年の記念事業として，2004年に，全国図書館大会における座談会や，何点かの出版物の刊行が計画され実行された。その中で残っていたのが本書『図書館の自由に関する事例集』である。1997年に刊行した『図書館の自由に関する事例33選』の続編にあたる。今回は1992 (平成4) 年から2004 (平成16) 年までのおもな事例を集めた。

　目につくのは，宣言第3の資料提供の自由に関する事例が増えたことである。しかし，前書で半数以上を占めていた差別問題の事例に替わって，出版禁止や事件報道にかかわる資料の提供問題など，多様性を加えてきた。特に1997年の神戸児童連続殺傷事件被疑者少年の本人推知報道を契機として，社会事象の報道資料や情報について，図書館でどのように扱われるかにマスコミおよび世間が注目するようになり，図書館でも真剣に取り組まざるを得なくなっている。「図書館の自由」の原則に，図書館員は無関心ではいられなくなった。

　そのように図書館および図書館員にとって，図書館存立の理念の実行が欠かせなくなってきたにもかかわらず，公的施設に業務委託や指定管理者制度の導入が進行し，図書館でも，非正規職員の増加，館長の非専門職化が広がっていることは由々しき事態といわなければならない。

　そこで，図書館存立の基本にかかわる図書館の自由の問題について，これまでどのような取り組みをしてきたかについて，経験と蓄積を示すことがますます必要になってくる。それは，前書のとき以上に深刻であろう。

　図書館の自由委員会は，東西の地区委員会を毎月1回開催して，図書館の自由にかかわりのある問題を調査し，討議を重ねて，問題を明らかにするよう努めてきた。本書はそれを集積したものである。

　図書館の自由にかかわる問題は，地域・環境・時代・状況等，その図書館の

置かれた位置によって対応のしかたは異なる。日本図書館協会が一定の対応をすべての図書館に示すということにはならない。図書館ごとに，全職員の討議を経て，その図書館の考え方を決めて対処しなければならない。

　そして時間が経過し，状況が変われば，その対応も変わるのが当然である。とはいえ，守らなければならない原則はある。その守らなければならない最低限の基本は，資料の保存である。資料が失われれば，「図書館の自由に関する宣言」にうたわれた図書館の責務は果たせなくなる。その上で，自由宣言に表明された規範を，住民の立場に立って，どう対応するか考えなければならない。この観点を見失うと，問題が起きた場合に，外部（教育委員会など）の指示や管理職の独断によって決定したり，右顧左眄しておろおろする結果になってしまう。住民の立場に立って，自分で考えることが出発点であることを銘記しておきたい。

　本書は，図書館の自由委員が分担執筆し，事例集編集委員会で調整して完成したものである。執筆に参加しているのは第31期と32期の委員である。編集委員は，佐藤眞一・佐藤毅彦・西村一夫・前川敦子・三苫正勝の5人，編集委員長は三苫がつとめた。歴史的概観の原案は佐藤毅彦編集委員にお願いし，熊野清子西地区委員長には，年表作成のみならず，事務局として全体に綿密な目配りをいただいた。

　　2008年7月

　　　　　　　　　　　　　　　日本図書館協会　図書館の自由委員会
　　　　　　　　　　　　　　　　　事例集編集委員長　三苫　正勝

目次

序 ………3
目次 ……5
凡例 ……8

[前文] 図書館は，基本的人権のひとつとして知る自由をもつ国民に，資料と施設を提供することを，もっとも重要な任務とする。 ……11

  1 憲法判断としての知る自由－未決拘禁者の閲読の自由 ……12
  2 年齢・貸出冊数等の制限と図書館の自由 ……18

第1 図書館は資料収集の自由を有する。 ……25

  3 那賀川町立図書館における『富岡町志』焼却要求 ……26
  4 船橋市西図書館における蔵書廃棄事件 ……32

第2 図書館は資料提供の自由を有する。 ……43

  5 『こんな治療法もある』の提供問題 ……44
  6 松本市立図書館における小説『みどりの刺青』の貸出保留問題 ……51
  7 小説『アイヌの学校』回収要求 ……56
  8 『完全自殺マニュアル』利用制限と青少年保護育成条例 ……67
  9 三重県立図書館における同和関係図書の偏った書庫入れ問題 ……77
  10 秋田県の地域雑誌『KEN』提供禁止要求 ……86
  11 神戸連続児童殺傷事件等における少年事件報道の取り扱い ……92
  12 小説『三島由紀夫－剣と寒紅』出版禁止問題 ……105
  13 柳美里著「石に泳ぐ魚」の図書出版禁止問題 ……109
  14 雑誌『クロワッサン』における差別表現問題 ……114

15　『タイ買春読本』廃棄要求と「有害図書」指定運動 ……*120*

　16　翻訳小説『ハリー・ポッターと秘密の部屋』における差別用語問題 ……*125*

　17　東大和市立図書館における雑誌『新潮45』閲覧禁止事件裁判
　　　　－堺市通り魔殺人事件被疑少年実名報道記事問題 ……*129*

　18　『週刊文春』出版差止め仮処分事件 ……*137*

　19　旧石器遺跡捏造と関連資料の取り扱い ……*142*

　20　『官僚技官』への注意書き貼付要求 ……*149*

第3　図書館は利用者の秘密を守る。 ……*153*

　21　名簿の取り扱い－『金沢市内刑罰者人名録』の閲覧禁止 ……*154*

　22　テレビドラマの中の図書館員による利用者情報漏洩問題 ……*162*

　23　映画「耳をすませば」における読書記録の残る貸出方式の問題 ……*169*

　24　地下鉄サリン事件と国立国会図書館利用記録差し押さえ事件 ……*174*

　25　大阪市立・大阪府立図書館のパソコン通信サービスへの不正侵入 ……*178*

　26　住基カードと図書館 ……*183*

　27　三重県立図書館の利用者情報流出 ……*190*

第4　図書館はすべての検閲に反対する。 ……*195*

　28　諫早市立図書館における絵本作家座談会中止問題 ……*196*

　29　図書館所蔵のヘアヌード掲載週刊誌排除要求 ……*202*

　30　東京都における区議会議員の図書館資料選択・収集への介入 ……*208*

[結語] 図書館の自由が侵されるとき，われわれは団結して，あくまで自由を守る。 ……*213*

　31　各地の図書館における「自由委員会」の設置 ……*214*

　32　各地の図書館における資料の取り扱いに関する規定 ……*222*

歴史的概観 ……………………………………………………………… *229*
　図書館の自由が社会から問われる時代 ……*230*

年表 ……………………………………………………………………… *241*

図書館の自由に関する宣言1979年改訂 ……………………… *266*
図書館の自由委員会内規 ……*270*
図書館の自由委員会委員名簿 ……*271*
索引 ……*272*

凡例

1　収録範囲
　図書館の自由に関する事件や問題のうち，1992（平成 4 ）年から2004（平成16）年の間に起きたおもな事例で，文献等で明らかになっているものを32件収録した。ただし，事件の終結が裁判等により2004年以降に及んでいる場合もあり，必要に応じて範囲を越えて記述した。また宣言の前文や結語にかかわる基本的・全体的問題も取り上げたため，その中では，説明のために収録範囲外の事例を使った場合もある。

2　構成
　全体の構成は，前事例集『図書館の自由に関する事例33選』にならい，自由宣言の順序に沿って，前文・第 1 （資料収集の自由）・第 2 （資料提供の自由）・第 3 （利用者の秘密）・第 4 （検閲に反対）・結語の 6 区分とし，各区分の中は時代順とした。各事例は，おおむね〈事実の概要〉〈宣言との関連〉〈解説〉〈類例〉〈参考文献〉の 5 項目の構成で紹介した。

3　固有名詞
　図書館名・人名・地名・団体名等の固有名詞については，具体的に事例を検討できるように，可能な限り具体的に表記した。敬称は付さなかった。

4　年号
　年号は，原則として西暦で表記し，必要に応じて元号も使用した。

5　略称

名称・用語で，慣用あるいは文脈の中で通用する略称は，いちいちことわらずに使用した。

［例］

　　図書館の自由に関する宣言⇒自由宣言　または　宣言

　　『図書館の自由に関する事例33選』⇒33選（33選事例1のように表記）

　　本書『図書館の自由に関する事例集』⇒本書（本書事例1のように表記）

　　『「図書館の自由に関する宣言1979年改訂」解説』⇒宣言解説

　　『「図書館の自由に関する宣言1979年改訂」解説　第2版』⇒宣言解説2版

　　図書館の自由に関する調査委員会⇒自由委員会

　　図書館の自由委員会（2002年8月8日以降）⇒自由委員会

　　日本図書館協会⇒日図協

　　図書館問題研究会⇒図問研

　　地方裁判所⇒地裁

　　高等裁判所⇒高裁

　　最高裁判所⇒最高裁

6　参考文献

参照された文献は各項の最後にまとめ，注はいくつかの例外を除いて付さなかった。本書は学術論文ではないので参考文献も網羅的ではない。

記載している項目は次のとおりである。

　①著者・編者・訳者（著者等がない文献，または明らかでない文献はこれを省略し，複数あるときは代表的な著者等のみ表記した）

　②論文・記事名（「　」で示す）・（単行図書全体の場合は図書名）

　③所収雑誌・新聞・図書名（『　』で示す）

　④雑誌・新聞の巻号・発行年月（日）・（図書の場合は発行所名・発行年月）

　⑤該当ページ

7　引用

　短い引用文は「　」で囲んで記載し,比較的長い引用文は前後1行あけ,かつ1字下げて記載した。

図書館の自由に関する宣言

前文 | 図書館は，基本的人権のひとつとして知る自由をもつ国民に，資料と施設を提供することを，もっとも重要な任務とする。

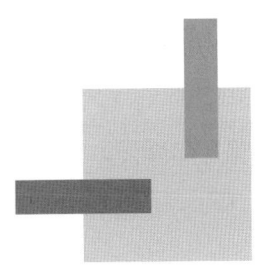

[前文]

1 憲法判断としての知る自由－未決拘禁者の閲読の自由

〈事実の概要〉

　拘置所に収監中の未決勾留者が，購読していた新聞などの一部を黒塗りすることによって閲読できなくされたことを違法として国を訴えた事件である。

　原告は，強盗殺人罪等で東京地裁において1987年10月30日に死刑判決を受け，その後東京高裁において控訴を棄却され最高裁に上告中の者で，1985年2月18日から東京拘置所に収監されていた。1990年7月に，同じ拘置所に収監されてきた経済事犯の被告人の顔写真が，原告の購読していた新聞や差し入れの雑誌に掲載されていたところ，東京拘置所長はこの顔写真の部分を閲読不許可とし，黒く塗り潰した上で原告に交付したケースである。原告と経済事犯の被告人とは何ら直接の関係はなく，その経済事犯が社会の耳目を集めた有名な事件であったにすぎない。そこで原告は，この措置が違法であるとして国を訴えた。

　東京地裁は1992年2月4日に次のような判決を言い渡した。「(1)図書等の閲読の自由が憲法上保障されるべきことは憲法第19条，第21条から当然に導かれる，(2)しかし未決勾留中の者は勾留の目的達成のため種々の自由に対して必要かつ合理的な範囲内で一定の制限を加えられるのはやむを得ない，(3)図書等の閲読の自由の制限が許されるのは，監獄内の規律及び秩序の維持のために放置することができない程度の障害が生じる相当の蓋然性が必要である」と述べた上で，本件はこのうち(3)の要件を満たしていなかったとして，原告の訴えを認めた。

〈宣言との関連〉

　前文中，特に副文1に関連する。

〈解説〉

　すでに本件と同種の未決勾留中の者に対する新聞等の閲読の制限措置の違法性が争われた事件において，最高裁判決（1983年6月22日）は，上記(1)～(3)の見解を示しており，本件はこれを踏襲するもので，今日では定着した司法判断だといえよう。

　ところで，本件の東京地裁判決において，「争点に対する判断」の冒頭には次のように述べられている。「およそ個人が自由にさまざまな意見，知識，情報に接し，これを知得する機会を持つことは，個人の思想や人格の形成のためばかりではなく，民主主義社会が成立し発展するためにも必要不可欠の前提となるのであるから，これらの意見，知識，情報を伝達する媒体である図書等の閲読の自由が憲法上保障されるべきことは，憲法第19条，第21条の規定の趣旨，目的からその派生原理として当然に導かれる。」

　本判決は，拘置所内という特殊な環境下における図書等の閲読の制限措置の是非ないしは程度が争われた事例であるが，この「争点に対する判断」に見られるように，憲法と図書等の閲読の自由，広くいえば知る自由とのかかわりについての考え方は環境の特殊性を越えた一般論としての広がりをもつものと考えられる。

　そこでこの判決を素材にしながら，知る自由が憲法上どのように取り扱われているか，それが図書館の自由とどうかかわっているかを自由宣言（1979年改訂）と関連づけながら検討する。

1　知る自由の憲法上の位置づけ

　今日の憲法学の理解としては，「知る自由」よりも「知る権利」を憲法上の人権ととらえるのが一般的である。さらにいえば，知る自由は消極的ないしは受身的な権利，知る権利は積極的ないしは能動的な権利として，両者の性質の違いから明確に区別してとらえる考え方が通説的な考えといえよう。しかしここではこの議論に深入りせず，同じ意味内容のものとして取り扱う。図書館は利用者が知る自由を享受できる環境を提供しつつ，同時に利用者の知る権利へ

[前文]

日常的なレベルで奉仕する社会的装置だという両側面を併せ持っているから，図書館とのかかわりに限定すれば，あえて両者の区別にこだわる必要はないであろう。宣言の公式英文訳の前文およびその副文でもthe right to knowとthe freedom to knowが併用されている。したがって以下においては，「知る自由」という表記で統一する。

　まず第一に，知る自由は主権者としての国民の権利として，憲法前文および第1条に根拠を求める考え方である。宣言前文の副文1においても，国民主権を維持・発展させるためには国民に知る自由が保障されていることが前提になることが明記されている。

　第二に，上記判決が「閲読の自由」の表現を借りて判示しているように，憲法第21条，第19条に根拠を求める立場である。これも宣言前文の副文1に，知る自由は表現の送り手に保障されるべき自由と表裏一体をなすものであり，思想・良心の自由とも密接にかかわっているとしている。

　第三に，憲法第25条に代表される生存権規定を根拠とする考え方である。国民が文化的な生活を営むためには知的なニーズを充たす環境が整備されていることが必要だからである。

　それ以外にも，学問の自由（第23条），幸福追求の権利（第13条）などを根拠にする考え方もある。

　このように，知る自由が憲法上のさまざまな条項にその根拠を見出しうるのは，その複合的な性質に起因していると考えられる。具体的にいえば，(a) 国民主権原理から来る知りたい情報を公開せよという参政権的性質，(b) 情報収集活動を国家から妨害されないという意味での伝統的な自由権的性質，(c) 個人の健康で文化的な生存を維持するために必要な情報が受容できることを求める社会権的性質，(d) 人格形成・育成に不可欠な知識が確保されることを必然とする人格権的性質，などである。宣言前文の副文1において，「知る自由は，（中略）いっさいの基本的人権と密接にかかわり，それらの保障を実現するための基礎的な要件である」と説いているのも，ほぼ同じ文脈でとらえることができよう。

ところで宣言には，資料収集の自由，資料提供の自由，利用者の秘密保護，検閲の否定が規定されている。これは自由な表現活動を通じて表明された多様な意見，思想等が何らのフィルターも経由せずに図書館利用者の前に提示され，図書館利用者は他者の目を意識せずにこれらの情報にアクセスできる環境を保障しようとするものであり，まさに憲法の保障する知る自由を体現するものといってよい。このように考えるならば，上記第二の憲法第19条，第21条に根拠を求める立場にもっとも近い。

2 知る自由と図書館の自由とのかかわり

前述の判決について，「図書等の閲読の自由」を「知る自由」と読み替えて敷衍すれば，知る自由は憲法上保障されてはいるが一定の場合には知る自由も制限が加えられること，しかしその制限は必要かつ合理的な範囲に限られ，かつ，その制限が認められなければ放置できない程度の障害が生じる相当の蓋然性が必要だとするものであった。

この考えを，宣言を参照しつつ図書館の現場にあてはめれば，どういうことになるのだろうか。

まず資料収集の段階では，多様な意見が対立している問題についてはできる限り幅広く収集し，著者の思想的，宗教的，党派的立場にとらわれず，館外からの圧力・干渉に左右されない公正な収集が求められる（宣言第1－2(1)(2)(4)）。これによって図書館利用者はかたよりのない情報に接する機会が与えられることにより自己の思想形成に役立てることができ，同時に図書館の公正な蔵書構成は表現の送り手の自由が確保されることにつながることになる。

資料提供の段階では，すべての図書館資料は利用者の自由な利用に供されるのが原則であるが，一定の場合，すなわち人権またはプライバシーを侵害するものや，わいせつ出版物であるとの判決が確定したものについては利用を制限することができることになっている（宣言第2－1(1)(2)）。しかしこの制限は必要かつ合理的な範囲に限られるべきであるから，ことにプライバシー侵害については安易な認定を避け，差別的な表現は特定個人の人権侵害に直結する

[前文]

場合に限って制限するなど，利用制限の必要性の有無の判断には慎重さが求められる。また，利用制限が必要な場合にあっても，同様の効果が期待できるならば「より制限的でない方法」を採用しなければならない。これが著者と著書の中でプライバシー等を侵害された者と図書館利用者の間の利害を調整するという観点からの合理的な範囲ということであろうと思われる（宣言解説2版 p.25〜29）。

さらに，これらの制限措置が認められる前提として，それが認められなければ放置できない程度の障害が生じる相当の蓋然性が必要だと判示している。言い換えれば，拘置所内における秩序が維持できなくなる可能性が高度かつ具体的に予測される場合に限って制限措置をとることが許されるということである。図書館は基本的人権の中でもっとも重要な人権だとされる知る自由を含む表現の自由を日常的に実現し，このような環境を国民に提供すべき責務をもつ機関である。したがって上の考えは，宣言第2−1に規定されている「これらの制限は極力限定して適用し」を解釈の参考にすべきものと思われる。

また，仮に制限措置がとられたとしても，その判断の当否についてその措置がとられた後に改めて検証しうる機会が用意されていなければならない（宣言第2−1）。

近時，犯罪少年の実名報道のケースをはじめとして，プライバシーないしは個人情報の保護という理由で図書館の対応にいささか過剰反応が見られるようである。図書館は「知る自由をもつ国民に，資料と施設を提供することを，もっとも重要な任務とする」機関である（宣言前文の副文）。図書館が，プライバシー等の保護の名分のもとに安易な対応をとり続ければ，自ら重要な任務を放棄することになり，やがて図書館は国民の信頼を失うことにつながるであろう。

〈参考文献〉

・堀部政男「図書館の自由と知る権利」『法律時報』52巻11号　1980.11　p.27〜32
・「未決拘禁者の閲読の自由についての最高裁判決（よど号ハイジャック記事抹消事

件)」『最高裁判所民事判例集』37巻5号　1983.6　p.793〜835,『判例時報』1082号　1983.9.1　p.3〜9
・「特集・未決拘禁者の閲読の自由」『ジュリスト』799号　1983.10.1　p.13〜28
・渡辺重夫『図書館の自由と知る権利』青弓社　1989.6
・塩見昇『知的自由と図書館』青木書店　1989.12
・「未決拘禁者の新聞等閲読の自由をめぐる訴訟（東京地裁平4.2.4判決）」『判例時報』1436号　1993.1.1　p.45〜48
・馬場俊明『「自由宣言」と図書館活動』青弓社　1993.12
・「『宣言』の前文とその副文について」『図書館の自由に関する事例33選（図書館と自由第14集）』日本図書館協会　1997.6　p.2〜9
・竹中勲「未決拘禁者の閲読の自由」『憲法判例百選Ⅰ［第4版］（別冊ジュリスト154号）』有斐閣　2000.9　p.38〜39
・山家篤夫「図書館の自由と図書館法」『図書館法と現代の図書館』日本図書館協会　2001.2　p.309〜324
・中村克明『知る権利と図書館』関東学院大学出版会　2005.10
・塩見昇他編『知る自由の保障と図書館』京都大学図書館情報学研究会　2006.12

[前文]

2　年齢・貸出冊数等の制限と図書館の自由

〈事実の概要〉

　自由宣言の前文には「すべての国民は，いつでもその必要とする資料を入手し利用する権利を有する」と書かれている。ここには図書館資料の利用にあたって年齢や貸出冊数など制限をなくし，国民が自由に図書館の資料を利用できるようにという思いが込められている。図書館資料の自由な利用こそが，民主主義社会の形成に向けての図書館の重要な役割であると表明しているのである。その立場から，各種の図書館サービスにおいてとられているさまざまな制限措置をできる限り撤廃，あるいは緩和に向けて取り組む努力が必要である。

　1960年代後半から飛躍的に伸びてきた貸出サービスを進めるにあたって，各図書館では貸し借りのしやすい方法の工夫や貸出制限冊数枠の拡大などをおこない，より利用しやすいサービスをめざしてきた。自由宣言の精神を生かすには貸出冊数の制限はないことが理想であろうが，現実にはさまざまな要因によって制限がおこなわれている。しかし，利用者の必要な資料を提供するためには，よくおこなわれている貸出冊数5冊程度では不十分であり，制限冊数をさらに緩和，撤廃することが必要である。

　また，貸出サービスを進めていく上で必須な業務である予約について，その重要性を認識し，よく見られる予約冊数の制限についても適正な方向を見定めていく必要がある。なお，「予約」という言葉であるが，所蔵資料については「予約」，未所蔵の資料については「リクエスト」と区別している図書館もあるが，本稿における「予約」とは，所蔵資料に限定せず古今の現存資料すべてについて要求された資料を提供するための業務全体を示すこととする。

　年齢による利用制限については，公立図書館においてはほとんど見受けられなくなったが，国立国会図書館では現在も年齢制限が設けられている。○（当

時14歳）は2003年6月30日付けで国立国会図書館長あてに利用者登録申請書を送付したが，年齢が14歳であることを理由に受理されなかった。これに対してOは，「1．日本図書館協会『図書館の自由に関する宣言』に反しており不当です。2．憲法13条（幸福追求権），憲法14条1項（法の下の平等），憲法31条，憲法21条1項に違反しています。その結果，98条1項によって無効になります。3．国立国会図書館法21条に反するおそれがあります。また本処分は前文の精神に反するものです」とその違法性，不当性を示して国立国会図書館関西館長あてに異議申立をおこなった。

〈宣言との関連〉

前文の2および5に関連する。

〈解説〉

1　貸出制限冊数について

1968年の日野市立図書館の開館，1970年には『市民の図書館』の刊行に加えて，東京都の公立図書館振興策の推進が全国に波及し，各地で住民の学習権の保障をめざして，個人貸出による資料の提供が積極的に推進された。『市民の図書館』は「資料の提供という公共図書館の基本的機能は，貸出しとレファレンスという方法であらわれる」（p.18），「貸出しこそ図書館の仕事の最も重要な基礎であり核心である」（p.19）と貸出の重要性を訴えた。そして，図書館を振興させるために「つぎのような図書館を目標にすることがたいせつである」として4つの目標を掲げた（p.34〜35）。

(1)　自由な資料提供機関としての図書館の基本にたち返り，これを実際に市民の目の前に現わすこと。

(2)　図書館のもつ「学生の勉強部屋」「グループ学習の場」「共同の書斎」というイメージをぬぐい去り，市民の本棚，日常生活に必要な知識や資料を得るところ，親が子供に本をねだられたら，借りに行くように言えるとこ

[前文]

ろ，こういう機関に図書館がなること。
(3) 市民の毎日の生活のワク内に図書館があるように，市民の身近かに市民の生活レベルで図書館があるようにすること。
(4) 一人でも多くの市民が読書に親しむ人になり，図書館が好きな人になるために，児童へのサービスを十分におこなうこと。

そして，この目標を達成するために3つの当面の目標を提起した。

(1) 市民の求める図書を自由に気軽に貸出すこと。
(2) 児童の読書要求にこたえ，徹底して児童にサービスすること。
(3) あらゆる人々に図書を貸出し，図書館を市民の身近に置くために，全域へサービス網をはりめぐらすこと。

この「貸出し」「児童サービス」「全域サービス」は全国の図書館で取り組まれ，中でも貸出を伸ばすことに重点を置いた取り組みは，日本の図書館を大きく飛躍させる原動力となった。全国各地の図書館では貸出を伸ばす上での阻害要因を取り除く努力がおこなわれた。

利用登録にあたっては記載内容の簡素化，登録時に証明書をもってこない人への仮登録などにより，多くの人々が図書館を利用するようになった。貸出方法の検討もおこなわれ，貸出中は誰に何をいつまで貸し出しているかがわかり，返却されたらその貸出記録が残らない方法としてブラウン方式などが採用され普及した。また，貸出期間や貸出制限冊数についても検討がおこなわれた。貸出期間は，多くの図書館で2週間または3週間が採用されているが，図書を一人の利用者が占有する期間としては無制限というわけにはいかないであろう。貸出制限冊数については，当初1冊とか2冊という図書館が多かったが，利用状況から見てあまりにも少なすぎるため，現在では10冊を超える図書館も多く見られるようになってきた。さらに，利用できる期間が決まっているので，利用者の必要とする冊数，つまり冊数を無制限に貸し出す図書館も増えてきた。

『市民の図書館』では「一回の貸出冊数制限はない方がよい。無制限にしてもだいたい平均3～5冊，多くても8冊くらいに落ちつく。制限をする場合は冊数が多いほどよい」(p.51) としている。

しかし，千葉県のA市立図書館では，開館以来貸出冊数の制限をしていなかったが，利用者によっては，借りた本が多すぎて2週間の期間では読みきれずに延滞するケース，借りた冊数が多くなりすぎて何を借りているか把握できなくなるケースが増えて対応に困るという理由で，2007年9月より貸出冊数の制限を設けた。やむを得ないこととは思うが，これは図書館利用者のマナーの問題であり，制限冊数をあまり少なくしないことである。また，時期を見て利用者の注意を喚起し，制限をなくす方向で検討することが望ましい。

2　予約制限冊数について

当面の重点として取り組んだ貸出が大きく伸びていく中で，この貸出を支える予約制度も同様に多くの利用者に歓迎された。読みたい本を必ず提供することを約束するという予約制度は貸出を支える重要な柱の一つであり，貸出を大きく伸ばした原動力でもあった。したがって貸出を伸ばす上で，予約業務は，方法の定式化や市民への周知などさまざまな改善が加えられて制度として確立された。この中で問題となってきたのは一度に予約できる冊数をどの程度にするかということであった。予約本が確保できていても貸出制限冊数しか貸出ができないのでその冊数と同じか，それ以下の数字にする図書館が多いようである。しかし，これはそれぞれの図書館の実態と考え方の中で処理されており，どの程度の冊数が適当かということについての論議はほとんどおこなわれていない。

また，最近ではOPAC（Online Public Access Catalog）を使って，図書館内のコンピュータや，自宅のパソコンからのインターネット予約の受付けを実施している図書館が増えてきた。パソコンを使っての予約を受け付ける場合に，予約冊数を制限している図書館が多い。パソコンからは実に簡単に予約の操作ができることから，安易に多くの資料に予約をかけるケースが多くあり，図書館

[前文]

側がこの予約に対応しきれないからである。一定の制限を設けながらも，現実の対応の中で柔軟な取り扱いが求められる。

　予約の冊数制限とは違うが，予約そのものに関してよく問題となる事例であるが，ある集団の著作物を図書館の蔵書としたいために，その集団の関係者が申し合わせて各地の図書館で予約をすることがある。当初はその利用者が読むために予約すると思っていると，同じ著書や同種の図書が次々と予約されるので気づくことが多い。本来，予約制度の基本は，個人が読みたいという希望にこたえることにあり，蔵書に入れてほしいという要求については別の問題と考えて対応するべきである。すなわち購入希望図書あるいは受入希望図書制度を設けて，資料収集委員会または選書会議にかけて決定することが正しい。現実にはその制度を設けている図書館はきわめて少なく，多くは予約制度の中で処理しているために対応を困難にしていると思われる。現状では，予約を受け付ける際に，それを聞き分けあるいは見分けて対応せざるを得ないであろう。つまりはケースバイケースの対応ということになる。

3　年齢による利用制限について

　年齢による利用制限の撤廃は，1963年に『中小都市における公共図書館の運営』（以下，「中小レポート」）が出されたことと，それに続く日野市立図書館の活動や『市民の図書館』の刊行によるところが大きい。「中小レポート」では公共図書館の働きを説く中で「公共図書館は，地域のあらゆる人々を対象として活動する。地域の成人はもとより児童，青少年，老年層の人々も重要な対象である」（p.21）と述べ，また，貸出制限についても「まず利用者の年令，住所などによる制限であるが，よほど特別な人でない限り，特に必要はないだろう」（p.109）と制限が不要であることを訴えている。受付票の廃止，整理業務の簡素化，貸出方法の改善など「中小レポート」で提案されたさまざまな業務改善が各地の図書館で取り組まれ，年齢の制限撤廃も実施されるようになった。しかし，一部の図書館ではいろいろな理由で年齢制限が長くおこなわれてきた。東京都立図書館では2002年4月にようやく，それまで16歳以上であった

入館制限を撤廃した。また，図書館によっては，視聴覚資料の貸出を小学生以上とするような資料の種類による年齢制限がまだおこなわれている。

4　国立国会図書館における年齢制限

　国立国会図書館資料利用規則によれば，第3条で「一般公衆で資料を利用することができる者は，満18歳以上の者とする。ただし，満18歳未満の者であっても，館長が特に認めた場合は，資料を利用することができる」とあり，17歳以下の利用者を制限している。「館長が特に認めた場合」は利用できるとのただし書きがあるが，利用にあたっては何のために使うのかという理由を明らかにする必要があるであろうし，こうしたことは「子どもの権利条約」（公式名「児童の権利に関する条約」）に照らしても問題であり，子どもであることによって図書館の利用に大人との格差があってはならない。また，国立国会図書館に属する国際子ども図書館の資料利用規則では，「子どものへや」「世界を知るへや」および「メディアふれあいコーナー」については特に年齢による制限はなく，誰でも自由に入室でき，資料の閲覧等も可能であるが，第一資料室および第二資料室の利用は18歳以上の者（ただし，館長が特に認めた者は利用できる）に制限されている。

　国立国会図書館は2002年10月の関西館開館に合わせて利用規則の見直しをおこない，東京本館では2002年1月から，関西館は開館時から年齢制限が緩和され，それまでの20歳以上の者が18歳以上の者に変更された。先のOのような例もあり，今後とも年齢制限の緩和に向けての検討が必要である。

　いずれにしろ，以上に述べたような利用上の制限は，「知る自由」の根幹にかかわることがらであるので，緩和・撤廃の方向で検討を要する課題である。

〈参考文献〉
・『中小都市における公共図書館の運営－中小公共図書館運営基準委員会報告』日本図書館協会　1963.3（通称「中小レポート」）
・『市民の図書館』日本図書館協会　1970.5

図書館の自由に関する宣言

第1 | 図書館は資料収集の自由を有する。

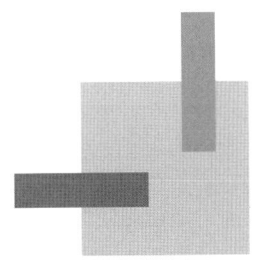

第1　図書館は資料収集の自由を有する。

3　那賀川町立図書館における『富岡町志』焼却要求

〈事実の概要〉

　1995年8月19日，徳島県の那賀川町立図書館所蔵の郷土資料『富岡町志』（那賀郡富岡町役場　1919年5月刊）の中に部落住民の特定個人が推定できる記述があり，貸出に供されていることについて，部落解放同盟D支部から那賀川町長に抗議があり，対策を要求された。同図書館では同書を開架して貸出もおこなっていたのである。

　なお，旧富岡町はそのときまでにすでに，那賀川町に隣接する阿南市に編入され，市の中心部に位置していた。

　抗議について教育長から連絡を受けた那賀川町立図書館長は，同書が貸出中であったためただちに徳島県立図書館に赴き，同書の全体に目を通して問題の箇所を確認した。

　記述の内容は次のとおりであった。

　　此の社会は一般に穢多というのが身居で其中には穢多頭というのがあって万事の制道方を勤めて居ったD部落のKは賀島家から脇指一本指を免してあった是は同地が賀島の拝地であったが為に一刀御免で制服させた訳かと思ふまたKの子孫は今のPであるといふ（『富岡町志』には句読点がない。仮名づかいはそのまま，地名と人名は記号に変えた。「身居（みずわり）」とは身分制についての阿南藩での呼称－棚橋満雄注）

　同書は引用文中のPの孫にあたるAが借り出し中であり，解放同盟を通じてプライバシーの侵害として那賀川町長に抗議をおこなったのである。

　内容を確認した図書館長は，この問題は自由宣言の「第2　図書館は資料提

供の自由を有する」の副文に示された「提供の自由の制限」に相当すると判断し，ただちに町長，教育長，図書館長で会議をもち，「『富岡町志』の貸出，閲覧の停止と同書を書庫へ移すこと」を決定した。そしてAおよび解放同盟を訪問して謝罪し，図書館の決定した処置について説明して理解を求め，同書の返却を求めた。

　この措置と同時に，同書を所蔵している県立図書館と阿南市立図書館に連絡して，県内の図書館が同一歩調をとることにした。

　その日の夜のうちに解放同盟の支部長は那賀川町立図書館長を訪ね話し合った中で，解放同盟としては従来は焼却処分が一般的であると話し，図書館長の「資料を保存し，後世に伝えるという図書館の役割」については意見の一致を見なかった。

　その後，同書の返却はされず，阿南簡易裁判所から1995年10月12日付けで那賀川町長と阿南市長あてに出頭通知が出され，那賀川町立図書館には15日に届けられた。同封された調停申立書の申立人はAの兄Bになっていて，以後はこのBとの話し合いになる。

　なお，同時に阿南市長に対しても，那賀川町に対するものと同一内容の申立てがおこなわれたが，阿南市立図書館においては『富岡町志』の貸出はおこなっていなかった。

　申立ての主旨は「『富岡町志』の閲覧・貸出の中止とその焼却処分を求める」とあり，申立ての要点には「『富岡町志』中に申立人の先祖K，Pに関する記述で本人及びその子孫までも侮辱する記載がある。そこで，申立人は前記のような申立人やその境遇を同じくする人たちを侮辱し，差別する記載のある『富岡町志』の閲覧・貸出を早急に中止し，且つ焼却処分を求める」というものであった。

　出頭日の11月1日には，那賀川町は教育長，図書館長が町長の代理人として出頭し，事前に町長とも相談して決定した方針どおり，「閲覧・貸出の中止」には同意するが，「焼却処分」には応ずるわけにはゆかない，『富岡町志』はただちに返却してもらうという内容で調停に臨んだ。この日の調停は，同様に申

第1　図書館は資料収集の自由を有する。

立てを受けている阿南市が，市で調査委員会を設けて検討するということで，態度を保留にしたため，那賀川町は態度表明だけで終わった。

　その間，那賀川町立図書館への同書の返却はおこなわれなかった。図書館のBへの返却要求に対して，Bからは「那賀川町にあると思われる『富岡町志』を回収して問題のある記述の削除をおこなうようにしたいので，町として図書館以外で所蔵する『富岡町志』の回収に協力してもらいたい」という申し入れがあった。これについて，図書館長は「図書館で所蔵する『富岡町志』については問題のある記述の削除をおこなわず，発行されたままの状態で保存されるならば，図書館所蔵以外の『富岡町志』については問題のある記述の削除をおこなっても差し支えない，その削除は『富岡町志』の史料としての価値にはなんの影響も与えない」と判断した。しかしこれを決定するには，町議会同和対策特別委員会の同意が必要ということになり，町長とBとの話し合いや内部の意思統一をおこなった末，同特別委員長とBとの会談がおこなわれ，1996年3月19日，同特別委員会が開催され，同書が図書館に返還された後，同書の回収，問題点の修正，削除に応ずることが決定された。

　4月2日，同委員会とBとの話し合いがおこなわれ，『富岡町志』の回収，問題箇所の削除について合意に達し，即日同書は図書館に返還された。

　4月12日，同特別委員会が開催され，次の二点を決定した。

1．同和対策特別委員長，町長連名の『富岡町志』回収協力依頼の文書を町内の各種団体に発送する。
2．『富岡町志』回収についての文書を町広報にのせて町民へ知らせる。

　この決定に基づいて，4月19日付けで各種団体へ文書が発送され，広報には5月，6月，7月の3回，回収要請の文書が掲載された。その結果，町民2名から同書が図書館に届けられた。

　次にBと阿南市との話し合いの中で，問題箇所を削除して，新たに『富岡町志』を復刻し，旧版の所有者に交換で渡すことになった。

旧版の『富岡町志』は図書館の書庫に保存し，Bは新版の『富岡町志』を貸出・閲覧ができるように図書館に寄贈することになった。
　以上の措置について，Bと那賀川町立図書館，那賀川町，那賀川町議会同和対策特別委員会が合意し，5月1日に予定されていた第2回の調停の日にBが申立てを取り下げて事件は解決した。
　旧版の『富岡町志』は那賀川町立図書館において，焼却されることなく保存されることになった。目録検索も可能であり，館外貸出は禁じているが，閲覧要求があれば閲覧は可能である。
　阿南市立図書館でも同様の措置がとられたが，OPACによる旧版の検索はできない。

〈宣言との関係〉
　第1および第2－1(1)，第2－2にかかわり，図書館における資料保存の責任と，資料の提供に関する問題を提起している。

〈解説〉
　受入資料のすべてを点検し再評価することには限度があるが，プライバシーその他の人権を侵害する記述のあることが予測できる分野については注意を怠ることはできない。特に郷土資料などは，被差別部落関係の記述に人名や地名が記載されていることが多いので，留意する必要がある。出版年代を遡るほど配慮を欠いている場合が多い。本件はその注意をすり抜けた事例であり，当事者に近い人物の関係者からの指摘ではじめて気がついたものである。
　また1978年に『富岡町志』は，問題のある記述を一切改めずに復刻されており，阿南市とその周辺にだけ配布されていたという事実がある。これは県立図書館にも入っていなかった。この復刻は個人によるものではあるが，初版の発行元である旧富岡町を引き継いだ阿南市に相談がなかったということは考えられず，そのときに内容の検討がおこなわれていれば，この件のような問題は起こらなかったであろう。

第1　図書館は資料収集の自由を有する。

　しかし那賀川町長に抗議がおこなわれてからの那賀川町立図書館長の迅速な行動が，問題を紛糾させることを防いだといえる。問題が指摘された時点で，貸出中であった当該書の内容を，即日県立図書館所蔵の同一書で確認して問題の核心を把握し，方針を立てて行動を開始している。その日のうちに関係者と会談し，当事者とも話し合って，一通り意見を交換する中で，図書館長が「図書館の自由」の理念を基本に態度を明らかにしたことは，問題を昏迷させずに，焼却による原資料の抹殺という過誤を避けることができた原因であろう。

　この事件は，話し合いの中で，一貫して図書館が主体性を保って「図書館の自由に関する宣言」の理念を説明し，人類の記録である資料保存の役割を堅持すると同時に，当事者の人権を守る方法を探究したすぐれた事例といえる。またこの間，日図協自由委員会とも相談しながら，その地域の状況に適応した解決の方向を見出していったことも貴重な経験となる。

　旧版に関しては利用が制限されることになったが，制限の判断基準や図書館における取り扱いについては，宣言解説2版の「第2　図書館は資料提供の自由を有する」の解説「人権プライバシーの侵害」の項（p.25〜28）に詳細に提示している。なお，社会的規範や司法判断の変化もあるので，ある期間が経過した後に，各図書館が主体的に再検討をしていく必要がある。

〈類例〉

　個人の人権侵害にかかわる資料への対応については，次のような多くの事例がある。
・神戸の連続児童殺傷事件（1997年）の時の写真週刊誌『フォーカス』（1997年7月9日号）等一連の報道（本書事例11）
・写真週刊誌『フライデー』3巻42号（1986年10月24日）の肖像権侵害事件（33選事例19の〈類例〉）
・三億円事件（1968年12月）報道をめぐる新聞縮刷版の利用制限の要求（1988年1月）（33選事例19）
・柳美里著「石に泳ぐ魚」（『新潮』1994年4月号所収）の図書出版禁止問題

（本書事例13）
・秋田県立図書館における雑誌『KEN』の閲覧停止問題（1996年）（本書事例10）
・『週刊文春』2004年3月25日号の出版差止め問題（本書事例18）
・西川伸一著『官僚技官』における閲覧自粛申し入れ（2004年）（本書事例21）

　注　本稿執筆時点での『富岡町志』の取り扱い状況は，〈事実の概要〉に記したとおりであるが，2006年3月に那賀川町が阿南市と合併した際に，阿南市の取り扱いに統一された。

〈参考文献〉

・棚橋満雄「那賀川町立図書館における『富岡町志』の貸出・閲覧の停止問題について」『みんなの図書館』238号　1997.2　p.72〜77
・棚橋満雄「図書の焼却について（こらむ図書館の自由）」『図書館雑誌』90巻2号　1996.2　p.75
・棚橋満雄「『富岡町志』問題その後（こらむ図書館の自由）」『図書館雑誌』91巻2号　1997.2　p.75

第1　図書館は資料収集の自由を有する。

4　船橋市西図書館における蔵書廃棄事件

〈事実の概要〉

　2001年8月10日から26日にかけて，船橋市西図書館は，船橋市図書館資料除籍基準に該当しないにもかかわらず，同図書館が所蔵していた「新しい歴史教科書をつくる会」（以下「つくる会」）とその賛同者の著書107冊を除籍し廃棄した。

　このことが翌2002年4月12日付け産経新聞で報道されたため，船橋市教育委員会は廃棄当時に西図書館に勤務していた臨時職員を含む職員22名から事情聴取するなどの調査をおこなった。5月10日，市教委は上記の事実を認めるとともに，同図書館に勤務する職員Aが廃棄をおこなったことを認めているが，しかし思想的背景で除籍したことは否定しており，また市教委としても組織的におこなわれたものではないと判断するという調査結果を公表した。

　これによると2001年度の同図書館の除籍図書数は2,528冊で，8月には187冊が除籍され，その中に問題の107冊が含まれていた。この107冊の除籍理由不明の図書には年間平均貸出回数5回以上のものが37冊，1996年以降受入れのものが68冊，西図書館のみ所蔵するものが17冊（複本を含む）あった。

　船橋市は中央図書館，東図書館，北図書館，西図書館の4館を設置している。西図書館は，船橋市の最初の図書館として1971年1月に開設され，2001年当時，蔵書は図書22万冊，雑誌140誌，個人貸出は年間約18万点，職員は14名で，うち司書有資格者4名を含む8名が館内奉仕係に属し，一般，郷土，児童を分担していた。同市は1977年頃まで司書，社教主事，学芸員など社会教育の専門的職員を選考採用し，採用された職員は現在も補職名にそれらの職種名をもち，他の職場への異動はなかった。Aは1970年に同市図書館に採用された，西図書館でただ一人司書資格をもつベテラン職員であった。

除籍作業は通常，館内奉仕係8名が分担し，紛失・長期延滞・汚破損などを除き，内容について判断を要するものについては，貸出回数，出版年を画面で確認して選定し，除籍担当職員が点検後，各館の書庫入れまたは除籍の指定をおこなう。翌月，除籍リストを出して館長が決裁した後に廃棄することとされていた。

　しかし，西図書館では，Aが選定・除籍・廃棄作業をした後に館長が決裁していた。また，Aは児童奉仕担当だったが，館長から一般図書の除籍等についても判断を委ねられていた。

　この事件があって後，市教委は再発防止のため，内容判断を要する除籍対象図書は，館長決裁により共同書庫に収蔵し，4館職員で構成する共同書庫運営委員会の合議判断を経て，4館館長の決裁により除籍することとした。

　5月29日，市教委はAを10分の1減給6か月，西図書館長を同3か月の懲戒処分をおこなった。またAと西図書館長らに，廃棄した107冊を現物（入手できない図書はその著者の他の著作）で弁済させた。

　除籍された図書の著者6名と「つくる会」は，8月13日，著書の廃棄によって，著作者としての人格的利益等を侵害されて精神的苦痛を受けた旨を主張し，同市に対しては国家賠償法第1条1項または民法第715条（加害行為に対する使用者の責任）に基づき，Aに対しては民法第709条（不法行為の要件）に基づき，それぞれに慰謝料等300万円の損害賠償の支払いを求める裁判を起こした。

　一審の東京地裁は判決で，船橋市教委がおこなった西図書館職員らからの事情聴取記録（原告提出の証拠）の内容を引用し，本件除籍等は，原告「つくる会」らを嫌悪していたAが単独で，周到な準備をした上で計画的に実行された行為であると認定した。一方，図書館蔵書の著者は，著作を閲覧に供せられる利益をもち，本件除籍によってその利益を不当に侵害されたという原告の主張については，かかる利益は船橋市の図書館が，その自由裁量に基づいて購入し市民の閲覧に供することから「反射的に生じる事実上の利益にすぎないものであって，法的に保護された権利や利益」とはいえず，本件除籍は職員Aが船橋市の公有財産を損壊した違法行為だが，原告らの権利を違法に侵害したもので

第 1 　図書館は資料収集の自由を有する。

はないとして，原告の請求を退けた（2003.9.9「民集」59巻 6 号　p.1579）。
　原告は控訴したが，東京高裁は地裁判決を相当として控訴を棄却した（2004.3.3「民集」59巻 6 号　p.1604）。
　原告は上告し，2005年 7 月14日，最高裁第一小法廷は，「著作者は，その著作物が図書館に収蔵され閲覧に供されることにつき，何ら法的な権利利益を有しない」とした原審を棄却し，東京高裁に審理を差し戻した（「民集」59巻 6 号　p.1569）。
　東京高裁は同年11月24日，最高裁判決の論旨をいれて船橋市に対し原告 1 名につき 3 千円の損害賠償を命じる判決を出した。原告は賠償金額が低額であることを不満として上告したが，翌2006年 4 月 7 日，最高裁は上告を棄却し裁判は終結した。Aは船橋市の求めに応じ，賠償金全額分を市に納付した。

〈宣言との関連〉
　宣言第 1 － 2 (1)(2)(3)に反しており，結果として第 2 － 1 にも抵触する。

〈解説〉
1 　反射的利益論の克服と「法的保護に値する利益」
　旧憲法下の行政法解釈では，国や自治体が一般市民に提供する道路や市民会館，博物館，図書館などの公共施設（公物，営造物，公の施設など）について，その主体は国や自治体であり，公共施設を供され利用する一般公衆は客体であって，市民が公共施設を利用して受ける利益は権利ではなく反射的利益にすぎないと解釈されてきた。
　東大和市立図書館の『新潮45』閲覧禁止事件裁判（本書事例17）の一審および控訴審判決は，この伝統的な解釈に立つと理解できる。また住民が図書館で思想や情報を受領する利益の結果として生じる著者の利益をも反射的利益と位置づけた本件の原審判決も同様である。
　一方，国民主権を原理とする新憲法に対応してこの伝統的解釈を修正し，公共施設の利用について主権者である国民の主体性や権利性を確立していこうと

する研究や判例が1960年代から積み重ねられてきた。その流れの中で，市民が公共施設の利用によって受ける利益が反射的利益であるかどうかに拘泥せず，これを「法的保護に値する利益」に拡大して司法救済する方策（訴えの利益拡大論）は「現実的な理論」と評価されてきた[注1]。

最高裁判決はこれによって反射的利益論に立つ原判決を逆転したのである。

2　法的保護を認める要件

(1)　公立図書館の基本的性格の法的位置づけ

最高裁の判決は，著者らの利益を「法的保護に値する利益」に拡大する特定の場合の要件を説明するために，まず図書館関係行政法令を引用，解説して公立図書館の機能，役割，目的を説明し，その基本的性格を「公立図書館は，住民に対して思想，意見その他の種々の情報を含む図書館資料を提供してその教養を高めること等を目的とする公的な場」と総括した。

この「公的な場」という意味については，京都大学法学会公法研究会の次のような解釈が適切であろう[注2]。

　　最高裁による法令の参照の仕方を辿ってみると，公立図書館が一般公衆としての住民の利用に供するために広く開放されていること（開放性），そして，多様な住民が開放された図書館を利用する資格を有する以上，公立図書館は，多様な思想（あるいは，価値観・ニーズ・問題関心）に対して開かれていなくてはならないこと（中立性），以上の二点が特に念頭に置かれているように見える。

「開放性」は，「役務の提供をひとしく受ける権利」（地方自治法第10条2項），「住民が公の施設を利用することについて不当な差別的取扱をしてはならない」（同第244条3項）という裁量制限とともに，思想と情報に住民がアクセスする場である公立図書館に固有の管理運営原則——図書館自体が情報の価値を評価しない「価値中立性」を導く関係にある[注3]。

35

第 1　図書館は資料収集の自由を有する。

　判決が「公立図書館の設置及び運営上の望ましい基準」（2001年文部科学省告示，2008年改正。略称「望ましい基準」）から引用するのは，図書館が資料の収集・提供において「住民の要求」に配慮し，こたえるよう求める部分である。「住民の要求」をサービスの基底に置くことで，図書館はサービスの開放性と価値中立性を実務として具体化し，さらに広い要求が生まれる。これは1960年代後半からの日本の公立図書館の実践経験が示すところでもある。

　なお，この「住民の要求」の視点は「望ましい基準」には見られない。「教育的配慮の下に一般公衆の利用に供し……必要な事業を行い……」（博物館法第 2 条）と価値の伝達である「教育」性を目的に含める博物館と対比すると，同じ社会教育施設ながら価値中立性を基本的性格の柱にする図書館のありようが浮き彫りになる。

　本件判決は公立図書館を公の施設一般として扱うのでなく，根拠関係法令，機関の目的，実態を吟味することによって「……公的な場」と総括し，「公共図書館は，その利用者があらゆる種類の知識と情報をたやすく入手できるようにする，地域の情報センター」（「ユネスコ公共図書館宣言」1994年）というレベルに司法認識を高めたものといえよう[注4]。

(2)　図書館職員の基本的な職務上の義務違反

　次に最高裁は，公立図書館職員について「公正に図書館資料を取り扱うべき職務上の義務を負う」ことを引き出し，「閲覧に供されている図書について，独断的な評価や個人的な好みによってこれを廃棄することは，図書館職員としての基本的な職務上の義務に反する」と述べ，本件事案の思想差別による蔵書廃棄行為はとりわけ重大な義務違反であると判示した。

　図書館員自身が不公正な廃棄等をおこなった山口県立山口図書館の図書抜き取り放置事件や，広島県立図書館における部落問題関係資料を中心とした図書廃棄は，有形無形の圧力による自己規制だった。一方，本件廃棄は図書館員が自発的に図書館の価値中立性を侵害したものであり，義務違反は著しい。

　なお最高裁は国家賠償法第 1 条 1 項（「国又は公共団体の公権力の行使に当る公務員が，その職務をおこなうについて，故意又は過失によって違法に他人

に損害を与えたときは，国又は公共団体が，これを賠償する責に任ずる。」）について，公務員が職務上の義務に違反して国民に損害を与えた場合に適用されるものであるという解釈を示している^(注5)。

3　公立図書館蔵書の著作者の人格的利益

　公立図書館の機能・目的と図書館職員の職務上の義務は，住民の利益の増進に向けられている。図書館（職員）の役割は住民があらゆる見解にアクセスできるよう最善を尽くすことであり，図書館（職員）が嫌悪する見解を排除するという価値中立性の侵害は基本的な職務義務違反であるという最高裁の結論は明解である。

　その上で，最高裁は原告の主張をいれ，蔵書として閲覧に供された図書の著作者は，思想，意見等を公衆に伝達する利益をもち，それは「法的保護に値する人格的権利」であるという判断を示した。

　しかし，著者と図書館は，いわば商品生産者と顧客の関係にある。公立図書館とその職員から価値中立的サービスを受ける住民の利益（権利性）を，そのまま図書館の蔵書の著者に認めることには無理があるのではないだろうか。

　判例評釈はおおむね国家賠償法上違法の判決を支持し，中にはこの点の解明を試みるものがある。

　図書館の開放性と中立性の視点を指摘した前述の京都大学法学会公法研究会は，次のように最高裁の思考プロセスを描く。まず，本件争訟事案の被害に対して裁判による救済が必要・相当とする実質的判断がされ，次に，どのような利益が「保護に値する利益」なのかが画定され，さらに，これに対応する公立図書館職員の「基本的な職務上の義務」の幅が定められ，国家賠償法違反と結論された――というものである。そして前記憲法に関する記述を「憲法の趣旨に適った行政法解釈の準則」と解し，関係行政法令の解釈からは見出しにくかった行政法上の利益を「保護に値する利益」として新たに認定したのだと考察している[注6]。

　また，中川律は，教育委員会が学校図書館に除籍を命じたことを違憲とした

第1　図書館は資料収集の自由を有する。

ピコ事件裁判判決で，教育委員会の命令が学生の合衆国憲法修正第1条が保障する情報・意見を受領する権利を侵害するか否かは，命令の背景にある動機によって決まるとした米国最高裁の判断基準（動機テスト）を紹介し，「政府による特定の給付制度の目的から導かれる専門職の職責の内容に全く反するような動機でその職責が行使されたことが明白な例外的場面に限定して用いることは有用」と本件判決を評している(注7)。

最高裁が認定した図書館蔵書の著者の「法的保護に値する人格的利益」がどのようなものかについて，竹田稔は次のように解説している。「人格権は，人格に専属する個人の自由・名誉・身体・精神・生活等の人格的権利ないし法的利益の総称としての包括的権利概念であり，その下位に名誉権・肖像権・氏名権・プライバシーの権利があり，これらの権利が全体として人格権を構成し，この人格権の外延に，権利性までは認められないが，不法行為法上の法的保護に値する人格的利益が存在すると理解すべきであろう。」(注8)

最高裁判決の「著作者の思想の自由，表現の自由が憲法により保障された基本的人権であることにもかんがみると」という論点については，上記の人格的利益の「内容を充填するため」，あるいは「法的保護に値する利益といい得るための重要な判断事情」という解釈がある(注9)。

4　本判決の意義

最高裁判決は，蔵書とされた著書を思想的理由で廃棄された著者の利益を法的に救済し，その過程で，①図書館関係の行政法令を解釈し，公立図書館について住民の知的自由を保障する機関であるという規定をおこなった。②知的自由を保障する機関の管理運営原理と図書館職員の職務の基本として価値中立性を提示した。③伝統的行政法解釈である反射的利益論を退け，図書館利用者に主体性と権利性を認める方向を示した。

本件判決の判例としての効果（射程）について，評釈の多くは，たとえば「思想的な理由で図書を廃棄するという，図書の著作者の思想，表現の自由に影響を及ぼすべき場合に限って，著作者の利益の侵害について救済を認めるべ

きもの」（注10）と抑制的に解釈している。しかし，判例としての直接的効果はともかく，図書館を利用して情報を受け取る住民の権利を憲法上の権利とする自由宣言の思想が，司法の合意を得る基礎を提供するものといえよう。

〈類例〉

図書館員が自発的に図書館の価値中立性を侵害し蔵書を廃棄した事例は不明である。

住民が公立図書館資料を利用する権利が争点とされた裁判事例として，東大和市立図書館の『新潮45』閲覧禁止事件裁判（本書事例17）がある。

注1　『現代行政法大系　第9　公務員・公物』有斐閣　1984.9　p.309~310
　　　『演習行政法　下』青林書院新社　1979.3　p.359~360　など
注2　京都大学法学会公法研究会「判例研究－公立図書館司書による閲覧図書の不公正な廃棄が著作者の人格的利益の侵害に該当するものとして国賠法上違法とされた事例」『法学論叢』160巻1号　p.91~111のうちp.107
注3　「価値中立性」の内容については，宣言第2の2に示されている。
注4　「公的な場」という新しい言葉は，米国で公立図書館の法的規定として確定したパブリック・フォーラムとの類似を想起させる。だが憲法上の権利について触れることがない文脈で提示された「公的な場」と，思想や情報の受領を国民の憲法上の権利とし，「住民がその権利を行使するについて公立図書館は本質的な位置（the quintessential locus）を占める」（1992年，モリスタウン事件裁判控訴審判決）とした米国裁判所のパブリック・フォーラム規定との間にはまだ距離があるのではないだろうか。
注5　（本項は）公務員が個別の国民に対して負担する職務上の義務に違背して当該国民に損害を与えたときには，国又は地方公共団体が，これを賠償する責に任ずることを規定したものである（「民集」39巻7号　p.1512）。
注6　京都大学法学会公法研究会　前掲（注2）論文　p.108~109
注7　中川律「判例研究－公立図書館での司書による蔵書廃棄と著者の表現の自由」『季刊教育法』149号　2006.6　p.82~83

第1　図書館は資料収集の自由を有する。

注8　竹田稔「『公立図書館職員による蔵書除籍・廃棄事件』最高裁判決」『コピライト』45巻536号　2005.12　p.35

注9　柴田憲司「公法判例研究　公立図書館の職員が図書の廃棄について不公正な取扱いをすることが，当該図書の著作者の人格的利益を侵害し，国家賠償法上違法となると判断された事例－船橋市西図書館蔵書廃棄事件［最高裁平成17.7.14判決］」『法学新報』中央大学法学会　113巻5・6号　2007.3　p.171～237のうちp.221

本多健司「平成17年度重要民事判例解説・公立図書館図書廃棄事件」『判例タイムズ』1215号　2006.9.25　p.93

注10　「公立図書館の職員が図書の廃棄について不公正な取扱いをすることと当該図書の著作者の人格的利益の侵害による国家賠償法上の違法」『判例タイムズ』1191号　2005.12.15　p.221

〈参考文献〉

- 「『船橋市西図書館蔵書廃棄』問題について」『図書館の自由』36号　2002.5　p.1～3
- 日本図書館協会図書館の自由委員会「船橋市西図書館の蔵書廃棄問題に関する調査報告」『図書館雑誌』96巻10号　2002.10　p.764～765
- 西河内靖泰「船橋市西図書館蔵書廃棄事件を考える（特集　図書館の自由の危機）」『みんなの図書館』309号　2003.1　p.24～39
- 西河内靖泰「検証・図書館の自由－『千葉県船橋市西図書館蔵書廃棄事件』問題をめぐって」『図書館評論』45号　2004.7　p.70～86
- 南亮一「『図書館の自由』を法的に初めて確認－船橋市西図書館蔵書廃棄事件最高裁判決（2005.7.14）」『みんなの図書館』342号　2005.10　p.20～26
- 「船橋西図書館の蔵書廃棄事件を考える」『ず・ぼん』11号　2005.11　p.90～127
- 山本順一「船橋市立図書館蔵書廃棄事件最高裁判決の検討（2005.7.14）（特集　図書館の自由－船橋事件判決から見えるもの）」『みんなの図書館』346号　2006.2　p.2～29
- 前田稔「思想の自由と『公的な場』の『公正』－船橋市西図書館蔵書廃棄事件判決の評価」『図書館界』58巻3号　2006.9　p.154～163
- 山本順一「船橋市立図書館蔵書廃棄事件最高裁差戻し判決の意義」『早稲田法学』

81巻3号　2006　p.55〜79
・松井直之「判例研究公立図書館の職員が図書の廃棄について不公正な取扱いをすることと当該図書の著作者の人格的利益の侵害による国家賠償法上の違法－船橋市西図書館事件（平成17.7.14最高裁判所判決）」『横浜国際経済法学』15巻1号　2006.9　p.131〜158
・馬場俊明「船橋市西図書館蔵書廃棄事件と図書館裁判を総括する　思想の寛容がなければ図書館の自由は守れない」『ず・ぼん』12号　2006.10　p.128〜163
・木藤茂「行政判例研究（528）公立図書館の職員が図書の廃棄について不公正な取扱いをすることと当該図書の著作者の人格的利益の侵害による国家賠償法上の違法－船橋市西図書館蔵書廃棄事件上告審判決［最高裁平成17.7.14判決］」『自治研究』83巻12号　2007.12　p.128〜139

図書館の自由に関する宣言

第2 図書館は資料提供の自由を有する。

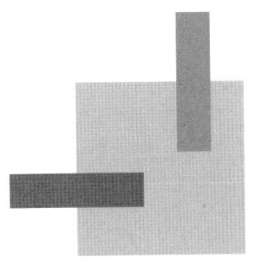

第2　図書館は資料提供の自由を有する。

5　『こんな治療法もある』の提供問題

〈事実の概要〉

　作家遠藤周作が対談集『こんな治療法もある』で紹介した治療を受けた読者から，副作用が出たとの苦情を受け，出版社が同書を絶版にするとともに，全国の図書館に同書の閲覧・貸出の禁止を要請した事例である。

1　講談社からの閲覧および貸出禁止要請

　1989年5月に講談社から刊行された遠藤周作対談集『こんな治療法もある』は，「難治の病人」に向けて，「正統医学がまだ全国的に承認しなくても，十人中，三人がそれによって救われたという治療法」を，医師らとの対談で紹介した書籍である。同書の「まえがき（是非読んでください）」で著者は，「絶対的ではないが，効果のあった方が少なくとも十人中，二人ぐらいはおられたと思って頂きたい（中略）。しかし『絶対的』だとは考えないで頂きたい」と強調して，同書に紹介した治療法の効果について注意を喚起している。

　しかし，1991年夏ごろ，同書で紹介された治療法のうち，アトピー性皮膚炎に対する治療を受けた読者から，同書の治療法による治療を受けて副作用が出たとの苦情が寄せられた。そのため著者と出版者とが協議した結果，同年8月，同書は絶版扱いとされた。

　さらに翌1992年7月，同書の中の別の治療を受けて発熱したという読者からも苦情が寄せられた。この読者は，同書を図書館で読んで治療を受けたことから，当該図書館にも苦情を寄せ，同図書館員が講談社に対し，このことを全国の図書館に知らせるべきだと指摘したとのことである。

　講談社は同年8月，全国の図書館に対してはがきによる通知文を送付し，同書の内容に「若干の問題点」があるとして，同書の閲覧および貸出の禁止を要

請した。

2　図書館の対応

　講談社からの要請文書には，具体的な問題点が示されていなかったため，いくつかの図書館から日図協自由委員会にも問い合わせがあり，同委員会は講談社に対し詳細の説明を求めた。講談社からは，9月に経緯を説明する文書が送られてきた。

　また，図書館問題研究会は委員長名で同年9月，講談社文芸図書第一出版部長にあてて，問題となる箇所および理由が示されていないこと，閲覧および貸出の禁止を図書館に求める措置は国民の知る自由を侵害するものであることを理由に，要請の撤回を求める抗議文を送付した。

　なお，以上の一連の経緯は，新聞でも大きく報じられた。

　抗議文の全文は次のとおり。

1992年9月16日

　　講談社・文芸図書第一出版部長
　　　　　天野　敬子　様

図書館問題研究会

委員長　西村彩枝子

出版文化の発展に向けた，貴社のご尽力に敬意を表します。

　私ども図書館問題研究会は，1955年の創立以来，市民の生活に役立ち，地域に根差した図書館づくりを目指し，図書館の発展を願って研究と実践を進めている研究団体です。

　さて，8月付けで貴社より全国の図書館に対し，葉書で，遠藤周作対談集『こんな治療法もある』という図書について，「閲覧及び貸出しの禁止を，よろしく…」という旨の要請がありました。これは，図書館にとって，容認することのできない申し入れです。

　まず，「若干の問題点」というだけで問題となる箇所と理由が明示されて

第2　図書館は資料提供の自由を有する。

いない点です。問題があると指摘された図書についてはあらゆる角度から，図書館で検討して扱いを決定してきています。この葉書の内容では，検討の仕様がありません。事実誤認の発見や見解変更が生じた場合，出版界においては，既刊資料の不備，不足を補うため，正誤表の配布や改訂版の発行により対処する事は従来行われそれに対しては，図書館も対応に努力してきました。今回，貴社のお取りになった措置は，刊行した資料を社会的に隠蔽する事を求めるだけのもので例を知りません。

　また，図書館は基本的人権である「国民の知る自由」を保障していく機関です。出版に倫理綱領があるのと同じく，図書館界では『図書館の自由に関する宣言』という決議を採択しております。この『宣言』には資料収集の自由，提供の自由が明確にうたわれております。これに照らしても，「閲覧及び貸出しの禁止」を図書館に対し他者が求めることは，図書館の自由，ひいては国民の知る自由を阻害するものです。

　図書館は資料を保存し，出版文化を保存する役割を担っています。収集・保存した資料について，図書館は権力の介入や，社会的圧力に左右されることなく自らの責任に基づき，利用する市民が各自で判断できるようあらゆる資料を提供していく責務を負っています。この事からも，資料の回収については私たちは反対してきました。一時の価値判断で一冊の資料を抹殺することは，市民の自由な判断を妨げることになります。問題点も含め，利用者に提供していくのが図書館の役割という見解を持つからです。

　以上の理由により，不断の努力によって図書館界が保持する『図書館の自由』について何卒，深くご理解いただくと共に，出版社の良識を示し，「閲覧及び貸出し禁止」の要請葉書を早急に撤回されるよう求めるものです。

この抗議文に対して，12月になって講談社から図問研に回答が送られ，お詫びと経緯の説明がされた。しかし，8月の要請は撤回されなかった。

　講談社によると，全国の図書館からも同様の指摘が同社に寄せられたとのことである。

5 『こんな治療法もある』の提供問題

しかし一方で，マスコミで大きく報じられたこと，医療関係書籍であること，出版からかなりの年数が経っていることなどを理由に，職場であまり議論されることもなく除架・除籍した図書館も見られた。

〈宣言との関連〉
第2－1・2にかかわる。

〈解説〉
1 医療関係書の特色
医療関係書の中には，いわゆる権威ある医学学術書のほかに，同書のように一部で評判となっている治療法を紹介したもの，民間療法を紹介したもの，迷信に基づく治療法を紹介したものなどが含まれる。医学の進展に伴い，権威ある医学学術書といえども新版の刊行によって旧版の記述が誤りだったとして改められることもあり，医学学術書の内容が必ずしも「絶対的」なわけではない。医療関係書に基づく治療を受けて症状が悪化する例は同書に限らない。また，ある記述が誤りだとしてもそれ以外の記述がすべて誤っているとは限らない。

一方，同書で紹介された治療を受けて症状が改善した人，あるいは，今後本書で紹介された治療を受けて症状が改善する可能性のある人が皆無だと断言することもできない。

同書の著者が前書きで，同書で紹介した治療法が「絶対的」でないことを重ねて強調しているように，結局のところ，数ある医療関係書をどのように選びリスクも含めてどう評価するかは，読者あるいは医師の判断に委ねられている。裁判所は，翻訳本の誤訳に対する発売元の責任が問われた訴訟において，書籍の内容は読者の側に判断能力があり，読者の良識で選択がなされるべきであるとの判断を示している（『朝日新聞』1981.11.19夕刊）。

2 出版社の絶版措置
著者は，講談社による絶版措置および図書館への閲覧禁止等の要請について

第2　図書館は資料提供の自由を有する。

の新聞社の取材に対して,「健康にかかわることなので,訂正を出すより目に触れないように絶版にした方が良いと思い,講談社にはそのようにお願いした。うそをそのままにしておくわけにはいかなかった。図書館の皆さんにも事情を理解してもらいたい」とコメントしている。

　しかし,「うそをそのままにしておくわけにはいかな」いとすれば,そのためにとるべき方策は,絶版によって「うそ」を隠蔽することではないはずである。これでは,すでに「うそ」の内容を読んでいる読者には,その内容が「うそ」だということがまったく伝わらない。「うそ」の内容を読者にきちんと報告し謝罪する責任が,著者や出版社にはある。森村誠一著『続・悪魔の飽食』（光文社　1982年刊）の巻頭写真が誤っていたことが判明した際,光文社は,次のような謝罪の社告を1982年9月17日付け全国紙4紙に掲載し,書店には社告および読者への正誤表を送るとともに回収を依頼し,改訂版を出版した。このような対応が参考にされるべきである。

　社告

　このたび,本社刊行「続・悪魔の飽食」収録の巻頭グラビア⑨〜⑮,⑳,㉒〜㉝が,明治45年3月31日関東都督府臨時防疫部発行「明治43・4年南満州『ペスト』流行誌付録写真帖」に掲載のものと同一写真であることが判明いたしました。

　したがって,これらの一連の写真は,第731部隊実録とは無関係のものであります。今後は,かかる誤りのなきよう努力する所存であります。

　ここに,謹んで読者並びに関係各位に深くお詫びする次第であります。
　　昭和57年9月17日
　　　　　　　　　　　　　　　　　　　　　　　株式会社　光文社

3　出版社から図書館への閲覧等禁止要請

　出版社が図書館に対して閲覧および貸出の禁止を求めることは,図書館が使命とする国民の知る自由の保障を阻害する行動であり,認めることはできない。

一方，このような要請を受けた場合の図書館側の対応については，図問研が講談社に送った抗議文に示されている。要約すると次のようになる。
①問題点を把握する
　問題があるとされる資料の扱いについては，図書館自らが，あらゆる角度から検討した上で決定するべきである。そのためにも，何が問題となっているのかを正確に把握する必要がある。
②一部の市民，あるいは一時の価値判断による要請や圧力には慎重に対応する
③国民の知る自由を保障する
　図書館は国民の知る自由を保障するため，問題が指摘されている資料こそ，国民が自ら判断することができるように，提供する責務を負っている。

〈類例〉

　1989年9月に徳間書店から刊行された海庭良和著『B型肝炎殺人事件』は，現役の外科医師が執筆した推理小説である。1992年9月，全国肝臓病患者連合会が，同書中に，実際には輸血などによってしか感染しないB型肝炎について，食物や唾液からも感染するような記述があると指摘し，徳間書店に対して同書の出版取りやめを要請した。
　徳間書店はこの要請を受けて，同月，同書を出荷停止，廃棄処分とした。
　この事件でも，出版社は問題とされた図書の隠蔽という対応をした。

〈参考文献〉

・日本図書館協会図書館の自由に関する調査委員会「講談社の『閲覧及び貸出禁止の依頼』について」『図書館雑誌』86巻10号　1992.10　p.700
・「『閲覧禁止』に何故抗議するか－東京支部総会の論議から」『みんなの図書館』189号　1993.2　p.86
・「『こんな治療法もある』問題　講談社からの回答」『みんなの図書館』190号　1993.3　p.86
・「図書館問題研究会第40回全国大会基調報告（案）三，図書館をめぐる動き（三）

第 2　図書館は資料提供の自由を有する。

図書館の自由」『みんなの図書館』194 号　1993.7　p.29
・田澤恭二「蔵書の鮮度について」『図書館雑誌』78 巻 9 号　1984.9　p.620
・「出版者が閲覧禁止の要請／図書館問題研究会からクレーム」『日本経済新聞』1992.10.31 夕刊
・「遠藤周作氏の『こんな治療法もある』絶版／二重の苦レーム」『日刊スポーツ』1992.11.1　ほか各紙
・「本が紹介の治療でアトピー症状悪化」『朝日新聞』1993.5.8
・「『紹介本と違う治療でアトピーが悪化』出版社や診療所を訴え」『東京新聞』1993.5.8　ほか各紙
参考判例に関する新聞記事：―
・「日本語訳本中の誤訳／発売元に責任なし」『朝日新聞』1981.11.19 夕刊
『続・悪魔の飽食』関係記事：―
・「『続・悪魔の飽食』店頭から回収へ／光文社，新聞に『おわび』」『朝日新聞』1982.9.17 夕刊
『B 型肝炎殺人事件』関係：―
・「医学的記述に誤り／小説の在庫を廃棄／徳間書店『B 型肝炎殺人事件』」『日本経済新聞』1992.10.17 夕刊　ほか各紙

第2　図書館は資料提供の自由を有する。

6　松本市立図書館における小説『みどりの刺青』の貸出保留問題

〈事実の概要〉

　1994年6月29日，長野県松本市において有毒ガスのサリンが発生する事件が起こり，その直前に，サリンが登場する翻訳小説『みどりの刺青』が刊行されていた。地元の松本市立図書館は，所蔵する同書の内容を確認し対応を検討するために利用提供を保留した。そのことが利用者の読む自由を制限する結果になり，過剰反応ではないかと批判された。

1　事件発生と貸出保留

　事件の現場が同市中央図書館付近の住宅街で，7月4日には，発生ガスはサリンと推定された。これはナチス・ドイツが開発した有機リン系の神経ガスで，オウム真理教は，前年からその生成実験を続けてきて大量生産に成功したものである。それを松本市の住宅街で使用，死者7人，重軽傷者144人を出す大惨事を起こした。土地問題で不利な判決を下した裁判官への報復と，サリンの効力テストのために，裁判官宿舎を攻撃したものという。そのときの第一通報者であるKは，その後，1995年3月20日に東京の地下鉄サリン事件（本書事例24）が起きるまで，警察からもマスコミからも疑惑の人物と見なされ続けた。

　事件後，サリンが出てくるジョン・アボット著『みどりの刺青』（福武書店1994年4月5日刊）がマスコミで報道されると，松本警察署および報道関係者から同書の所蔵状況や利用状況についての問い合わせが図書館に殺到したが，図書館は同書を所蔵していることだけを回答していた。

　同書は4月下旬に発注され，7月初旬から中旬にかけて，中央，西部，南部の3図書館に受け入れられ，リクエスト1件が入った中央図書館で貸し出し，西部でもまもなく貸し出された。

51

第2　図書館は資料提供の自由を有する。

　同書と事件との関連がわかったため，7月14日の選書会議において，同書の取り扱いについて自由宣言に照らし合わせて確認すべきであるとの提案がされ，まず職員で読んでみることを決め，開架にあった南部図書館所蔵の同書を回収した。その後，他の2館でも貸し出されていた同書を，返却されたのち回収した。7月22日の職員全体会議では，自由宣言および利用者のプライバシー保護についての研修会をおこなったが，同書の取り扱いについては「選書会議において現在検討しています」と報告するのみに終わった。

　次週7月28日の選書会議において，職員が読んでいる間は実質的に貸出保留の状態になってしまうので，それはまずいのではないかとの意見が出され，早急に結論をまとめようということになった。

　貸し出されていた中央図書館所蔵の同書が返却され，職員が読むために回収された7月29日の信濃毎日新聞の夕刊に「貸出停止」の記事が掲載され，他社からの問い合わせが図書館に殺到し，8月8日には中日新聞・日刊スポーツが過剰反応ではないかと報道した。

　新聞報道によると，この時点では図書館は「そうかもしれないが，化学の専門家の意見も聞いて判断する。そのうち読めるようになりますから」と利用者に説明しているということであった。

2　提供への道程とその後の取り組み

　過剰反応ではないかという報道の中で，図書館は職員間で検討した結果，8月11日「『みどりの刺青』と図書館の自由について～松本市図書館における経過・反省・方針～」という声明文を発表した。その中で，「職員の検討を優先させて，貸出用の図書を利用に供さなかったことは安易だった（中略）。図書館職員として，『図書館に関する自由宣言』が理念としての理解にとどまり，こうした実際に生かされなかったこと，（中略）選書会議のメンバーの自覚，および館長の指導性が足りなかった事を反省」すると述べ，つづいて「この作品はあくまでもフィクション」であり，「作品中のサリンの合成方法や，その影響について様々な意見があるとしても，それは受け取る読み手の問題です。

図書館資料とは利用者によりいろいろな角度から読まれるものであり、内容は読者の判断に委ねるものであるという観点にたちかえり、当館ではこの資料について、ひとつの作品、資料として市民に提供していきます」と表明して書架にもどした。

さらに、「結果として図書館の資料収集に対する自己規制につながる印象を市民に抱かせる結果となってしまった」(声明文)として、「この問題について図書館として経過を明らかにし、反省すべき点は反省し、これを機会に図書館の自由に関する認識をより深め、また、市民に対して図書館の任務と責任を明らかにしよう」と、8月20日に利用者懇談会を開催した。その懇談会の記録に関連の資料を加え、『図書館の自由って何だろう？　小説『みどりの刺青』と「図書館の自由」についての資料集』を11月10日に発行した。

〈宣言との関連〉

第2－1の原則そのものに抵触する。

〈解説〉

松本市中央図書館付近の住宅街で起きた事件で発生した有毒ガスと、ある小説に登場する有毒ガスが同じだと新聞に報道されたことに端を発し、にわかにその小説が注目をあびた。当初、図書館としては、自由宣言の表面的な理解にとどまり、その理念を実際に生かしきれなかったが、その対応を批判された後の図書館の取り組みは、教訓を今後に残す形で、図書館界に記憶される内容となった。

「図書館としてきちんとした見解が出せるよう、もう一度全職員で確認をする必要がある」との提案で、「職員がまず同書の中身を知る必要があるので、実際に読んでみよう」という行為は、図書館員の専門性の一つ「資料を知る」ための行為であるが、それが長期にわたると「図書館の一方的な利用停止」となってしまうことがある。特に、利用者からは「そういう時期だからこそ、読みたい」という「知る権利」が制限されたことになる。職員が検討するために

第2　図書館は資料提供の自由を有する。

　資料を書架から一時回収することについては，慎重におこなうことが求められ，かつ速やかに検討し結論を出さなくてはならない。
　職員の検討を優先した結果，「国民の知る自由を保障するため，すべての図書館資料は，原則として国民の自由な利用に供されるべきである」（宣言第2－1）という基本が見落とされていた。しかし，松本市の図書館に限らずどこの図書館でも起こりうることであり，案外気がつかずに犯している事例ではなかろうか。
　しかし，松本市立図書館は過剰反応との批判を真摯に受け止め，利用者懇談会を開催して市民と問題を共有して解決に取り組んだ。また懇談会の記録を中心とした資料集を刊行し，図書館の措置について当事者による総括をおこなったことは，おおいに評価できる。資料集によると，利用者懇談会の参加者は，一般参加者7人，図書館協議会委員5人，報道関係者3人，図書館関係者4人，図書館職員9人の計28人であった。図書館関係者が多かったのは，この問題が日々の業務の中で起こりうることであり，また，わかりやすい事例で関心をもたれたことによると思われる。
　その後，松本市立図書館は，1996年3月に「松本市図書館利用者のプライバシー保護に関する運用方針」を策定して図書館の立場を明らかにした。これらの取り組みがあったからこそ，神戸連続児童殺傷事件（本書事例11）をめぐる資料の提供に際して，同館は「利用者のみなさんへ」と題する文書を発表し，市民やマスコミに図書館の姿勢をきちんと迅速に示して資料を提供することができたのである。
　松本市立図書館の真摯な取り組みは，私たち図書館職員に「資料提供の重み」と公立図書館が「利用者の知る自由」を保障する機関であることを再認識させることになった。

〈類例〉

　「ピノキオ」回収要求に対して，当初，名古屋市中央図書館長は「検討のための回収という図書館の自主的判断であると説明」した（33選事例17　p.113）。

〈参考文献〉

- 「サリン登場『みどりの刺青』貸し出し停止に／松本市立3図書館『犯罪の模倣懸念』」『信濃毎日新聞』1994.7.29夕刊
- 松本市図書館『図書館の自由って何だろう？』編集委員会『「図書館の自由って何だろう？」－小説『みどりの刺青』と「図書館の自由」についての資料集』松本市図書館　1994.11
- 手塚英男「『みどりの刺青』と図書館の自由について」『みんなの図書館』214号　1995.2　p.63～68
- 伊佐治裕子，坂下貞子「『みどりの刺青』と図書館の自由（第21回理論集会報告）」『図書館評論』36号　1995.7　p.35～39
- 「『みどりの刺青』と図書館の自由について－松本市図書館における経過・反省・方針（資料）」『表現の自由から図書館を考える：図書館の自由に関する宣言採択40周年記念シンポジウム記録』日本図書館協会　1997.10　p.64～67
- 伊佐治裕子「『みどりの刺青』貸出保留問題を原点として－松本市図書館におけるその後のとりくみから（特集　資料の提供と図書館の自由をめぐって）」『図書館雑誌』92巻10号　1998.10　p.852～853
- 「松本市図書館利用者のプライバシー保護に関する運用方針　平成8年3月13日教育長決裁」『図書館年鑑1997』p.328
- 松本市図書館「『週刊新潮』（1997・7・10号）の取り扱いについて　利用者のみなさんへ　平成9年7月12日」『図書館の自由』23号　1999.1　p.7～8

第2　図書館は資料提供の自由を有する。

7　小説『アイヌの学校』回収要求

〈事実の概要〉

　1942年に出版された小説『アイヌの学校』が，半世紀を経た1993年に復刊された際，北海道ウタリ協会札幌支部（以下「札幌支部」）から差別図書であると抗議を受け，絶版・回収を求められた事件である。

1　絶版・回収の経緯

　長見義三著小説『アイヌの学校』の初版は1942年，大観堂から出版された。その後，1980年に『北海道文学全集　第11巻　アイヌ民族の魂』（立風書房）に再録されたが，この時にはこの巻に収録された「アイヌの学校」が差別的表現を含むという指摘はなされておらず，出版に際して特段の問題は起こらなかった。

　1993年，古書店で『アイヌの学校』を発見した恒文社の池田恒雄会長は，この作品に感動し，同一著者の他の作品も集めた選集としての出版を企画したが，同じ時期に，響文社（札幌市）からも，創業10周年の企画として長見義三選集の出版が企画されていた。この2社は互いに企画を調整し，恒文社からは全3巻の，響文社からは全1巻の作品集を出版することとなり，1993年10月，恒文社の長見義三作品集第1巻『アイヌの学校』が発売されたのである。表題作以外に「三軒家」「スルグラの戸籍」をおさめ，文芸評論家で藤女子大学教授の小笠原克の解説が付されていた。発行部数は3,500部であった。

　この恒文社版について，1994年2月17日，札幌支部は出版社，著者，解説者に向けて「公開質問書」と題した抗議文を送った。この抗議文で，同書を差別図書であるとし，その絶版・回収を求めるとともに，「差別，偏見，侮辱に満ち満ちた，アイヌ民族を愚弄したこのような本のどこが文学作品なのか，貴社

の考えを述べられたい」など5項目について回答を求めている。さらに別紙に，本文中の32か所にわたって差別表記を指摘している。この抗議文は2月21日に報道機関などへも公開され，22日には朝日，読売，北海道新聞が報じた。

この抗議を受けて恒文社はただちに対応を協議し，翌22日からの出荷中止を決め，28日には絶版・回収の方針を決定した。3月7日，同社の大月儀一出版局次長が札幌支部を訪れ，謝罪と絶版・回収の方針を伝えた。同次長はその後二度にわたり札幌支部を訪れ，3月17日にはこの事件についての「報告書」と「反省とお詫び」を提出し，さらに同支部の求めに応じて3月19日には恒文社の池田郁雄社長が謝罪のため札幌を訪れた。

恒文社による回収作業は速やかであった。3月14日には取次を経由した全国書店に依頼状を発送し，全国古書組合を通じた組合員への依頼（3月23日），取次広報誌への告知文掲載（3月28日），札幌の主要書店の店頭への読者向けの回収呼びかけ文の掲示（4月23日），全国の公立図書館に回収依頼のダイレクトメール発送（4月22日），朝日，読売などの全国紙，北海道新聞などの地域紙に「お詫びと回収」広告の掲載（5月25日）と多様な方法で矢継ぎ早におこなわれた。その結果，6月25日までに206部を回収し，在庫分とあわせて1,210部が同社のもとに戻ったのである。ほとんどは取次からの返品だったが，回収依頼に応じて公立図書館から戻されたものが少なくとも5冊含まれていたといわれる。同社のこれらの一連の措置に対し，札幌支部は「誠意が見られた」と評価した。

2　図書館の対応

前述のとおり，恒文社は公立図書館に対しても回収に応じることを要請した。この要請に対し，北海道内の図書館の対応は分かれた。北海道新聞1994年6月9日の記事によれば，各図書館の対応は次のとおりである。

　　北海道立図書館　経緯を説明して貸出
　　札幌市立図書館　一般書架から外し，館外貸出はしない
　　函館市立図書館　研究目的でも閲覧はさせず，目録にも掲載せず（7月5

第2　図書館は資料提供の自由を有する。

　　　　日までに閲覧は認める形に変更)
　　　小樽市立図書館　書庫にしまい，目録からも抜く
　　　旭川市立図書館　規制しない
　　　釧路市立図書館　回収に応じる
　また，長岡義幸「アイヌ民族差別と相次ぐ抗議事件（続）」（『創』24巻11号1994.11）より拾い出した図書館の対応は次のとおりである。
　　　砂川市立図書館　館内閲覧のみ
　　　夕張市立図書館　館内閲覧のみの資料室に保管
　　　恵庭市立図書館　開架扱いを続行
　　　苫小牧市立図書館　郷土資料として受入，館内閲覧のみ
　ここで注目すべきは函館市立図書館と釧路市立図書館の対応である。前者は6月9日の時点では「問題が指摘されている以上，規制は仕方ない」として，研究目的でも閲覧はさせず，市民向け目録にも載せないという措置をとっている。ただ，回収には応じていない。その後7月5日までの間に，閲覧は認めると変更された。7月5日の函館市議会で，『アイヌの学校』を市立図書館でどのように扱っているかについて質問がなされた際，教育長は，同書の貸出や閲覧をめぐって対応が一時混乱したことを認めた。その上で恒文社からの回収要請を断ったことについては，自由宣言に言及し，「アイヌ民族に対する問題で，内部で議論を進めることには意義があった」と答弁している。
　一方，釧路市立図書館は道内で回収に応じた唯一の図書館である。長岡義幸の電話による取材に対して，同図書館は回収要請に応じた理由を次のように述べる。
　「社会的に問題が生じる可能性があるということで返却した。地域にはアイヌの人々が多く在住し，そういう状況では行政的な判断が必要だった。図書館の自由宣言は原理・原則では理解できるが，地域的な行政判断はやむを得ない。」
　この『アイヌの学校』問題での図書館の対応に関しては，1995年に津田孝（北海道立苫小牧東高校教諭）が道内のおもな図書館56館にアンケート調査をおこなっている。回答のあった館は24館で，回収率は43％であった。この調査

によると，恒文社版を購入した館は24館中14館で，そのうち回収要請に応じた館は1館であり，また何らかの利用制限をしている館は，「閉架に入れているが貸出は可能」とした館が4館，「郷土資料室等に入れていて貸出が不可」とした館が3館，「閉架に入れていて貸出不可」とした館が1館となっている。

　ところで前述のとおり，「アイヌの学校」は1980年に立風書房より刊行された『北海道文学全集　第11巻　アイヌ民族の魂』にも収録されている。津田は，この立風書房版の所蔵状況についても独自の調査をおこない，道内の図書館のうち少なくとも19館がこの資料を所蔵していること，うち13館は恒文社版と立風書房版の両方を所蔵していることを把握した。さらに，その両版を所蔵している13館のうち8館は，恒文社版と立風書房版とでその扱いを異にしていることがわかった。その理由は以下のとおりであった。

　①立風書房版は問題とされていない（3館），②立風版は「全集」の一部であり他の作品も掲載されている（4館），③一部議員より恒文社版について指摘があったので，それを閉架（貸出可）にした（1館）。

　自由委員会関東地区小委員会は1994年6月8日，北海道新聞の求めに応じて，次の考え方を公表した。

　　『アイヌの学校』の図書館における提供制限，回収要請についての考え方
　　（メモ）
　1．社会的論議に関わる資料は，積極的に提供することが図書館の社会的任務であること。
　2．提供制限の判断が出るまでは公開（現状維持）し，住民・利用者の発言を保障しながら検討すること。
　3．図書館が表現や思想の「有害性」を判断するについては，きわめて慎重であるべきこと。

　その上で，出版社の回収要請について，資料の保存もまた図書館の社会的任務であり，回収要請に応じるものではないと回答した。

第2　図書館は資料提供の自由を有する。

3　小笠原克と札幌支部との話し合い

　一方，恒文社版に解説を執筆した小笠原克は1994年3月9日，「《『アイヌの学校』に関する公開質問書》への回答」を札幌支部に送付した。この回答の中で小笠原は，『アイヌの学校』を「差別の本」とは考えていないと述べながらも，「問題記述を現在も依然として横行する差別状況や差別発言と重ねて読むほかないアイヌ民族の人々の怒りに対し，小説の解説者として，深く思い至らなかったこと」には反省を表明した。

　その後，小笠原は文書と公開の話し合いを経て，4月21日には札幌支部の公開質問書への回答を書き改め，同支部の主張に沿った，ほぼ全面的な謝罪の意を表明することとなった。4月26日には話し合いのあと記者会見がおこなわれ，翌日の新聞に「問題は和解する運びとなった」と報じられた。

　しかし，その会見の席で小笠原が「同作品の文学的価値についての評価は差し控えたい」と発言したことから問題は尾を引いた。小笠原が，差別意識や偏見の表現は容認されないとしても，作品全体としては文学性をもっていると考えているのに対して，札幌支部の関係者は「小笠原氏がやりたいのは文学論でしかない。『アイヌの学校』はプライバシー，人権の侵害だけでなく，アイヌ民族全体を網に掛けて，差別している本だ。(中略) いま何で，そういう本を出さなければならなかったのかということを問題にしている」と語り，文学的評価を云々するような論争には入ろうとせず，両者はすれ違ったまま話し合いを重ねた末，小笠原は最終的にそれまでの考えを誤りと認め，1994年12月14日までに「(同書が)〈文学作品〉であるという立場を放棄する」と口頭で伝えた。札幌支部はこれを了承し，小笠原への抗議行動に終止符を打った。

4　日本教育法学会

　1996年6月1日，日本教育法学会の第26回定期総会が北海道大学で開かれ，その自由研究発表の場で，津田孝は，道内公立図書館における『アイヌの学校』の取り扱いについて発表した。そこで津田は，「貸し出しや閲覧を制限するのは知る権利を奪うことにつながる」と問題を提起した。貸出禁止や閲覧不可は

「図書館の自由に関する宣言」に反する上、「考える材料そのものを制限し、差別問題の根本的解決にならない」と発言したのである。

この発表に対して札幌支部は、6月3日に反論をおこなった。「図書館の自由に関する宣言」には人権またはプライバシーを侵害する場合には制限されることがあると書かれた副文に触れ、『アイヌの学校』には差別やプライバシー侵害の表現があり、知る権利は無条件で保護されるわけではないと指摘した。「考える材料そのものを制限し、差別問題の根本的解決にならない」という主張についても、「この作品は北海道文学全集第11巻（立風書房）に収録されており、図書館でいつでも自由に読むことができる。この小説をなくすことを意図しているわけではないので、考える材料を制限した、というのは当たらない」と反論した。さらに6月7日までに、「知る権利」と「アイヌ民族の人権」を問う10項目にわたる公開質問状を日本教育法学会あてに郵送した。

同学会は6月21日までに回答を札幌支部に送り、「（同学会は）研究の成果を自由に発表できる場」であり、「学問の自由の精神に基づき、研究発表の自由を保障する責任がある」などと回答した。

〈宣言との関連〉

第一義的には人種・民族差別をめぐっての資料提供の制限が問題となった事例であり、第2－1(1)との関連がもっとも深い。差別的図書であると出版者が認めて回収・絶版にした資料に対する保存の責務という意味で、第2－2の問題ともとらえられる。北海道ウタリ協会札幌支部の活発な活動を鑑みれば、検閲反対に関する第4－2、図書館員の自己規制禁止に関する第4－3との関連が問題となろう。

〈解説〉

1　差別図書にあたるか

事件が一段落した1994年10月、松木新は『民主文学』誌に『アイヌの学校』問題について扱った論考を寄せた。その中で、たとえば木原直彦が『北海道文

第2　図書館は資料提供の自由を有する。

学史－大正・昭和戦前編』で,「この小説はアイヌ民族の根源的な問題を温かい目でとらえた佳作であり, アイヌを書いた文学としては一級品である」と評していることなどをあげ, この作品についてはこれまで積極的な評価がなされてきたことを述べた。その一方で,「積極的評価の裏側で見過ごされてきた問題点」として, ①「滅びゆく者のための挽歌」の色合いが濃い, ②人物像のゆがみがみられる, ③アイヌの学校の歴史的性格が考慮されていない, と評し,「ここにこの作品を手放しで賞賛できない限界性がある」と指摘した。

　松木はこのように把握した上で, 北海道ウタリ協会札幌支部が問題にした32か所の差別表現のうち, 新聞報道で明らかにされた7か所について, 差別的か否か検討している。松木の判断では, この7か所のうち1件については確かに著者の責任に属する誤った表現であり, 古くからの偏見に著者が無批判に与したものである。しかし, 残る6件については①誤読によるもの, ②前後の関係を無視したもの, のいずれかであり, アイヌ差別とは読み取れないものであった。松木は,「回収・謝罪を求めた人たちの論理には, 思い込みや恣意的発想が散在している」と述べ, 回収や絶版という措置について疑問を呈している。

　そもそも自由宣言第2－1⑴の「人権またはプライバシーを侵害するもの」については, すでに「特定の個人の人権やプライバシーを侵害する場合をいう」ことに合意があろう。この観点から『アイヌの学校』を見るに, この作品は50年も昔に執筆された小説であって, 特定の個人のプライバシーを侵害するとはいえない。同書は, 実在の人物をモデルにしたノンフィクション的な要素をもつとされ, 主人公バロオの孫にあたる女性が存命中であると見られているが, その人物のプライバシーを侵害しているという主張はなされておらず, 特定個人に対する人権やプライバシーの侵害はないものと考えてよい。すなわち,『アイヌの学校』問題では, 図書館が対応すべき人権やプライバシーの侵害は存在しない。

2　抗議者の姿勢

　北海道ウタリ協会札幌支部はたいへん強い態度で抗議をおこなっている。

7 小説『アイヌの学校』回収要求

1994年2月17日にはじめて出された抗議文には、以下のような記述がある。

> （前略）さっそくよんで見たところ、あまりのアイヌ民族への偏見と！差別と！侮辱！に満ち満ちた表現記述に、怒りで体がガダガタと震え、体中の血が逆流するほど腹の立つのをどうすることも出来ませんでした。

さらに、恒文社の回収・絶版に際して「我が子が死刑にされるような悲しみを覚え」ると述べた解説者の小笠原克と、延べ30時間にわたる話し合いをおこなっている。その結果、当初は「基本的には〈差別、偏見、侮辱〉に満ちているとはいえぬ〈歴史的証言〉としての意味を持つ作品」との意見を表明していた小笠原は、ついには「文学作品ではない」との立場を表明するに至ったのである。

一方で、立風書房版の『アイヌの学校』については、札幌支部は「刊行されて時間が経っている」ことを理由として、支部として回収などは求めないこととしている。

ところで、1996年の日本教育法学会での発表で、回収の求めに応じたり、貸出禁止や閲覧不可の図書館があることを、「『図書館の自由に関する宣言』に、『国民の知る権利を保障する』とあるのに反する」と批判されたことに対して、同支部は、「同決議には、資料提供の自由は、人権またはプライバシーを侵害する場合には制限される場合があるとの付記がある。同書の表現には、差別、プライバシーの侵害の表現がある」として、知る権利は無条件で保障されているわけではないと主張した。同書の閲覧・貸出制限をしている図書館の対応は「考える材料そのものを制限し、差別問題の根本解決にならない」と指摘されたことに対しては、「この作品は北海道文学全集第11巻（立風書房）に収録されており、図書館で自由に読むことができる。この小説をなくすることを意図しているわけではない」と反論している。

この二つの言及には矛盾があるように思われる。もしも、『アイヌの学校』が「人権・プライバシーの侵害」であって制限に値するものだとすれば、同内

第2 図書館は資料提供の自由を有する。

容である恒文社版と立風書房版は，その出版時期にかかわらず，ともに利用制限の対象として主張されるべきである。しかるに札幌支部の主張では，「知る権利は無条件で保障されているわけではない」と恒文社版の利用制限を肯定しながら，「考える材料そのものを制限する」との批判には「［立風書房版を］図書館で自由に読むことができる」のだからこの批判はあたらない，と反論する。

立風書房版について回収を求めなかった理由は「刊行されて時間が経っている」ことであって，立風書房版を図書館に残すことを札幌支部が積極的に選択したわけではない。立風書房版がなければ，同支部は恒文社版の回収・絶版を求めなかったであろうか。その意味で同支部の対応は矛盾している。

もちろん立風書房版は全集であって他の著者の著作物も含むものであり，その作品を「知る権利」まで制限することは求められないという判断もあり得よう。しかし，だとすれば恒文社版にも，同著者とはいえ「三軒家」「スルグラの戸籍」の二つの作品が収録されており，絶版・回収や利用制限は，これらの著作についての「知る権利」を認めていないという点で，やはり立風書房版の扱いと矛盾する。単に書名に「アイヌの学校」がとられているかどうかの差で，扱いを異にするのはあまりに形式的といえないか。

3　図書館の対応

この事件では，1館を除き北海道の図書館は回収要請に応じなかった。函館市立図書館は，いったんは閲覧を停止し市民向け目録からも削除したものの，その後は制限つきながら閲覧に供している。事件が一段落した後におこなわれた津田孝の調査では，『アイヌの学校』を購入したと回答のあった14館のうち，特別の閲覧制限をしていると思われる館は1館にすぎない。郷土資料として扱ったり閉架書庫に入れたりと，その取り扱いに違いはあるものの，その違いはそれ自体では問題をはらむものでない。これらのことを考えると，この事件では図書館の対応は比較的冷静であったとみることができる。

一方で，立風書房版と恒文社版で扱いを変えている館がある。これも，それ自体では特に問題でない。立風書房版と恒文社版では装丁も出版時期も収録さ

れている作品も違い，合理的な理由があれば扱いに違いがあって不思議でない。しかしながら，津田の調査によれば，立風書房版と恒文社版の扱いが異なる理由として，「立風書房版は問題とされていない」からと答えた館が3館，「一部議員より恒文社版について指摘があったので，それを閉架にした」と答えた館が1館あった。

　この4館については「図書館の自由」の観点から問題を指摘せざるを得ない。議会や団体など，何らかの外部機関が問題としたことを理由として図書館で利用を制限するのは，宣言第4－2に明確に反する。問題になるのは，何らかの特別な取り扱いをすること自体ではなく，その取り扱いを適用する「理由」であることを改めて確認したい。

〈類例〉

　文学作品に対して差別的であるとの指摘がなされる事例は多い。古典的作品である『ピノキオ』（33選事例17）や『ちびくろサンボ』（33選事例18）が典型的である。

　アイヌ民族への差別にあたると批判された作品では，1993年に指摘され，出版元の新潮社が回収・新版発行の措置をとった倉本聰のエッセイ『北の人名録』（初版1982年）や，1995年には同様の問題が指摘され，新版を刊行した古田足日の児童小説『宿題ひきうけ株式会社』（理論社　初版1966年）がある（『表現の自由と「図書館の自由」（図書館と自由第16集）』p.134）。

　さらに，文学作品でない分野も含めると，枚挙にいとまがない。

〈参考文献〉

・八木義徳「冬の夕陽」『新潮』91巻1号　1994.1　p.312～315
・「長見義三著の『アイヌの学校』／『差別表現多い』回収要求／ウタリ協会札幌」『北海道新聞』1994.2.22　（ほかに朝日新聞，読売新聞など各紙が報道）
・「小説『アイヌの学校』，差別と判断／絶版，回収へ／恒文社」『朝日新聞』1994.3.11　（ほかに北海道新聞，毎日新聞など各紙が報道）

第2　図書館は資料提供の自由を有する。

・篠田博之「小説『アイヌの学校』絶版回収事件の顛末」『創』24巻5号　1994.5　p.128〜137
・「市議会一般質問／『アイヌの学校』の市立図書館扱い／答弁調整手間取り空転／市町合併／『住民意識見守る』」『北海道新聞』1994.7.6
・松木新「『アイヌの学校』絶版問題に（表現の自由と差別〈特集〉）」『民主文学』347　1994.10　p.135〜140
・長岡義幸「アイヌ民族差別と相次ぐ抗議事件－日テレ『イヨマンテの夜』，新潮社『北の人名録』，小説『アイヌの学校』と差別事件が頻発（特集・「断筆宣言」から一年，再び差別表現を考える）」『創』24巻10号　1994.10　p.80〜87
・長岡義幸「アイヌ民族差別と相次ぐ抗議事件〔続〕小説『アイヌの学校』回収・絶版事件のその後」『創』24巻11号　1994.11　p.96〜107
・「『アイヌの学校』／『文学作品ではない』／小笠原氏／評価を否定，謝罪」『北海道新聞』1994.12.14
・津田孝「（自由研究3）国民の知る権利と公立図書館の役割－小説『アイヌの学校』問題を中心にして」日本教育法学会編『戦後50年と教育法学（日本教育法学会年報26号）』有斐閣　1997.3　p.177〜178

第2　図書館は資料提供の自由を有する。

8　『完全自殺マニュアル』利用制限と青少年保護育成条例

〈事実の概要〉

　自殺の方法が詳細に記された鶴見済著『完全自殺マニュアル』（太田出版）が1993年7月に出版され，半年間で50万部が販売されるベストセラーになった。

　1994年1月，福岡県でこの本を読んでいた中学3年の男子生徒が自宅マンションから飛び降り自殺をした。遺書がなく動機がはっきりしないことから，家族や学校関係者から「マニュアルに刺激されての自殺では」という見方が出て，警察も関連を調べた。

　1996年1月，鳥取県でも同書を読んでいたらしい少年の自殺が報じられた。このころから図書館での同書の閲覧制限の動きが表面化してきた。

　1997年3月から同書を青少年保護育成条例（以下，同種の条例を「青少年条例」という）による「有害図書」に指定する自治体が出てきた。1999年，東京都内で同書を参考にしたと見られる2件の未成年者の自殺があったことから，警視庁は同書の有害図書指定を東京都に求めるに至り，出版元の太田出版は販売時のビニール包装などによる自主規制で応じた。その後，自治体の有害図書指定が続いた。

1　公立図書館の対応

　1994年1月に中学生が自殺した福岡県では，1996年8月に県内市町立図書館における『完全自殺マニュアル』の所蔵および対応状況の調査を実施し，39館全館から回答が得られた。所蔵していたのは16館（40％）で，9館（56％）が公開書架に，7館が書庫に入れていた。その7館のうちの3館は貸し出していなかった。所蔵していない館の中には，いったん受け入れたものを館長の指示で除籍した館もあった。

67

第 2　図書館は資料提供の自由を有する。

　1996年 1 月，鳥取県で中学 3 年の男子生徒が同書の内容と同じ方法で自殺し，その現場にこの本があった。県書店商業組合は，加盟書店に対して同書の店頭展示販売の自粛を要請した。同県教育委員会は，学校で児童生徒の所持品調査などはせず，保護者の理解を求めた上で親の責任として処置してもらうという方針を出した。なお，鳥取県では同書を青少年条例の有害図書として指定することが検討されたが，指定基準に合わないとして見送られた。

　鳥取市民図書館では，職員全員で検討会を開いた結果，未成年者に無制限で提供することには問題があると判断し，カウンターわきに移して要求があれば提供することにした。中学生以下には保護者の同意をとってくるよう求め，高校生には同書の続編で『完全自殺マニュアル』の読者から寄せられた手紙を集めた『ぼくたちの「完全自殺マニュアル」』（太田出版　1994.4）をセットで貸し出すこととした。同館では貸出制限措置（およびその解除等）を検討する委員会を設置することにした。

　岡山県は1997年10月，同書を有害図書に指定した。岡山市立図書館では同書を中央図書館の書庫に移し，18歳未満の利用者から要求された場合は，条例を説明して理解を求めることとした。同館の蔵書が有害図書に指定されたはじめてのケースだった。

　神奈川県は1999年10月，同書を県青少年条例で有害図書指定した。横浜市立図書館では同書を書庫に収蔵し，請求があれば18歳以上であることを確認して提供することとした。目録データには，一般注記として「有害図書指定により18歳未満の青少年に対しては閲覧・貸出禁止」と記した。また，名古屋市図書館も愛知県が2005年 7 月に有害図書に指定した後，同様に提供制限をした。18歳以上の利用者に提供する場合でも，その利用者が18歳未満の青少年に提供するおそれがあるため，同条例で指定された図書であることを伝えるという。

2　学校図書館の対応

　自治体によっては（たとえば神奈川県），同書が青少年条例の有害図書に指定されたことを学校に通知した。同書を所蔵していた学校はその段階で書庫に

入れたところが多かったようである。

　『完全自殺マニュアル』を生徒から予約されたある学校図書館の真摯な取り組みを紹介する。

　兵庫県のA市立高校で1993年10月，当時3年生の生徒から同書を予約されたが，購入してみると自殺を肯定・誘発するおそれがある内容と考えられたため，生徒に提供するかどうか図書部（図書主任・図書係・各学年図書係の教諭と司書）の会議で話し合った。司書は「予約者に応えるが，開架はしない」ことを説明したが，図書部で同書を回覧して結論を出すことになった。

　同書は校長・教頭にも回覧され，反対の意思表示もあったが，司書がそれぞれに「図書館の自由」や予約制度について説明して，結論は図書部で出すことを伝えた。しかし結論が出ない間に福岡県でこの本を愛読していた少年の自殺が報道された。予約した生徒には検討の現状を説明したが，予約に応えられないままに卒業した。予約した生徒は図書館の常連であり，「ぼくの予約で図書館への理解が一歩前進するのなら，がまんします」と言った。

　新年度になって部会のメンバーも一部替わり，再度説明するが，教育の場ということでこだわりは消えなかった。そこで，そのこだわりを公にして生徒や教師に考えてもらう機会にすることを司書が提案した。つまり，この本を展示して自殺について考えるとともに，「図書館の自由」についても伝える趣旨で，1994年「生と死」に関する本の展示コーナーを図書館に設置した。

　展示の眼目は，「生と死」を考える一環として『完全自殺マニュアル』を扱うこと，経過や趣旨がきちんとわかること，同書は予約した人だけに貸し出すことにして開架しないこと，また，いろいろな受け止め方があることを伝えるために，『ぼくたちの「完全自殺マニュアル」』を紹介してあわせて借りることを勧めた。

　この取り組み事例は，学校図書館における「図書館の自由」についての問題提起となった。

　その後，兵庫県では青少年条例の有害図書個別指定基準に「犯罪」と「自殺」が追加（2006年4月施行）された。

第2　図書館は資料提供の自由を有する。

〈宣言との関連〉

　資料の提供制限および提供の年齢制限という点で，前文5，第1－1および第2－1に関連する。検閲および検閲と同様の結果をもたらすものとして，第4に関連する。

〈解説〉
1　青少年条例とその「治安型」化，「内面」の規制拡大

　青少年条例は，青少年（18歳未満）の健全な育成をはかるため，これを阻害するおそれのある行為や環境を規制することを目的に掲げる地方自治体の条例である。1951年に初めて和歌山県で施行され，2008年現在で長野県を除く46都道府県で制定されている。

　条例に有害図書規制が盛り込まれていくのは，1955年に中央青年問題協議会が都道府県に有害図書類の排除を条例に盛りこむことを求める意見書を送付したことが契機であった。制定されていった青少年条例は，表現の自由侵害を危惧する世論を配慮し，出版社や書店等の自主規制を基調にするものであったが，70年代半ばの不良マスコミ追放運動，90年からの「有害」コミック規制運動を背景として，多くの条例に包括指定（有害とする描写が一定の基準以上であれば指定），警察官の書店立ち入り調査，緊急指定（審議会の諮問を省略し知事が指定），罰則が盛りこまれるようになった。青少年条例の目的・性格が，福祉から治安にシフトしてきたと評される。東京都は2005年夏，「青少年育成及び治安対策に係る事業を一体的・総合的に推進するため」，局相当の「青少年・治安対策本部」を新設し，青少年育成行政を生活文化局婦人青少年部から移管した。

　有害図書の指定（認定）理由も，当初は性的感情刺激，粗暴性・残虐性助長にとどまったが，次第に「道義心を傷つけるもの」や「民主主義を否定する」ものなどを盛りこむケースが現れ，思想信条や倫理など個人の精神と内面の領域に立ち入って規制の範囲を拡大してきた。

　90年代後半から2000年代はじめにかけて，世論が報道・出版の「行き過ぎた商業主義」批判を高め，政府与党のメディア規制立法を後押しする状況が背景

にあった。

2 有害図書規制立法と日本図書館協会

　メディア規制立法の一つが，参議院自民党の青少年問題検討小委員会が2000年4月に策定した「青少年社会環境対策基本法案」だった。各地の青少年条例が拡大強化してきた有害図書規制の内容を盛りこみ，全国一斉の規制をめざすものである。法案が国会に提出されようとした2001年3月，日本図書館協会は，法案に反対する見解を発表した。法案の目的と効果への疑義と，知る自由侵害のおそれを説明した上，「宣言の基本的精神に反する自己規制が，行政の指示や誘導に基づいて行われる事例が増加しております。本法案が成立すれば，一層それを助長し，ひいては民主主義の根幹である国民の知る権利を著しく阻害する結果になります」と図書館職員の現実の懸念を表明するものだった。

　法案は個人情報保護法・人権擁護法と並ぶ「メディア規制三法」との激しい批判に晒され，提出断念に追い込まれた。その後も自民党はこの趣旨の法成立を方針，公約に掲げ，実現を図っている。

3 青少年条例の有害図書規制と表現の自由

　裁判所は，有害指定された類の図書が青少年の健全育成を阻害することは「社会共通の認識」であること，また，憲法第21条が禁じる検閲とは，表現内容を公表前に審査しその発表を禁じる事前審査であり，公表後の規制は検閲にはあたらない，等として有害図書規制を合憲としている（岐阜県青少年保護育成条例事件の最高裁1989年9月19日第三小法廷判決）。

　これに対し法曹界では，規制の目的が表現の内容規制でなく青少年の福祉であることを配慮しても，表現の自由を規制する場合に満たされるべき要件（「明白かつ現在の危険」「より制限的でない他の規制方法」「事前規制の原則禁止」「（規制内容の）明確性の原則」など）を緩和することは抑制的であるべきという学説が有力に主張されている。また憲法第21条が禁じる検閲については裁判所の限定した解釈は21条の検閲禁止の実効性を失わせるものであり，むし

第2　図書館は資料提供の自由を有する。

ろ知る権利への侵害を排する視点にたって国民が思想・情報などを「受領する前」と解釈するべきであるとする説が有力である。有害図書規制とその厳格化には違憲の疑いが呈されている（『憲法判例百選Ⅰ』3～5版　1994～2007,『メディア判例百選』2005.12　p.128～129）。

　検閲の解釈については，前者は狭義説，後者は広義説と言われる。自由宣言は後者の広義説をふまえた上，表現を萎縮させたり，情報流通を自己規制してその受領を阻害することなどを「検閲と同様の結果をもたらすもの」と規定し，「あらゆる検閲に反対する」（宣言第4）としている。

4　『完全自殺マニュアル』の有害図書指定

　1994年に福岡県は同書の有害図書指定を見送ったが，1997年に群馬県・岡山県，1998年に岐阜県・滋賀県，1999年に秋田県・和歌山県・神奈川県・三重県が有害図書に指定し，その後も埼玉県・愛知県などで有害図書指定は続いた。条例の規定に「犯罪または自殺を誘発するもの」という項目を入れる改定をおこなった上で指定した自治体もあった。

　東京都では，1999年4月に18歳の専門学校生が，7月に中学1年生が自殺し，いずれも現場に『完全自殺マニュアル』が発見された。これを契機に警視庁は東京都青少年審議会に同書の有害図書指定を求めたが，審議会は都条例の性的感情刺激，残虐性助長などの認定基準に該当しないとして指定を見送る一方，「自殺を誘発する内容の図書類は青少年の健全な成長を阻害するおそれがある」として東京都に条例の見直しを要望する会長声明を出した。

　1999年8月，版元の太田出版は同書をビニールで包み「18歳未満の方の購入はご遠慮ください」と記した帯をつけて店頭に出すという形の自主規制をし，その後も販売を継続した。

　1999年11月，図問研東京支部は，東京都知事へ「書籍『完全自殺マニュアル』を有害図書に指定しないことを求める要請書」を提出した。しかし，東京都は2001年2月，都の青少年条例を改正し，規制の対象に「自殺，犯罪誘発」を加える条例案を都議会に上程した。これまで規制強化に慎重な姿勢をとってきた

東京都の方針転換に，「自由な出版活動を阻害する」などの批判が出た。3月には，図問研・ヤングアダルト研究会，出版流通対策協議会などが条例改定に反対する声明を発表した。日本出版労働組合連合会は規制強化に反対する請願書を東京都に提出した。しかし都議会は2001年3月，自公民共など賛成多数で条例を改正し，「著しく自殺若しくは犯罪を誘発し青少年の健全な成長を阻害するおそれのあるもの」も有害図書に指定できることにした。

5 『完全自殺マニュアル』への精神科臨床医からの評価

　出版元や著者は「この本が自殺のきっかけとは考えられない」と反論した（『創』29巻10号　1999.11）。同書が120万部を超えるロングセラーになり，多くの若者が支持する理由について，精神科臨床医からの発言がある。

　　『完全自殺マニュアル』のブームは，精神科臨床の現場における青年期の自殺衝動への対応の仕方を考える際にも，ある種の示唆を与えるものではないかと思われる。同書を読むと，患者の自殺は絶対に防がなければならないという医療従事者一般の強固な信念も，青年期の自殺を予防するには限界があることを示している。鶴見は，先にも引用したように，『完全自殺マニュアル』では，「自殺」という選択肢を含めることでより生きやすくなる，ということを主張したかったのであるという。まことに逆説的な論理であるが，青年期の人々が自殺衝動を乗り越えるためには，ある時期，まさにこの逆説的な「自殺」の相対化の論理も必要なのかも知れない。（黒木俊秀，田代信維「『完全自殺マニュアル』を愛読する青年たち」『臨床精神医学』27巻11号　1998.11　p.1474）

6　有害指定図書についての図書館の対応

　従来，有害図書に指定されるものはポルノコミックや性風俗誌などであり，公立図書館や学校図書館の蔵書とはほとんど無縁だった。だが，『完全自殺マニュアル』を所蔵する図書館は多数あり，予約，購入希望も当然に多い。同書

第2　図書館は資料提供の自由を有する。

を有害図書指定した自治体の図書館は，何らかの対応を求められるのだろうか。東京都を例として見てみる。

　東京都青少年健全育成条例は，第9条（指定図書類の販売等の制限）で指定図書の販売，貸付について制限を定め，違反した者には罰則を適用する対象を「当該営業者およびその代理人，使用人，その他の従業者」（『東京都青少年健全育成関連条例の解説』東京都生活文化局　1999.3　p.66～67）としている。法的に営業とは「集団的継続的な営利行為」であるから，この場合は，書籍販売や，漫画喫茶などの営利業者を対象としている。

　公立図書館や学校図書館には，同条4項「何人も，青少年に指定図書類を閲覧させ，又は観覧させないように努めなければならない」が適用される。「何人」とは「都内にいるすべての人（法人を含む。）を指し，本項規定は，これらの人に対する努力義務を定めたものであり，本項違反についての罰則の適用はない」（同上）。このように条例は，図書館を一般都民や団体と同列の対象としている。

　公立図書館，学校図書館はその目的を効果的に実現するために，法令規則に基づき，蔵書の選択・提供はじめ事業やサービスを行う。有害指定図書についても，「地域住民の関心に応える資料を選択する」，「論争のある問題についてはそれぞれの観点に立つ資料を幅広く提供する」など各館の選書基準や提供方針に基づいて対応されるべきであり，それは図書館員の職務上の義務（地方公務員法第29条［懲戒］1項2）である。

　宣言は年齢によって資料利用を制限することがあってはならないとしている（〈宣言との関連〉参照）。この原則をふまえ，対応を検討するにあたって配慮を要するのは，むしろ各図書館をとりまくコミュニティ（公立図書館では地域住民，学校図書館では教職員，生徒とその父母）の意向である。〈事実の概要〉で紹介した鳥取市民図書館と兵庫県のA市立高校の取り組みは，宣言の原則と資料提供についてコミュニティの納得と合意を得ていく工夫と努力であった。

　なお，宣言と同じく「図書館の権利宣言」第5条で年齢によって利用を制限してはならないとしているアメリカ図書館協会（ALA）は，このテーマに親権，

未成年者の法定代理人を関与させることで折り合いを図っている。「図書館資源へのアクセスを子どもに制限する権利と責任を持つのは親だけであり、それも自分の子どもだけに対してである」「自分の子どもをアクセスさせたくないならば、親や親権者が自分の子どもにそのように助言すべきである。」図書館員は親の役割と権限を引き受けることはできず、「平等なアクセスを提供するという公的義務、専門職上の義務を負っている」(ALA知的自由部『図書館の原則　改訂版－図書館における知的自由マニュアル（第6版）』日本図書館協会 2003.1　p.152～162)。

〈類例〉

本書事例15に「『タイ買春読本』廃棄要求問題から『有害図書』指定運動へ」がある。

『完全自殺マニュアル』を契機に、青少年条例の認定基準が拡大された結果、『ザ・殺人術』(第三書館)、『図説死刑全書』『図説自殺全書』『図説拷問全書』(いずれも原書房)などが有害図書に指定されている。

また、一般雑誌が有害指定された例として、若い女性向けの週刊誌『an・an』(マガジンハウス　1999年11月19日号)を、山形県が「セックス白書」の特集で表紙や誌面に女性のヌード写真があるとして指定したケースがある。

〈参考文献〉

・西尾肇「『完全自殺マニュアル』貸出制限をめぐって」『平成8年度（第82回）全国図書館大会記録』1997.3　p.172～174
・鶴見済「『完全自殺マニュアル』著者が版権引き上げ宣言！－ベストセラーの有害指定問題」『フォーカス』1999.9.29　p.12～13
・鶴見済「『有害』と決めつける根拠は何なのか（『完全自殺マニュアル』規制騒動の顛末）」『創』29巻10号　1999.11　p.14～20
・長岡義幸「『完全自殺マニュアル』悪書キャンペーンの陥穽（『完全自殺マニュアル』規制騒動の顛末）」『創』29巻10号　1999.11　p.22～28

第2　図書館は資料提供の自由を有する。

・清水英夫「図書規制強化をめぐる最近の動き（『完全自殺マニュアル』規制騒動の顛末）」『創』29巻10号　1999.11　p.29〜31
・長岡義幸「『完全自殺マニュアル』拡大する規制の動き」『創』29巻11号　1999.12　p.96〜103
・西河内靖泰「『図書館の自由』について考える－最近の事例をもとに（特集　いま，図書館の自由を考える）」『みんなの図書館』274号　2000.2　p.3〜10
・豊田高広「有害図書指定と『図書館の自由』についてのメモ－『タイ買春読本』『完全自殺マニュアル』そして『アン・アン』（特集　いま，図書館の自由を考える）」『みんなの図書館』274号　2000.2　p.25〜34
・「図書館問題研究会東京支部『完全自殺マニュアル』，『タイ買春読本』有害指定について知事へ要請書を提出」『みんなの図書館』274号　2000.2　p.78〜81
・田井郁久雄「青少年保護育成条例と図書館の自由」『表現の自由と「図書館の自由」（図書館と自由第16集）』日本図書館協会　2000.5　p.102〜111
・土居陽子「『完全自殺マニュアル』の予約をめぐって」『表現の自由と「図書館の自由」（図書館と自由第16集）』日本図書館協会　2000年5月　p.112〜125
・井上靖代「『青少年保護育成条例』と図書館における知的自由」『図書館雑誌』98巻10号　2004.10　p.725〜727

新聞記事：―
・「中３男子ナゾの飛び降り／自殺マニュアル愛読（福岡）」『朝日新聞』1994.1.18夕刊
・「追跡社会／完全自殺マニュアル／東京都『有害図書』指定を見送り」『毎日新聞』1999.9.3
・「青少年に『自殺マニュアル』販売／都が禁止へ」『朝日新聞』2000.11.14
・「『自殺本』を規制／都青少年協中間答申案／不健全図書の対象」『毎日新聞』2000.11.14
・「都が条例改正案／有害図書の区分陳列を義務化／自販機販売も禁止」『読売新聞（東京）』2001.2.20

第2　図書館は資料提供の自由を有する。

9　三重県立図書館における同和関係図書の偏った書庫入れ問題

〈事実の概要〉

　1996年，三重県立図書館で，開架室の「同和関係図書コーナー」から，県の採用する解放運動の方法論に反する資料を集中的に閉架書庫に収納していたことが表面化し，各方面から批判が集まったが，図書館はその是正に取り組み，早期に解決に至った。

1　発端

　三重県立図書館は，1985年より館内に「同和関係図書コーナー」を設置し，同和問題に関する資料を開架室に配架してきたが，1994年10月の新館開館後もこのコーナーは引き継がれていた。

　市民団体「三重の教育を守る会」は，「（新館開館）当初は開架されていた部落問題研究所の出版物や雑誌『部落』が開架コーナーから消えている」という会員の声を受けて，1996年3月22日に県立図書館を訪問・調査をおこなった。そして4月5日付けの全国部落解放運動連合会（略称「全解連」）機関紙『解放の道』が「三重県立図書館が『閲覧制限』／"自殺行為そのもの"／原状回復を！教育を守る会が指摘」の見出しで，同県立図書館次長の説明を次のように報道した。

・部落問題研究所の出版物等を閉架にしたのは1995年6月頃から。
・県立図書館が設立された当初は，整理されずにコーナーに置かれていたが，図書館の運営方針を決める選書委員会での基準に決定し閉架にした。その基準は，同対審答申と県の同和教育基本方針であり，部落問題の解決のために県民にぜひとも読んでもらいたいと推奨できる本のみをコーナーに設

第2　図書館は資料提供の自由を有する。

置しそれ以外の書物は書庫にいれた。
・選書委員会は館長・次長・課長等8名で構成，週1回委員会を開催している。
・県立図書館は県の建物であり，県の方針に従うことは当然。行政の同和対策を批判する本，そっとしておけば部落問題はなくなると考えている本，同和地区名をあげている本は三重県の路線に反するものと判断して書庫にいれた。
・閉架したからといって見られなくなったわけではなく，窓口で書名や著者名などによって検索することが可能であり，必要な方には資料提供できるようになっている。
・選書の基準に間違いがあれば適時書物の入れ替えをしていくのは当然だが，現時点では原状回復をする見通しはもっていない。

1996年4月4日，全解連三重県連委員長，「三重の教育を守る会」関係者，日本共産党三重県議会議員が県立図書館を訪問し，図書館長に再度説明を求めた。館長は前回の次長の説明とほぼ同様に，開架・閉架と分けていても求めに応じて必要なものは見られるのだから閲覧制限ではなく「図書館の自由宣言」に反しない，県の方針に沿ったものを開架するのは当然，と回答したほか，次のような説明をおこなった。

　開架・閉架の基準のひとつは，地名や人の名前がでてくるものはふさわしくないというもの。また選書委員会だけでなく，同和教育問題図書検討会があり，教育委員会の専門の方々の意見を参考にしながら図書館の自主的判断でやっている。

「同和教育問題図書検討会」については，県教委生涯学習課長・主幹，県教委同和教育課長・課長補佐，県生活文化部同和課人権啓発センター研究員，県同和教育研究協議会事務局長，県立図書館長・次長・資料課長・資料課担当者2名で構成されていること，開架・閉架の選択基準は，同検討会が1995年6月

に提出した「開架に置く書籍リスト」(以下「検討会リスト」)をもとにしていることが後日回答されている。

　朝日新聞名古屋版は，同年4月13日朝刊で，「全解連系書籍，閉架に移動／三重県立図書館　同和図書を『選別』／内容，県方針に沿わぬ」の見出しのもとに，次のように報じ，事態が一般に表面化した。

　　三重県立図書館（津市）が，昨年から今年にかけ，『県の方針に沿わない』として，同和問題で差別をなくすために相対立する二つの方法論のうち，一方に立つ書籍のほとんどを，来館者が自由に見られる開架から，職員に頼まないと見られない閉架へ移していたことが12日明らかになった。同図書館は「貸し出しは自由なので，情報の差別にならない」とするが，日本図書館協会は「両論の図書を置くべきだ」という見解。公立図書館の在り方が改めて論議を呼びそうだ。

以下はそれに続く記事の概略である。

- 県立図書館が所蔵する同和問題関係蔵書は約1,270冊。現在990冊が開架にあり，残りは閉架。開架には部落解放同盟系の立場に立つ書籍が多く，全解連系の図書はほとんど閉架書庫に移動されていた。
- 1994年10月の開館時には両論の本を置いたが，1995年6月頃から整理を始め，9月に同館と県教委，県同和教育研究協議会などによる検討委員会で協議。同委員会が開架に置くべき本のリストを提出し，これを参考に，図書館が「県の方針を否定する本や，具体的な地名，人名が載る本は閉架に置く」という方針で整理したという。
- 県立図書館長は「県は，部落差別は間違いだと正すことが解消につながるという方針で，『寝た子を起こすな』的な考えはとっていない。この県の方針に沿うものを，限られた開架スペースにお薦めとして置いた。閉架でも要望があれば当然見せる。入れ替えも検討したい」と説明。

第2　図書館は資料提供の自由を有する。

・全解連三重県連書記長は「情報を公平に提供し両論のどちらを選ぶかは県民に任せるべき」，解放同盟三重県連書記長は「図書館の問題なので特別なコメントはないが，図書館を支持したい」。JLA図書館の自由に関する調査委員会三苫正勝委員長は「同和問題について，協会は両論を提起する方針を採っている。『図書館の自由に関する宣言』の趣旨からも，対立する論議の一方だけを出すのは問題だ。まして，図書館が行政の方針にのっとって一方を選ぶなど，戦前の社会教育と同じで間違っている」とコメントした。

2　展開

この後，4月末から6月にかけて市民団体や県議会で次のような動きがあった。

4月13日の朝日新聞の記事をうけて，4月25日，四日市市に市民団体「図書館の自由をもとめる会」が発足，事実関係についての公開質問状を提出した。さらに，日本共産党三重県委員会は，「事実上の閲覧制限・思想統制で，図書館の自殺行為」との声明と申入れ文書を発表した。

5月5日には，『赤旗』が県立図書館の回答に基づき同和関係蔵書の開架・閉架リスト等について報道した。同館所蔵の同和図書リストは計1,422冊で，そのうち閉架図書は22％の309冊であり，部落問題研究所発行のものは閉架が260冊，開架は4冊，日本共産党発行の図書3冊はすべて閉架と報じた。

先の4月25日の市民団体質問状に，県立図書館が5月10日付け文書で回答，「同和問題の解決に資すると思料される図書を閲覧室に配架した。配架は随時行っており，とくにその基準はない」（朝日新聞5月14日）。

5月22日，全解連県連と三重県教育委員会との交渉で，県教委は「図書館が主体的に運営する中で，同和問題の解決に資すると判断した図書を配架した。県の方針に沿うかどうかで選んではおらず，［図書館の自由］宣言には抵触しない」「何を開架に置くかは図書館の判断。図書館の措置が間違いとは思わない」と回答した。

5月以降は，当初見られた「県の方針に沿わないものを閉架に移した」という説明はおこなわれず，「図書館の判断」が前面に出されるようになった。

6月20日には，県議会での共産党県議の質問に対し，教育長が「閉架されている図書も含め人権問題関係図書コーナーとして充実させることを図書館と検討中。今後の対応は図書館の自主性を尊重し，館長にゆだねる」と答弁した。

3　収束

やがて，7月10日付け「人権問題コーナー設置／人種差別の本，多岐／同和関係図書の移設問題きっかけ／県立図書館」という見出しの朝日新聞の記事で，7月9日までに「人権問題関係図書コーナー」が設置されたことが報道された。閉架図書300冊ほぼすべてを開架にもどし，同和問題以外の人種差別・性差別なども含め，幅広く人権問題資料を収集するコーナーに改めてスタートしたと報じている。

館長のコメントとして，「廃棄処分や利用制限など，宣言にもとるようなことをしたわけではなく利用者に迷惑はかけていないはず」と弁明する一方，「本来の姿から考えれば望ましくない現象だった」と述べ，さらに，新設コーナーについては「図書館の本来の役割から考えてより望ましい形にしようと考えた。同和問題だけでなく，『なぜ人間は差別するのか』という幅広い視点で人権問題をとらえ，認識を深めていってほしい」とも語っている。

閉架図書が開架に原状復帰されたことで，事態は一応の収束を見ることになった。

4　自由委員会の調査

1996年9月10日，日図協自由委員会委員が，現地を訪問して事情聴取をおこない，県立図書館長に以下の説明を受けた。

・問題の事実経過は，おおむね『朝日新聞』『赤旗』『部落』などの報道のとおり。

第2　図書館は資料提供の自由を有する。

・書庫入れをすることについて，外部の団体等から直接に圧力を受けたことはない。
・閉架措置が4月に新聞報道された後になったが，全職員で資料の内容を知る作業をおこなった。作業を終えた7月，同和コーナーを人種差別や性差別等も含めた人権問題に関する図書のコーナーと改め，閉架した資料も配架した。
・書庫入れは図書館としてやるべきことではないと考え，不本意だった。しかし現在，完全に修復した。修復前に事態を報道されたが，図書館として他の課題とともに改善・修復しようとしていた時だった。
・職員全員が集まれるのは月1日しかないが，現在，職員の研修と認識の一体化に努力している中である。火種はまだ残っている。県立図書館として経過を公表したり，自由委員会に資料を提供できる状況にはない。

〈宣言との関連〉

　第2－1「図書館は，正当な理由がないかぎり，ある種の資料を特別扱いしたり，資料の内容に手を加えたり，書架から撤去したり，廃棄したりはしない」に関連する。

〈解説〉
1　「県の方針」と自己規制

　本事例の背景として，部落解放運動における現状認識や方法論についての意見の対立，および同和対策審議会答申（1965）以降国策としての同和行政事業の本格化に伴い，多くの自治体で部落解放同盟の方針に呼応した同和行政方針がとられてきた点がある。

　この事例においては，県や外部機関から直接的な圧力があったというよりも，そうした背景のもとで，県の方針をそのまま開架図書の選書に適用した図書館の判断の甘さが原因と思われる。検討会リストがどの程度の拘束力をもっていたのか，図書館がそれをもとに自主的に判断したかどうかについて曖昧な点は

残るが，それよりも県の方針に準じた図書のみが開架され，他方が閉架書庫に入れられる状況に対して，外部から指摘されるまで図書館として問題にしなかったことが問題である。

　一定の政策判断と方針のもとに事業を推進する行政の立場とは異なり，図書館は，意見に相違のある主題については等しく資料を提供し，どう考えるかは利用者にゆだねる立場である。行政の選択を検討する場合，それに対して異議を申し立てる場合にもその拠り所になりうる存在でなければならない。市民に対し自由な資料提供をおこなう責任がある立場からも，行政機関の一部としてふるまうべきではなく，必要があれば行政当局に説明し理解を求める対応をすべきだった。

2　閉架書庫への移動は閲覧制限か

　もう一つの問題として「閉架書庫への移動は閲覧制限ではない」という主張がある。県立図書館は「閉架に移動した図書も目録検索や出納により利用可能であり，閲覧制限ではない。利用者に迷惑はかけていない」という考えのようであるが，そうであろうか。

　閉架書庫に配架するということは，利用者にとっては資料の隔離を含む作業であり，一種のアクセス制限を伴う側面をもつことは否めないであろう。特に，一部の図書に対して，その内容の「思想的，宗教的，党派的立場」によって恣意的におこなわれるなら，それはアメリカ図書館協会（ALA）が（「図書館の権利宣言」解説文「図書館資料へのアクセスの制限」（1981修正）で述べたように，「直接的な検閲と限定の度合いが異なるものの，たとえ目立たない形であるとしても，やはり検閲に相当する」（ALA知的自由部『図書館の原則　改訂2版－図書館における知的自由マニュアル（第7版）』日本図書館協会2007.8　p.185〜193）といえる。

　書庫入れは利用が否定されるわけではないので，自己規制を含む検閲的行為がおこなわれても当事者は気づかないか，正当化が起こりうる。また，書庫入れそのものは，図書館運営の実務上，避けられない作業でもある。だからこそ

第2　図書館は資料提供の自由を有する。

内容が不当なものとならないよう，配慮しておこなう必要がある。

3　当事者による総括

　自由委員による訪問調査の際，図書館長は，閉架書庫への移動措置が新聞報道された後になったが，全職員で同和関係の蔵書を知る作業をおこなったこと，図書館として他の課題とともに改善・修復しようとしていた過程で報道されたことを説明している。最終的に原状復帰がなされた点も含め誠実な対応への努力があったのであろう。ただ県立図書館自身による外部への報告はおこなわれていない。広島県立図書館蔵書破棄事件（33選事例33）や『みどりの刺青』貸出保留問題（本書事例6）では，当事者による総括・報告がおこなわれ，館界の貴重な財産となっている。誠実な検討や対応をおこなっているとすればなおのこと，県立図書館自身が経緯や原状回復の過程の公表がなかったことが残念である。

4　自由委員会の対応

　1996年9月10日に，3人の自由委員が現地を調査に訪れ，館長の説明を受けた。この訪問に基づき自由委員会のニューズレター『図書館の自由』16号および『図書館雑誌』91巻3号に報告をおこなっている。

　なお，それ以前に，4月13日付け朝日新聞名古屋版に三苫正勝委員長がコメントを載せ，6月8日付け朝日新聞学芸欄に山家篤夫委員が「『図書館の自由宣言』尊重を」のタイトルで寄稿した。7月には学校図書館問題研究会三重県支部集会ほか県内関係団体2件の集会に講師を派遣し，図書館への信頼回復に努めた。

〈類例〉

　1976年に北九州市の小中学校・市立図書館・公民館・大学図書館で，部落問題研究所および汐文社発行の図書が引き上げられる事件が起きている。

　図書館員の自己規制や，県教委からの通知をもとに蔵書が破棄・閲覧制限さ

れた事例として，山口県立山口図書館図書抜き取り放置事件（33選事例8），長野市での絵本『ちびくろサンボ』の扱い（33選事例10），広島県立図書館蔵書破棄事件（33選事例33）等多くの事例がある。

またこの事例の直後に，ある県の全解連から県下の図書館に対して所蔵する同和問題図書の一覧を照会する文書が送られたケースについて，こうした照会そのものが検閲や圧力にあたるものではないかという論議があった。これについて塩見昇は，次のような意見を述べている。

> 所蔵や配架状況は誰でも自由に確かめられるものであり，照会そのものが検閲にはあたらない。ただ照会内容や目録データの管理方式により回答が非常に負担になる場合もあり対応に差はありうる。先入観をもっていたずらに身構え対立するのではなく，丁寧に話し合い理解を得ることが図書館の自由を深めることにつながる（『図書館雑誌』90巻8号）。

〈参考文献〉

・JLA図書館の自由に関する調査委員会「三重県立図書館における全解連系同和問題蔵書の書庫入れ問題」『図書館雑誌』91巻3号　1997.3　p.186〜188
・山家篤夫（文責）「三重県立図書館問題調査報告」『図書館の自由』16号　1996.10　p.1〜3
・前島格也「県立図書館の偏向－部落問題研究所の出版物等は閉架に」『部落』48巻6号　1996.6　p.49〜54
・西河内靖泰「三重県立，県の方針にあわない資料を閉架書庫に」『みんなの図書館』232号　1996.8　p.63〜64
・西河内靖泰「三重県立図書館　同和問題関係図書の扱い・その後」『みんなの図書館』234号　1996.10　p.77〜78
・塩見昇「蔵書についての照会（こらむ図書館の自由）」『図書館雑誌』90巻8号　1996.8　p.535
・植山光朗「部落問題研究所の図書追放運動　北九州市のこの信じられない事態は何がねらいか」『部落』28巻12号　1976.12　p.62〜66

第2　図書館は資料提供の自由を有する。

10　秋田県の地域雑誌『KEN』提供禁止要求

〈事実の概要〉

　秋田県立高校の女性教諭Aは，秋田県域の月刊雑誌『KEN』1996年2月号，5月号，6月号に掲載された記事によって名誉権とプライバシー権を著しく侵害されたとして，秋田地裁に対し『KEN』の編集・発行人Bに当該雑誌の頒布禁止を命じるよう仮処分を請求し，秋田地裁は1996年6月17日付けでAの請求を認める仮処分決定を出した。

　この背景には，Aが3年前に起こした交通事故の被害者Cから恐喝されたというAの申立てにより，Cが起訴され係争中の刑事裁判があった。この裁判では一審・秋田地裁判決（1994年8月），控訴審・仙台高裁判決（1996年2月）ともにCを有罪とし，Cは上告していた。

　Bはこの事件を冤罪と考え，『KEN』の各号に裁判でのAの供述は虚偽であるという記事や，「特別手記『Cさんがあまりにも気の毒』私の姉Aの実像を語る」というAの人格批判に踏み込む手記を掲載した。

　6月下旬，Aから代理人を委任された弁護士から，秋田県内の公立図書館に次のような要旨の文書が郵送されてきた。

　　警告書
　　　秋田地裁の販売及び頒布禁止の仮処分決定は，A氏の人格権を侵害する当該雑誌の頒布を差止めるとともに，将来ともA氏の人格権を侵害しないようにすることを求める妨害排除および妨害予防の各請求権に基づいて認容されたのだから，現在，図書館が閲覧，貸出しに供している当該雑誌は，編集発行人が回収する予定なので，速やかな回収が可能となるよう準備することを要求する。

当該雑誌の貸出または本件広告を継続することは，新たにA氏の人格権を侵害する行為となるから，ただちにこれら行為を中止することを要求する。

当該雑誌の貸出等を継続した場合は，貴館が独自に不法行為を構成し損害賠償請求の対象となり得ること，当職らは厳正に対処する所存である。

警告書には，秋田地裁が出した決定書が添えられていた。なお，県内の書店には同じ弁護士らから『KEN』当該号の販売を停止し，回収に応じるよう求める文書が送付されたという。

『KEN』は秋田県域の月刊総合誌で，県内150か所の書店で販売され，発売日には県内の新聞3紙に広告を掲載し，県内で知名度が高い。県内の公立図書館は郷土資料として受け入れ，利用に供していた。

その後，同年10月，Aは秋田地裁に対し，仮処分命令以降に発行された『KEN』の1996年4月，8月，11月，1997年2〜7月の各号記事でも権利を侵害されたとして，当該記事掲載号の頒布と販売および広告の禁止，新聞等への謝罪広告の掲載，損害賠償1200万円を求める裁判を起こした。

一審判決（2000年10月20日）は，Bに対して謝罪広告の掲載と損害賠償600万円の支払いを命じた。頒布差止め請求については，「原告の名誉またはプライバシーを侵害する記載は，それが掲載されている各号の全体の分量からすれば一部にとどまる上，本件雑誌には原告の記事とは無関係の記事も多く掲載されていること，問題となる雑誌は発売からすでに3年ないし4年が経過し，今後そのバックナンバーを求める読者が数多くいることを認めるに足りる証拠もない」として退けた。

Bは判決を不服として仙台高裁に控訴したが，判決（2002年12月21日）は一審判決を支持し，最高裁もBの上告を棄却（2003年6月25日）して確定した。

〈宣言との関係〉

特定個人の人権・プライバシーを侵害する表現・記述であるとして出版者に頒布禁止を命じる司法判断を根拠として，被害者が公立図書館に対して当該蔵

第2　図書館は資料提供の自由を有する。

書の提供禁止と回収・除籍への準備を求めた事例であり，宣言第2－1(1)および第2－2に関連する。

〈解説〉

宣言解説（初版）では「わいせつ出版物」の項で次のように書いている。

> この項には，改訂第1次案の段階で名誉毀損の判決のあったもの，および公開を否とする判決があったものという語句が入っていた。しかし，名誉毀損の多くは民事訴訟であって，その判決は当事者を拘束するにすぎず，また，公開を否とする判決はその事例をみないという弁護士の助言を参考にして，それぞれ削除することになった。

本件で秋田地裁が頒布・広告等禁止の仮処分決定を出したのは，『KEN』1996年6月号の発売1週間後で，定期購読者への納品・販売を終え，頒布等禁止処分の実効性は薄まっていた。Aらは公立図書館での提供禁止によって処分の効果を高めようとしたものであろう。

6月21日，日図協は，警告書を送付された秋田県内の公立図書館から対応について意見を求められた。それを受けて自由委員会は，①図書館が名宛人として提訴された場合の対応について，委員会は現時点では訴訟維持について判断材料がない，②したがって提訴を回避する対応を提案せざるを得ない，③本訴では仮処分決定が覆される可能性もある，④これらを勘案し，具体的対応としては，侵害表現と認定された記事を除外した複製を作成・提供する，⑤回収要求には応じない，という提案をした。

1990年代に入って，報道被害への批判が高まり，本事例と同様のケースが続くことが予想された。自由委員会は，公立図書館が名誉・プライバシー権侵害を理由として蔵書の提供について損害賠償や提供制限措置が請求された場合に，図書館はどのように対応すべきか論議する必要があると考え，1996年12月3日に松本克美・神奈川大学短期大学部助教授（民法）を講師として公開セミナー

を開いた。テーマは「人格権（プライバシー）侵害を理由にその販売・流布が仮処分決定により禁止された書籍を所蔵する図書館は当該書籍の閲覧を継続させない法的義務があるか」である。

松本助教授からは，直接参考になる判例や直接言及する学説はないという説明があった上で，次のような提起があった。

①図書館には当該書籍の発行者への責任追及以前に，個々の書籍を調査し被害発生を予見する義務はない。そのような内容審査は検閲に等しい。
②本件事例のように販売・流布禁止の仮処分決定が出て，しかもそのことを理由に被害者が閲覧制限を求めてきているような場合には，その書籍の閲覧の継続により被害者の人格権侵害の発生することが予見可能であり，また当該記事の閲覧を制限することで被害発生を回避できるから，原則としてそのような結果回避義務をとる法的責任が存在するのではないか。
③（当事者同士が争う本訴・裁判でなく仮処分ではないか，に対し）権利侵害救済の緊急性・必要性が仮処分決定の意義であり，被害者からこの決定に基づく閲覧制限要請が出ている以上，仮処分決定の「暫定性」を理由に，被害発生の予見可能性を否定したり，結果回避の期待可能性を否定するのは問題ではないか。
④図書館は図書館法に基づいて資料提供する機関であることに鑑み，結果回避のための義務は，具体的には判決内容を告知する付箋を添付することで満たされるのではないか。

セミナーでは，加害者がおこなうべき被害回復措置と図書館に求められる被害予防措置の格差は，加害者の責任のありようと公立図書館の社会的役割に懸隔があることから当然に生じるという意見があった。制限の方法をめぐっては，提起された付箋の添付はラベリングと区別できるか，また，学術研究の閲覧目的に限定するとか研究者などに限定することは，公平性保障や実効性の観点から難がある等が論議された。

第2　図書館は資料提供の自由を有する。

　自由委員会はその後,『文藝春秋』1998年3月号が掲載した神戸児童連続殺傷事件の少年容疑者の検事調書記事の問題（本書事例11）に際し,名誉・プライバシー侵害表現の取り扱いの考え方として,①頒布禁止の司法判断があり,②それが図書館へ提示され,③被害者からの提供制限要求がある場合のみ,限定的な提供制限があり得るという意見を述べ,日図協名で公表された「参考意見」に取り入れられた。

　しかし,自由委員会は,その後の裁判所判断等をふまえ,2006年に発生した徳山工業高専学生殺害事件を契機に,1997年の見解を修正し,加害少年の推知報道についても提供を原則とすることを提案し,日図協は,2007年6月の常務理事会において,今後この立場で臨むことを確認した（本書事例11参照）。

〈類例〉

　図書館の蔵書提供に関する請求が裁判で審理された最初の事例は,写真週刊誌『フライデー』肖像権侵害事件（33選事例19の類例　p.125）である。

　この裁判で被害者は,被告出版社らに対して図書館に判決事実を告知するメモを添付するよう依頼する文書を送付することを命じるよう請求した。同様の請求は『三島由紀夫－剣と寒紅』裁判（本書事例12）や「石に泳ぐ魚」裁判（本書事例13）でもおこなわれるが,裁判所はいずれの場合も実効性がないなどを理由に請求を棄却している。

　本件は,頒布禁止の司法判断を得た者が,それに応じなければ提訴するという意思を示して公立図書館に提供制限（禁止・除籍）を求めてきたはじめての事例である。以後,裁判所が名誉権侵害を認めて出版者らに損害賠償を命じた『官僚技官』問題（本書事例20）や,判決に至らずに著者が裁判で謝罪・和解した図書『歯科・インプラントは悪魔のささやき』問題など,被害者側が提訴を示唆して公立図書館に提供制限や回収・除籍を求める事例が起こっている。しかし,被害者側が公立図書館を相手に提供制限や損害賠償を求めて訴訟を起こした事例はない。

〈参考文献〉

- 武田聿弘「出版物の販売差止の仮処分」『裁判実務大系 4 保全訴訟法』青林書院新社　1984.3　p.208〜219
- 「回収仮処分決定の図書は提供できるか」『月刊EX』10巻9号　1998.9　p.21〜22
- 松井茂記「著作権・パブリシティと出版の差止めー『三島由紀夫−剣と寒紅』事件／藤田朋子事件」『法律時報』71巻11号　1998.10　p.80〜90
- 松本克美「名誉・プライバシー侵害図書の閲覧制限措置請求権について」『早稲田法学』74巻3号　1999.3　p.575〜596
- 松本克美「プライバシー侵害図書の提供制限と図書館の自由」『現代の図書館』42巻3号　2004.9　p.149〜156

第2　図書館は資料提供の自由を有する。

11　神戸連続児童殺傷事件等における少年事件報道の取り扱い

〈事実の概要〉
1　神戸児童連続殺傷事件
　1997年2月から神戸市内で相次いで4人の小学生の女児が路上で殺傷された。5月には小学生の男児が殺害され，被害者の頭部が犯行声明文とともに学校の校門に置かれていた。その後，新聞社に再度声明文が送られ，各種メディアは捜査状況，犯行の動機や犯人像の推定など大々的に報道を続けた。6月28日，神戸市須磨区に住む14歳の少年が逮捕された。
　10月13日，神戸家庭裁判所は加害少年を医療少年院送致と決定し，少年は関東医療少年院に移された。

2　被疑少年の本人推知報道と検事調書掲載記事
　写真週刊誌『フォーカス』1997年7月9日号（7月2日発売）は被疑少年の上半身写真をページ全面に掲載し，年齢・学校名も報じた。『週刊新潮』1997年7月10日号（7月3日発売）は目隠しを入れた写真を掲載した。これについて全国紙5紙は，写真掲載は事件の真相と無関係と非難した。日本弁護士連合会（日弁連）は抗議声明を出した。橋本総理大臣は「非常に問題」とコメントした。一方，梶山官房長官は少年法改正の意図を発言した。7月4日，法務省東京法務局は，新潮社に対し，写真等，本人であることが推知できる報道を禁じている少年法第61条[注1]は捜査段階少年にも適用されるとして，2誌を回収し再発防止策を策定・公表するよう勧告した。法務省は，1985年に『フォーカス』が札幌で両親を殺害した16歳の少年の正面の顔を掲載した際に，法の趣旨を理解し反省するよう勧告しているが，出版社への回収勧告はこれがはじめてであった。しかし，新潮社は翌7月5日に拒否を表明した。

その後も事件関連の報道は続き,『フォーカス』は1998年3月11日号に加害少年がその犯行を描いたとされる「犯行ノート」の写真を掲載し,同年4月15日号と22日号に少年の小・中学校時代の指導要録とされるものなどを掲載した。『週刊現代』は1998年6月6日号に少年の精神鑑定書主文とされるものを掲載した。法務省人権擁護局と東京法務局は,両社に謝罪と再発防止策の策定・公表を勧告した。

　一連の報道の中でも,とりわけ『文藝春秋』1998年3月号（2月9日発売）の「少年A犯罪の全貌」はとりわけ賛否の大きな論議を巻きおこした。検事への供述調書（検事調書）7通と,神戸地裁の決定要旨・調書を掲載する意義を述べた立花隆の論考等からなっている。加害少年と被害者に関する固有名詞を伏せ,少年が描いた残虐なイラストも省いている。発売当日,最高裁家庭局長と神戸地裁所長は文藝春秋社に対し,少年審判の非公開を定めた少年法第22条2項(注2)と第61条違反を理由に発売中止を申し入れ,発売翌日に厳重抗議した。4月16日には法務省東京法務局が,謝罪と再発防止策の策定・公表を勧告した。

3　日本図書館協会の対応

　『フォーカス』の顔写真掲載は発売前に明らかにされ,鉄道売店,大手書店,コンビニが販売を自粛する状況が報道された。メディアは図書館の取り扱いに注目した。日図協事務局がメディアや各地の図書館から受けた取材や意見照会は2日間で50件を超えた。このため,日図協は当該記事の提供について急ぎ見解をまとめ,次のように都道府県立図書館に通知した（『図書館雑誌』91巻8号）。

『フォーカス』（1997.7.9号）の少年法第61条に係わる記事の取り扱いについて（見解）

　　　　　　　　　　　　　平成9年7月4日　社団法人日本図書館協会
1　写真週刊誌『フォーカス』（1997.7.9号）掲載の,14歳の殺人罪等容疑者の正面顔写真は,少年の保護・更生をはかる少年法第61条に抵触する可

第2　図書館は資料提供の自由を有する。

　能性が高い。
2　すべての図書館資料は，原則として国民の自由な利用に供されるべきであるが，上記の表現は，提供の自由が制限されることがあるとする「図書館の自由に関する宣言」第2－1－(1)「人権またはプライバシーを侵害するもの」に該当すると考えられる。
3　この対応にあたっては，「宣言」第2－2（資料を保存する責任）に留意する。当該誌の損壊・紛失等のないよう配慮が必要である。また，受入・保存を差し控えるような対応或いは原資料に図書館が手を加えることについては，首肯しがたい。
4　『週刊新潮』についても上記に準ずるものと考える。
5　図書館におかれては，以上を踏まえての対応をお願いする。

　『文藝春秋』1998年3月号については，発売前日に最高裁家庭局長の発売中止要請が報道され，日図協への取材や意見照会が相次いだため，日図協は「参考意見」をまとめ，都道府県立図書館に通知した。「参考意見」としたのは，各図書館の自律性，主体性を拘束するものでないことを明確にするためだった。また，先の「見解」のおおかたが都道府県立図書館どまりになったことを考慮し，各都道府県内図書館への伝達を依頼した（『図書館雑誌』94巻9号）。

　　　　　『文藝春秋』（1998年3月号）の記事について＜参考意見＞
　　　　　　　　　　平成10年2月13日　社団法人　日本図書館協会
　標記雑誌に掲載された「少年A犯罪の全貌」について，各図書館，マスコミから問合せがありましたので，当協会として下記のような参考意見をお知らせします。
　　　　　　　　　　　　　　　記
1　公刊物の表現に名誉毀損，プライバシー侵害の可能性があると思われる場合に，図書館が提供制限を行うことがあり得るのは，次の要件の下においてと考えます。

①頒布差し止めの司法判断があり，②そのことが図書館に通知され，③被害者（債権者）が図書館に対して提供制限を求めた時。
2 　標記雑誌の当該記事に関する限り，特定の少年を推知させる表現は無く，少年法第61条にかかわる問題は見うけられません。
3 　当該記事にかかわる法的問題は，少年法第22条2項により，非公開であるべき文書が当事者以外に開示されたことにあります。しかし，これは開示した者の責任に帰せられるべきであり，これを報道・提供する側には法的規制は無いと考えます。
4 　法律上および「図書館の自由に関する宣言」（1979年改訂）にかかわる問題としては，本件は提供制限をする理由を現在のところ見出せません。
5 　以上，当協会としての現段階の検討の内容を，参考意見としてお知らせしました。
　なお，本件の出版倫理・社会倫理にかかわる問題については，別途検討すべきものと考えます。
　各図書館で主体的な検討をされた上での対応をお願いします。
付記　都道府県立図書館各位へお願いご多用中お手数をかけますが，それぞれの都道府県内の市区町村図書館へご伝達くださいますようお願い申し上げます。

4　各図書館の対応

(1) 『フォーカス』1997年7月9日号

　日図協自由委員会が1997年10月に行った調査の中間集計（『図書館の自由』21号）によると，『フォーカス』を収集している公立図書館178館のうち，当該号の「提供」は25館（14％），「非提供」は122館（69％：「購入せず」4館，「納入されず」10館，「寄贈されず」1館，「以後，購入中止」2館を含む），「不明」は31館（17％）である。調査は都道府県の図書館協会に依頼し，40都道府県から回答があった。全国約2千館の状況を正確に表すものとはいえないが，東京多摩地区27市を例にとると，同誌を継続収集しているのは120館のうちで

第2　図書館は資料提供の自由を有する。

14館と1割程度であることをふまえると，全体の傾向を一定程度反映したものといえよう。

(2) 『文藝春秋』1998年3月号

　日本放送協会が，同誌発売直後に都道府県立図書館を対象におこなった調査によると，「通常どおり閲覧」は21都道県，「条件つき閲覧」は16府県，「条件付き（18歳未満）禁止」は1県，「禁止」は7県となっている。新・改築中の2府県を除く全都道府県立図書館の状況であるが，「条件つき閲覧」とは当該号を開架書架からはずし，申込みがあれば閲覧に供するというものであり，当面の資料保全措置という性格が強い。

　自由委員会のアンケートへの回答からは，多くの図書館が悩み，論議がかわされたことがうかがわれるが，公立図書館のおおかたは，報道機関に対して被疑少年本人が推知できる表現を規制するよう求める少年法第61条を重く見て，『フォーカス』の提供を制限した。一方，少年法第22条2項で，審判の非公開が規定されているが，報道機関の法的責任には触れていないため，本人が推知できる表現を伏せるなどの配慮がみられる『文藝春秋』については，各図書館も，公刊資料は提供するという原則をふまえたといえよう。

〈宣言との関連〉

　第2−1の原則部分と(1)，および第2−2にかかわる。また，当該号の納品拒否や当該雑誌の収集停止は，第1−2の(3)(4)(5)にかかわる。

〈解説〉

1　少年法第61条について

　少年法第61条については論議の積み重ねが少なく，その目的（保護法益）や規制力については，「少年の可塑性に由来する最善の利益」をもって報道の自由に優越するという認識と，旧少年法にあった違反への罰則規定が新憲法の表現の自由を配慮して削除され，倫理的規定になっているという理解が指摘されていた。一方，法曹界では推知報道した者に「刑事責任は生じないが，プライ

バシーの権利侵害として民事上の責任を負う」(竹田稔『名誉・プライバシーに関する民事責任の研究』1982 p.63)という見解が注目されていた。

また，61条が禁じる本人が推知できる報道の内容についても理解は分かれていた。61条は少年の氏名，容貌のほか個人情報を包括的に報道禁止している。しかし，重大な少年事件の多くは社会の正当な関心事といえるのであって，国民の知る権利にこたえる報道を制約する法は違憲の疑いがあるという指摘もあった。本事件の場合も，各報道機関は次の表のように，それぞれの基準や判断で61条が禁止する個人情報を選択し報道していた[注3]。

	朝日	毎日	読売	産経	日経	フォーカス	週刊新潮
被疑少年名	×	×	×	×	×	×	×
顔写真	×	×	×	×	×	◎	○
年齢	◎	◎	◎	×	◎	◎	◎
学校名	◎	◎	◎	×	◎	◎	◎
住所	△	△	△	△	△	△	△
被害者等	◎	◎	◎	◎	◎	◎	◎

◎は記載／×は非記載／顔写真の○は目隠し入り／住所△は須磨区まで記載／学校名には学年を含む

2 『フォーカス』(1997.7.9号)記事の取り扱いについて(見解)について

『フォーカス』(1997.7.9号)記事の取り扱いについての日図協「見解」は，このような状況の中でつくられた。見解は当該記事を提供制限すべきであるとしたものではないし，各図書館に提供制限を指示したものではない。しかし，次のような疑問が会員から寄せられた。

①国家の法律に抵触する可能性の高い資料であるならば，提供の自由を制限することがありうるのか(事実，前記信濃毎日新聞によれば，「『宣言』の自由は，法違反を想定していない」という意見を述べた図書館もある)

第2　図書館は資料提供の自由を有する。

②「人権またはプライバシーを侵害するもの」との判定は誰がするのか，図書館（職員）が判定者になれるのか，判定にあたって利用者の意見はどう反映されるのか
③写真はだめでも記事はいいのか，記事のなかにも少年法に抵触し，人権侵害にあたるものが多いのではないか
④提供の自由を制限した場合，他の頁の掲載記事までもろともに制限するのか
⑤保存はしても提供しない資料がありうるのか，提供する場合は，いつ，誰に，どういう条件で提供するのか
（手塚英男「『図書館の自由』をゆるがした『フォーカス』・『週刊新潮』の閲覧問題に寄せて」『信州・松本—社会教育職員の仕事　復刻手塚英雄36年の実践報告　第10集　図書館－地域に息づく図書館活動』1998.1　p.113）

　また，1999年3月18日に自由委員会関東地区小委員会が企画開催したセミナー「少年事件報道と図書館の自由」においても，講師の田島泰彦上智大学文学部新聞学科教授から同様の指摘があった（『現代の図書館』37巻3号）。
　自由委員会はこれらの点について継続して検討していたが，2006年9月，徳山工業高専生殺害事件で，『週刊新潮』2006年9月14日号に続いて『読売新聞』，『週刊朝日』も実名，顔写真を掲載するに至り，あらためて常務理事会から意見を求められ，2006年全国図書館大会分科会で，公刊資料は提供するという自由宣言の基本を再確認して「見解」を改める検討素案を提案し（『図書館雑誌』101巻2号にも掲載），また『図書館雑誌』100巻12号で考え方を説明して会員の議論を募った。検討素案は次のとおり。

　　　　　加害少年推知記事の扱い（提供）について－検討素案－
　　　　　　　2006年10月27日　日本図書館協会図書館の自由委員会
　日本図書館協会常務理事会は，標記のことについて，図書館の自由委員会の検討内容を広く会員に知らせ，協会としての共通認識を形成するとされた。

また，神戸児童連続殺傷事件の容疑者少年の推知記事を掲載した『フォーカス』1997年7月9日号についての見解は協会名で出したものであり，図書館の自由委員会だけでなく常務理事会も論議し関与するとされた。

＊

図書館の自由委員会の考え方（骨子・素案）
　図書館は一般に資料・情報を提供することで図書館が処罰されたり損害賠償を命じられる場合以外は提供する。加害少年の推知報道記事については提供することを原則とする。「原則」と言う理由は，各図書館の自主的判断を尊重するからである。

【説明1　少年法と表現の自由の関係】
(1) 少年法61条が禁じる加害少年の推知報道について，1997年の「フォーカス」報道を契機として社会的に議論が深められてきた。「少年の保護」は「表現の自由」に優越するかどうか，関係法令の解釈，少年保護法制のあり方，報道倫理などが多角的に論議されてきている。諸外国の状況レポートも蓄積されてきた。
(2) 61条が倫理規定にとどまるのか，損害賠償請求権の根拠になるのか。従前，「刑事責任は生じないが，プライバシーの権利侵害として民事上の責任を負う」（竹田稔「名誉・プライバシーに関する民事責任の研究」1982）との見解に反論はなかった。
　堺少年事件報道損害賠償請求事件の大阪高裁判決（2000.2.29・確定「判例時報」No.1710）は，61条が少年に実名報道されない権利を与えているかについて，否定的に判示した。
　長良川リンチ殺人事件報道損害賠償請求事件の最高裁判決（2003.3.14「判時」No.1825）は本人推知報道の範囲を限定し，表現の自由への配慮を示した（右崎正博「少年の仮名報道と少年法61条」『メディア判例百選・別冊ジュリスト』No.179）。
(3) 61条は報道に関する規制であり，出版物の流通・頒布主体を規制・処罰する法ではない。図書館の提供制限については表現の自由，さらに知る自

第2　図書館は資料提供の自由を有する。

由を狭める萎縮との批判がある（坂田仰「少年の実名報道と少年法61条」『メディア判例百選・別冊ジュリスト』No.179）。

⑷　少年法22条（少年審判の非公開）に関して，日図協は『文藝春秋』1998年3月号掲載の検事調書記事の扱いについての「参考意見」で，記事に関わる法的問題は開示した者の責任に帰せられるべきで，報道を提供する側に法的規制はなく，提供制限の理由を見出せないとし，その上で3要件（①頒布禁止の司法判断があり，②それが図書館へ提示され，③被害者からの提供制限要求がある場合のみ，一定の提供制限があり得る）を提示した。

【説明2　図書館が提供することの意義】－図書館は司法判断とは独自に提供について判断する（『「図書館の自由に関する宣言1979年改訂」解説』p.26－27）としたことの具体的理由－

⑴　図書館は，法に基づき職務として資料を収集提供し，もって知る自由（表現の自由）を保障する機関である。（「宣言」前文）

⑵　重大な犯罪事件は「公共の利害」であることに加え，報道を契機として多くの議論が立ち上がる社会的関心事であり，図書館は「考えるために読みたい」市民へ関連資料を積極的に提供する機関である。（「宣言」第1－1，2－⑴～⑷）

⑶　資料・情報はいろいろな観点や考え方で読まれるもの。図書館は資料・情報を支持や批判するものでなく，提供する機関である。（「宣言」第1－2後文）

これに対して反対意見（松政恒夫）と賛成意見（山本順一）が『図書館雑誌』101巻2号，『みんなの図書館』358号に掲載された。2007年5月の評議員会と総会の会勢報告の中で，「資料提供の可否は個々の図書館の判断すべきことであるが，少年法第61条の解釈に限っていえば，図書館がその提供を拒む理由はない，と明らかにした」とまとめられ，承認された。

6月8日の常務理事会では，「検討素案は肯定的に受け止められた。図書館

が公刊された資料の提供を規制することは異例なことでもあり，今後この立場で臨むことを確認した」(『図書館雑誌』101巻7号)と記録されている。

注1　少年法第61条（記事等の掲載の禁止）は，「家庭裁判所の審判に付された少年または少年のとき犯した罪により公訴を提起された者については，氏名，年齢，職業，住居，容ぼう等によりその者が当該事件の本人であることを推知することができるような記事又は写真を新聞紙その他の出版物に掲載してはならない」としている。違反に対して罰則規定はない。捜査機関に対しても，犯罪捜査規範第209条（報道上の注意）は，「少年事件について，新聞その他の報道機関に発表する場合においても，当該少年の氏名又は住居を告げ，その他その者を推知できるようなことはしてはならない」としている。

注2　少年法第22条2項（審判の方式）は，「審判は，これを公開しない」とし，少年審判規則第7条（記録，証拠物の閲覧，謄写）①は，「保護事件の記録又は証拠物は，家庭裁判所の許可を受けた場合を除いては，閲覧又は謄写することができない」としている。少年審判は非行があると考えられる20歳未満の「少年」について，非行の有無を判断し，保護観察，児童養護施設送致，少年院送致などの保護処分に付すかどうかを決定するために家庭裁判所が行う手続きである。なお，家庭裁判所の判断により検察に逆送し刑事裁判に付させることもできるが，その場合も不定期刑や量刑の緩和などさまざまな配慮を規定している。少年法には非公開違反への罰則規定はなく，調書の流出が刑事事件にされたのは，2007年に図書『僕はパパを殺すことに決めた』の著者に被疑少年の供述調書を開示，複写させたことは刑法第134条1項の秘密漏示罪違反であるとして監察医を強制捜査し起訴した事件がはじめてである。

注3　表は田島，新倉編『少年事件報道と法』日本評論社　1999.7　p.154より。同書p.142～159「戦後少年事件報道事件小史」は15件の重大少年事件の報道内容をまとめている。新聞各社は，浅沼社会党委員長刺殺事件や連続ピストル射殺事件などの重大事件が続いた1960年代まで，被疑少年の顔写真掲載や実名報道をおこなったが，1985年の札幌父母殺人事件を契機に自粛し，それ以後は週刊誌，特に『フォーカス』の積極的な掲載姿勢が目立つようになった。

第2　図書館は資料提供の自由を有する。

〈参考文献〉

- 「『フォーカス』（1997.7.9号）の少年法第61条に係わる記事の取り扱いについて（見解）」『図書館雑誌』91巻8号　1997.8　p.581
- 菅原勲「図書館資料の『無条件提供』とは何か，その一研究－いわゆる『少年事件』に関連して」『図書館雑誌』94巻9号　1997.9　p.773～775
- 小泉徹「『フォーカスの取扱い』への日本図書館協会の見解についての疑問」『図書館雑誌』94巻9号　1997.9　p.775
- JLA図書館の自由に関する調査委員会「『フォーカス』の少年法第61条に関わる記事の取り扱いについて－菅原，小泉両氏のご意見・ご批判におこたえして」『図書館雑誌』94巻10号　1997.10　p.862～863
- 「小特集『フォーカス』『新潮45』問題と図書館の自由」『みんなの図書館』247号　1997.11　p.63～84
- 三苫正勝「日図協，各館での主体的な対応を呼びかけ－『文芸春秋』『新潮45』発売にあたって－付（参考意見）『文藝春秋』（1998年3月号）の記事について」『図書館雑誌』92巻3号　1998.3　p.153～154
- 篠田博之「『文藝春秋』『新潮45』少年法騒動の波紋－全国の図書館に緊急アンケート」『創』28巻4号　1998.4　p.118～125
- 「『フォーカス』に関するアンケート（中間集計）」『図書館の自由』21号　1998.6　p.2～12
- 山田健太「『少年の保護』と表現の自由（特集 犯罪報道のあり方と報道の自由）」『ジュリスト』1136号　1998.6.15　p.47～58
- 「小特集・少年事件報道と図書館の自由」『みんなの図書館』255号　1998.7　p.61～79
- 山家篤夫「資料の提供と図書館の自由をどのように考えるか（特集・資料の提供と図書館の自由をめぐって）」『図書館雑誌』92巻10号　1998.10　p.844～846
- 二階健次「少年犯罪報道と図書館－その時，都立図書館はどう対応したか（特集・資料の提供と図書館の自由をめぐって）」『図書館雑誌』92巻10号　1998.10　p.856～859
- 伊藤淳「大学図書館における『文藝春秋』3月号『新潮45』3月号の対応について（特集・資料の提供と図書館の自由をめぐって）」『図書館雑誌』92巻10号　1998.10

102

p.860～862
- 田島泰彦「少年事件報道と図書館の自由」『現代の図書館』37巻3号　1999.9　p.199～208
- 田島泰彦，新倉修編『少年事件報道と法』日本評論社　1999.7
- 松井茂記『少年事件の実名報道は許されないのか－少年法と表現の自由』日本評論社　2000.11
- 山田健太「少年事件報道と人格権侵害」『新・裁判実務大系　第9巻　名誉・プライバシー保護関係訴訟法』青林書房　2001.1　p.354～355
- 堺少年事件報道損害賠償請求事件の大阪高裁判決（2000.2.29確定）『判例時報』1710号　2000.7.11　p.121
- 同原審大阪地裁判決（1999.6.9）『判例時報』1679号　1999.9.1　p.54
- 坂田仰「少年の実名報道と少年法61条」『メディア判例百選（別冊ジュリスト179）』有斐閣　2005.12　p.102～103
- 長良川リンチ殺人事件報道損害賠償請求事件の最高裁判決（2003.3.14）『判例時報』1825号　2003.9.11　p.63
- 同原審名古屋高裁判決（2000.6.29）原審裁判所名　名古屋地方裁判所　原審事件番号　平成9（ワ）5034『判例時報』1736号　2001.3.21　p.35
- 差し戻し名古屋高裁判決（2004.5.12）平成15（ネ）275　事件名　損害賠償請求控訴事件　平成16年05月12日　名古屋高等裁判所　民事第2部
- 右崎正博「少年の仮名報道と少年法61条」『メディア判例百選（別冊ジュリスト179）』有斐閣　2005.12　p.100～101
- 松本克美「プライバシー侵害図書の提供制限と図書館の自由（特集：新しい枠組みとしての図書館の自由）」『現代の図書館』42巻3号　2004.9　p.149～156
- 山家篤夫「犯罪少年の本人推知記事の提供について－少年法61条と図書館の自由をめぐって」『図書館雑誌』100巻12号　2006.12　p.806～807
- 日本図書館協会図書館の自由委員会「加害少年推知記事の扱い（提供）について－検討素案」『図書館雑誌』101巻2号　2007.2　p.114
- 松政恒夫「推知記事の提供について」『図書館雑誌』101巻2号　2007.2　p.112～113
- 山本順一「少年事件実名報道記事の掲載紙誌に関する公共図書館に望まれる姿勢と

第 2　図書館は資料提供の自由を有する。

　　対応（特集　いま，問われる図書館の自由）」『みんなの図書館』358 号　2007.2　p.13〜22
・「加害少年推知記事の扱い（提供）について（協会通信　常務理事会 6 月 8 日（金）協議・報告事項）」『図書館雑誌』101 巻 7 号　2007.7　p.465〜466

新聞記事：―
・「『フォーカス』に容疑者写真／きょう発売／販売自粛の動きも」『朝日新聞』1997.7.2
・「フォーカスの販売見合わせ相次ぐ／淳君殺害の容疑者写真掲載」『朝日新聞』1997.7.2 夕刊
・「淳君事件顔写真掲載の『フォーカス』，図書館も閲覧 "自粛"」『毎日新聞』1997.7.2 夕刊
・「淳君事件―『週刊新潮』対応分かれる閲覧／戸惑う県内図書館／資料提供の自由／人権擁護を優先／明確な判断基準なく」『信濃毎日新聞』1997.7.5
・「東京法務局／新潮社に回収勧告／淳君事件写真掲載／『フォーカス』は拒否」『産経新聞』1997.7.5
・「神戸の小学生連続殺傷事件『少年の検事調書』文藝春秋 3 月号に掲載」『読売新聞』1998.2.10
・「『文春』販売中止広がる／少年供述調書掲載／地下鉄，私鉄の売店」『毎日新聞』1998.2.12 夕刊
・「『文春』の閲覧制限の理由ない／図書館協会通知」『毎日新聞』1998.2.14 夕刊
・「新潮 45 ／堺・通り魔事件の少年顔写真，実名を掲載」『毎日新聞』1998.2.18
・「公立図書館対応バラバラ／文春一部閲覧可能／新潮，全館不可」『産経新聞』1998.2.19
・「高専生殺害・容疑少年が死亡／実名・写真割れた判断」『朝日新聞』2006.9.9
・「高専生殺害，実名掲載の読売新聞を閲覧制限」『読売新聞』2006.9.12
・「少年容疑者の顔写真掲載，閲覧を制限せず／図書館協会」『読売新聞』2006.11.2

第2　図書館は資料提供の自由を有する。

12　小説『三島由紀夫－剣と寒紅』出版禁止問題

〈事実の概要〉

　福島次郎は，生前の三島由紀夫から送られた，自らが同性愛者であることを告白する内容の未公表の手紙および葉書15通を掲載した小説『三島由紀夫－剣と寒紅』を執筆し，1998年3月，文藝春秋社から出版した。三島由紀夫の長男と長女は，手紙等の無断掲載により手紙の公表権および複製権が侵害されたとして，この小説の出版差止めの仮処分を東京地裁に請求し，同月30日認められた。文藝春秋社は，書店や図書館に対して回収依頼の文書を送付した。書店などではこの依頼を受けて同書の販売を中止し，返品に応じているところもあった。図書館の中にも仮処分決定が出たことを理由として同書の貸出，閲覧，予約を停止とするところが出てきて問題となった。

　なお，この事案をめぐっては同年4月30日に三島由紀夫の長男らによって同書の出版差止め，4500万円の損害賠償，新聞雑誌への謝罪広告の掲示等を請求する本訴が起こされた。一審の東京地裁では，これらの手紙が著作物であると認めた上で，著作者人格権の一つである公表権の侵害が成立するとして三島由紀夫の長男らの請求を一部認める判決を出した。この判決は，二審を経て2000年11月9日，最高裁が福島次郎と文藝春秋社の上告を棄却し，確定した。

〈宣言との関連〉

　第2－1に関連する。

〈解説〉

1　公表権を侵害して作成された資料の利用制限措置の妥当性

　この事例は，著作権法が定める著作者人格権のうちの一つである公表権の侵

第2　図書館は資料提供の自由を有する。

害を理由とした出版差止め請求の仮処分決定と，図書館資料の利用制限との関係が問題となったものである。

著作権法（昭和45年法律第48号）では，著作者人格権の一つとして「公表権」という権利を設け，未公表の著作物を著作者に無断で公衆に対して提供または提示することを禁止している（第18条）。したがって，未公表の著作物については，貸出や複写だけではなく閲覧も禁止されることになる。

このように，著作権法の文言を忠実に解釈する限りでは，未公表の著作物およびその著作物を著作者に無断で掲載した図書館資料については，閲覧禁止の対象になるという解釈となる。

もっとも，「著作権が私権であり，（中略）被害者が不問に付することを希望しているときまで国家が乗り出す必要がないと考えられる」（加戸守行著『著作権法逐条講義　5訂新版』著作権情報センター　2006.3　p.755）という理由により，著作権侵害の成立はあくまで権利者が告訴した場合に限られる。したがって，当事者が利用制限を希望していないにもかかわらず，図書館が自主的に利用制限措置を決定するというのは，行き過ぎた措置であるといわざるを得ない。公表権の侵害に該当するものとしてやむを得ず閲覧禁止措置を講じるとしても，著作者またはその遺族の申し出を前提とすべきであろう。ちなみに，川崎市立図書館などの利用制限関係の法規では，公表権侵害を利用制限の要件の一つとして掲げているが，あくまで当事者の申し出がある場合に限定している。

また，東京都立中央図書館では，1998年4月27日の通達文「福島次郎『三島由紀夫－剣と寒紅』（㈱文藝春秋1998）及び『文学界』1998年4月号に掲載された同上の小説に関する都立図書館の対応について」により，この書籍についての都立図書館の対応を公表した。この文書では，本件は債権者（三島由紀夫の遺族）と債務者（文藝春秋社および著者）の争いであり，「仮処分決定の効力は，債務者ではない図書館には及ばない」として，特段の利用制限をおこなわないと結論づけている。妥当な結論といえよう。

2 公表権の侵害以外の著作権侵害により作成された資料の場合

　公表権侵害以外の著作権侵害の箇所を含む出版物の利用制限の問題については，著作権法第113条1項2号の規定との関係が問題となる。この規定では，著作権侵害により作成された物を，そういう事情を知りつつ公衆に頒布し，または頒布を目的にその物を所持することを禁止している。

　ここでいう「頒布」とは，著作物の複製物（資料そのものとコピーの両方が含まれる）を公衆に貸与し，または譲渡することという意味である（著作権法第2条1項19号）。したがって，貸出と複写，そしてこれらの対象となる図書館資料として所蔵することが禁止されることになる。その一方で，著作権法の条文に忠実な解釈をしたとしても，貸出や複写の対象としない限り閲覧させることは自由ということになる。なお，このような措置を講ずるにあたっても，公表権の侵害の場合と同じく，著作者または著作権者の申し出を前提とすべきであろう。

　このような見解に対し，閲覧禁止の措置を講ずるべきであるという見解も見られるが，根拠規定である著作権法第113条1項2号はいわゆる「海賊版」の流通を規制するものであって，図書館における資料の利用規制まで意図したものとは考えられないこと，仮に同号が図書館における資料の利用の規制まで意図していたとしても，それであれば規制の範囲は規定どおりに貸出，複写またはこれらを目的とした所蔵に限定されるべきであろうことから，このような見解は妥当ではないものと考える。

3　2007年の国立国会図書館における利用制限内規の「改正」

　2007年3月，国立国会図書館は，資料利用制限措置等に関する内規を改正し（4月1日施行），著作権侵害によって作成された資料の利用制限につき，これまで公表権侵害のみを対象としていたものを，すべての著作権侵害まで拡大するとともに，当事者の申し出がなかったとしても同館の館長の判断で利用制限措置をとることができることとした。

　この「改正」の趣旨につき，同館は，これまで実務上おこなってきたこととの整合性をとったと説明した上で，前述の著作権法第113条1項2号を根拠に

第2　図書館は資料提供の自由を有する。

掲げる。「情を知って」という文言を一審の判決ととらえた上で，一審の判決が出され，広く報道された場合，公表権侵害以外の著作権侵害の場合であってもそのまま資料の利用提供を続けることは問題となる，というわけである。なお，同館の利用制限措置は，同法第113条1項2号の範囲を越え，閲覧禁止まで可能とされており，当事者が求めた場合には閲覧禁止措置をとる可能性があるとのことである。また，当事者申出主義を撤廃したことについては，社会的に問題となった事例について，当事者からの申し出がないからといって利用制限措置をとらないでいることにつき社会的非難があった場合に対応できるようにするためである，という説明であった。

　このような同館の利用制限に対する措置は，著作権法が求めていない範囲まで拡大している上に，社会的非難の回避や当事者の意思の尊重のみを根拠とするものであり，国民の知る自由の保障という観点がまったく考慮されておらず，問題が多いものであるといわざるを得ない。

〈参考文献〉

・山家篤夫「『三島由紀夫－剣と寒紅』をめぐって（こらむ図書館の自由）」『図書館雑誌』92巻5号　1998.5　p.32
・「『三島由紀夫－剣と寒紅』（文藝春秋）仮処分問題」『図書館の自由』21号　1998.7　p.1
・「回収仮処分決定の図書は提供できるか」『月刊EX』10巻9号　1998.9　p.21～22
・松井茂記「著作権・パブリシティの権利と出版の差止め」『法律時報』70巻11号　1998.10　p.86～90
・「福島次郎『三島由紀夫－剣と寒紅』（㈱文藝春秋1998）及び『文学界』1998年4月号に掲載された同上の小説に関する都立図書館の対応について／平成10年4月27日　東京都立中央図書館」『図書館年鑑1999』p.364
・「『三島由紀夫－剣と寒紅－』最高裁判決」『図書館の自由』30号　2000.12　p.1～2
・加戸守行『著作権法逐条講義　5訂新版』著作権情報センター　2006.3　p.653～655，754～757
・黒沢節男『Q＆Aで学ぶ図書館の著作権基礎知識』太田出版　2005.2　p.154～156

第2　図書館は資料提供の自由を有する。

13　柳美里著「石に泳ぐ魚」の図書出版禁止問題

〈事実の概要〉

　柳美里の小説の中でモデルとされた女性が、名誉毀損などを理由としてこの雑誌掲載小説の単行本としての出版の差止め等を求めて訴えた事件である。

　1994年12月、韓国人女性Aは、月刊雑誌『新潮』1994年9月号に掲載された、顔に腫瘍のある自分自身などをモデルとした柳美里の小説「石に泳ぐ魚」等につき、プライバシー侵害、名誉毀損および名誉感情の侵害を理由として、著者および新潮社を相手取り、損害賠償、修正版を含む小説の出版差止め、謝罪広告の掲載、回収協力依頼広告の掲載、当該小説に問題があると認めた内容が記された文書を同号に貼付することを求める「通知書」の複数図書館への送付を請求して、訴訟を起こした。

　1999年6月22日、東京地裁は、原告の主張を大筋で認め、プライバシー侵害、名誉毀損および名誉感情の侵害を理由として柳美里らの側に130万円および遅延損害金の支払いならびに小説の公表差止めを命じた。しかし、修正版の出版禁止は原告本人の同定が困難なことから認められず、また、謝罪広告の掲載、回収依頼広告の記載および「通知書」の図書館への送付については、「『新潮』平成6年9月号が発行されてから相当期間が経過していることや、その他本件に現れた一切の事情を考慮すると、右各処分の必要があるとは解することはできない」として、請求を認めなかった。この判決は、2002年9月24日、最高裁第三小法廷が柳美里らの上告を棄却したことにより確定した。

　この判決を受け、10月8日、国立国会図書館は、当該資料について利用制限措置をとることを決定し、この小説の掲載部分に紙をかぶせて読めなくするマスキング処置をほどこした。決定の理由は、「本件資料が個人の名誉を毀損し、プライバシーを侵害しているという最高裁判決を重大に受け止め」特に国立国

第2　図書館は資料提供の自由を有する。

会図書館が「全国民に対してサービスを提供しており，多数の閲覧者があり，遠隔利用（郵送による複写など）もおこなっていることに鑑み，当該資料を利用に供することによりそのような毀損，侵害が繰り返されることは適切でないと判断」したというものである。

　当該資料の利用制限措置は，その後，公立図書館にも広がり，共同通信社の調査によれば，同年12月下旬の時点において，同誌当該号を所蔵する都道府県立図書館をはじめとする全国の主要な図書館の約70％が何らかの利用制限をおこなったという。

　日図協ではこのような制限措置の波及を懸念し，2003年3月6日付けで，国立国会図書館長に対し，「柳美里著『石に泳ぐ魚』（『新潮』1994年9月号所収）利用禁止措置の見直しについて（要望）」と題する要望書を提出し，閲覧禁止措置の見直しを求めたが，同館ではその後も閲覧禁止措置を続けている状態である。

〈宣言との関連〉
　第2－1に関連する。

〈解説〉
　本件は，プライバシー侵害の確定判決が出た資料につき，確定判決が出たことを理由として閲覧制限がおこなわれた事例である。

　自由宣言では，「図書館は資料提供の自由を有する」と宣言した上で，副文において「正当な理由がないかぎり，ある種の資料を特別扱いしたり，資料の内容に手を加えたり，書架から撤去したり，廃棄したりはしない」と述べる。しかしそれに続いて，やむを得ず利用制限が許容される場合として3要件を掲げている。

　このうち「人権またはプライバシーを侵害するもの」については，図書館利用者の人権を保障する機関である図書館が，資料を提供することにより人権侵害を引き起こすことは適当ではないという判断により，利用制限がやむを得ず

許容される場合の一つとしてあげられている。なお，この表現は正確ではないという指摘があり，宣言解説 2 版では，「プライバシーその他の人権を侵害するもの」と読み替えられるべきであると解説されている（同書　p.25）。

　もちろん「これらの制限は，極力限定して適用」すべきであり，たとえ「人権またはプライバシーを侵害」する資料であったとしても，実際にプライバシーその他の人権を侵害された者やその関係者の申し出に基づき，利用制限によるプライバシーその他の人権の侵害防止の効果と，利用制限による国民の知る権利の制約とを比較考量した上で，利用制限をおこなうか否かを，図書館の全職員と利用者を交えて検討をおこなった後に判断する必要がある。

　ところが，国立国会図書館は，実際にプライバシーその他の人権を侵害された者やその関係者からの申し出がないにもかかわらず，本件資料について調査審議をおこない，先に記した理由をもって掲載箇所にマスキング処置をほどこし，物理的に閲覧不可能な状態にしたのである。

　国立国会図書館がこのような閲覧禁止措置をおこなったことについては，二つの点で問題である。

　まず，この事件の被害者側が裁判で求めていたのは出版の差止めであって，この小説の閲覧禁止措置までは求めていなかったにもかかわらず，図書館が閲覧禁止措置をとったことである。一審でも，この小説に問題があることを記した文書を『新潮』1994年10月号に貼り付けることを求める通知書の図書館への送付を請求したが，この小説の閲覧禁止措置を求める文書の図書館への送付は請求しなかった。被害者側が求めてもいない閲覧禁止措置をおこなう行為は，市民に対する情報提供を最大限におこなうことを使命とする図書館のとるべきことであったのか，疑問なしとしない。この事件の被害者側の弁護士の一人でさえ，少数意見だったとことわった上で，「オリジナル版の閲覧・謄写の問題は，閲覧のみに限定して認めるべきではないかと思う。（中略）私はアクセスの権利を保障するということからいうと閲覧まで制限するのは行き過ぎではないかと考えている。興味本位で閲覧する人がいればそれは数としては少数だろうと思われることから，少数の害のために閲覧まで禁止するのは問題ではない

111

第2　図書館は資料提供の自由を有する。

か」と述べている。ひょっとしたら被害者側の方では，「この小説を広く読んでもらって議論を巻き起こしてほしい」と考えているかもしれないのに，被害者側の意見も聞かず，独断で市民へのアクセスを断つこの措置は，被害者側にとっても問題ではないかと考える。

　第二に，確定判決が必ずしも閲覧禁止措置まで求めていないにもかかわらず，判決を過剰に受け取って閲覧禁止措置をおこなったことである。この確定判決では，出版の差止めと損害賠償の支払いは認められたものの，それ以上の判断はなされていない。なおかつ，この裁判の一審においては，原告側からのこの小説に問題があるという通知書の図書館への送付の請求について，「『新潮』平成6年9月号が発行されてから相当期間が経過していることや，その他本件に現れた一切の事情を考慮すると，右各処分の必要があるとは解することはできない」という理由で棄却されており，裁判所の判断としては，出版差止めと図書館での閲覧とが明らかに分離されていた。このように，図書館がこの小説の閲覧を禁止しなければならない社会的要請が一切存在しない（逆に，この小説の閲覧をおこなわなければならない社会的要請は存在する）にもかかわらず，確定判決が出たことを理由として，求められてもいない閲覧禁止措置をおこなった国立国会図書館の措置は，国民への情報アクセスの保障の観点から問題がある。

　図書館資料の提供が，特定個人のプライバシーその他の人権の侵害に該当するような場合においては，当該図書館資料の提供を制限することはやむを得ない。しかし，この場合であっても，市民の情報アクセスをできる限り保障する観点から，あくまで必要やむを得ない場合に限り，必要やむを得ない範囲に限定しておこなうべきである。したがって，この判断は，被害者を含む当事者の意見の聴取，全職員による検討，有識者や市民からの意見聴取の結果をふまえ，被害の度合いと提供制限による影響を勘案しておこなうべきであり，プライバシーその他の人権の侵害を認定する確定判決が出たことのみをもっておこなうべきではない。何らかの提供制限をおこなうにしても，国立国会図書館はもう少し慎重にその措置を検討すべきであったのではないか。

112

〈参考文献〉

- 「国会図書館『石に泳ぐ魚』閲覧禁止／出版差し止め受け掲載誌にマスク」『毎日新聞』2002.10.13
- 「柳美里さんの『石に泳ぐ魚』めぐり揺れる図書館」『毎日新聞』2002.10.18夕刊
- 「自粛する『表現の自由』／柳美里さん小説『石に泳ぐ魚』掲載の雑誌／所蔵図書館70％が利用制限」『東京新聞』2002.12.30
- 「柳美里著『石に泳ぐ魚』(『新潮』1994年9月号所収)の利用禁止措置の見直しについて(要望)」『図書館年鑑2004』p.366～367(2003年3月6日付け日本図書館協会より国立国会図書館への要望書)
- 「『新潮』1994年9月号所収の『石に泳ぐ魚』の閲覧禁止措置について[質問と回答]」『図書館年鑑1995』p.217～218
- 山家篤夫「石に泳ぐ魚―公共図書館での掲載雑誌の利用制限をめぐって(特集2 柳美里『石に泳ぐ魚』最高裁判決の検討(平成14.9.24))」『法学セミナー』48巻1号 2003.1 p.48～49
- 山家篤夫「だれが『石に泳ぐ魚』の提供制限を求めているのか(特集:図書館の自由の危機)」『みんなの図書館』309号 2003.1 p.12～20
- 「国立国会図書館の『石に泳ぐ魚』閲覧禁止措置に関する訪問調査報告(特集:図書館の自由の危機)」『みんなの図書館』309号 2003.1 p.21～23
- 山家篤夫「公共図書館『石に泳ぐ魚』掲載雑誌の利用制限をめぐって」『マスコミ市民』408号 2003.1 p.3～37
- 奥平康弘「判例紹介『石に泳ぐ魚』出版差止事件最高裁判決(最高裁第3小法廷平成14.9.24判決)」『コピライト』42巻502号 2003.2 p.32～36
- 三田誠広,飯田正剛,田島泰彦「(メディア・フォーラム)作家の権利とモデルの権利をめぐって―柳美里裁判が問いかけているもの」『マスコミ市民』410号 2003.3 p.40～56
- 黒沢節男『Q&Aで学ぶ図書館の著作権基礎知識』太田出版 2005.2 p.154～156

第2　図書館は資料提供の自由を有する。

14　雑誌『クロワッサン』における差別表現問題

〈事実の概要〉

　2000年9月26日に発行された女性向け生活情報誌『クロワッサン』(マガジンハウス) 10月10日号に,「一人ではできなくても,みんなが集まれば,何かが始まる,何かができる」という,捨て犬や捨て猫を保護する活動を続ける主婦グループを取材した記事が掲載された。
　この記事が版元であるマガジンハウス社の社内チェックの段階で問題となり,同社は,「一部に差別的ととられかねない不適切な表現や事実誤認があった」として書店からの回収を決定し,このことが10月6日付けの毎日新聞朝刊,朝日新聞夕刊などに掲載された。これと並行して同社の幹部が日図協を訪れ,図書館へのDMセンター(ダイレクトメール・センター)を利用して図書館からの回収をお願いできないかと申し入れた。
　それに対し日図協は,「図書館の自由」の立場から応じられないし,また図書館に対して回収依頼をおこなうべきではないと回答した。同社はこの回答に納得し,図書館への回収依頼や「閲覧・貸出停止」などの要請をおこなわなかった。それにもかかわらず,横浜市立図書館をはじめとする全国各地のいくつかの図書館において利用制限措置がとられた。
　横浜市立図書館では,この報道に接して中央図書館の管理職で協議,教育委員会への報告と他館への聞き取り調査をした上で,臨時館長会を開催して意見を聴取した。それに基づいて中央図書館の管理職会議において,当該記事のみを白紙としたコピーと差し替えることを決定した。そして同月19日,当該記事を切り取ってはずした同誌を閲覧に供するともに,決定の経緯等を記した文書を館内に掲示した。また,切り取った当該記事は事務室に保存し,いかなる理由があっても利用に供さないことにした。

114

このような決定をおこなった理由について，管理職は「記事は差別を助長するもので，差別意識が感じられる。横浜市の同和・人権行政の方針から問題のある記事であり，それを野放しでは許されない」「人権侵害の記事は提供しない。他の記事を見せるための切り取りである。差別は根強く残っているので，行政が加担しないために提供しない。この記事を読んで差別を助長する市民が増えないようにする責任がある。この記事を読んで当該の人たちの心が痛むと思われるときには排除するのは当然だ」と説明している。

　この横浜市立図書館の対応は新聞に大きく報じられた。市民から「行きすぎ」という批判が起こり，2001年6月9日「市民の知る自由と図書館の資料提供を守る交流集会」が開かれた。8月14日には，自由委員会関東地区小委員会が横浜市中央図書館当局から事情聴取をおこなった。

〈宣言との関連〉
　第2－1に関連する。

〈解説〉
　差別的表現を含むと見なされる図書館資料について，当事者からの要請がないにもかかわらず，図書館が，おもに管理職のみにより閲覧制限措置を決定したという事例である。すなわちこの事例では，①差別的表現を含むとされる図書館資料の閲覧禁止措置をおこなったことの妥当性，②当事者や住民からの意見聴取や全職員を含めての検討がなされず，管理職のみにより密室的に決定されていたという決定過程の妥当性の2点が問題となる。以下でこの2点について検討する。

1　差別的表現を含むとされる図書館資料の提供について

　自由宣言では，主文第2において「図書館は，資料提供の自由を有する」と宣言し，その副文1の冒頭に「国民の知る自由を保障するため，すべての図書館資料は，原則として国民の自由な利用に供されるべきである。図書館は，正

第2　図書館は資料提供の自由を有する。

当な理由がないかぎり，ある種の資料を特別扱いしたり，資料の内容に手を加えたり，書架から撤去したり，廃棄したりはしない」と述べているが，それに続けて「提供の自由は，次の場合にかぎって制限されることがある」ことを示し，その一つとして「人権またはプライバシーを侵害するもの」をあげている。

これは，図書館は国民に対して図書館資料を提供することで，基本的人権に位置づけられる知る権利を保障することを表明しているが，それは人権の侵害を伴っておこなうべきことではないということを示したものである。たとえば，被差別部落の地名を集めた資料であるいわゆる「部落地名総鑑」は，それを利用して特定個人の出身地を調査すれば，その人が被差別部落出身者であることが明白になり，就職差別や結婚差別などの人権侵害につながるおそれがある。

しかし，差別的表現を含む図書館資料は，単に差別的表現を含むという事実だけをもって「人権またはプライバシーを侵害するもの」に該当すると判断されることになるかといえば，答えは「否」である。日図協自由委員会はこの問題について2001年1月に次のコメントを出した（『図書館雑誌』95巻2号）。

差別的表現と批判された蔵書の提供について（コメント）

　図書館界は1970年代から，部落差別や障害者差別をはじめ，差別を助長すると批判を受けた表現や資料の取り扱いについて論議を積み重ね，次のような共通の認識をつくってきました。
1．差別の問題や実態について人々が自由に思考し学習することが，差別の実態を改善する上では必要なことです。
2．差別を助長すると批判された表現や資料を市民から遮断することは，市民の自由な思考や論議や学習を阻み，市民が問題を回避する傾向を拡大します。
3．言葉や表現は，人の思想から生まれ思想を体現するものです。差別を助長する，あるいは侮蔑の意思があると非難される言葉や表現も同様です。そして図書館は思想を評価したり判定する，あるいはできる機関ではありません。

4．批判を受ける言葉や表現は，批判とともにこの国の歴史的状況を構成しています。図書館は，ありのままの現実を反映した資料を収集・保存し，思想の自由広場に提供することを任務とし，また市民から期待されています。

5．批判を受けた資料の取り扱いについては，特定個人の名誉やプライバシーを侵害する場合以外は，提供を行ないながら住民や当事者の意見を聞き，図書館職員の責任で検討し合意をつくるために努力することが必要です。このことは，『ピノキオ』についての図書館界の真摯な論議の貴重な到達点です。

つまり，差別的表現を含む資料は，差別の問題や実態について人々が思考や論議をおこなう上での材料となるものであり，そのような資料を国民や住民から遮断することは，かえって人々の思考や学習の機会を奪うことにつながり，したがって，特定個人の名誉やプライバシーを侵害する場合を除いて，提供をおこないながらその資料の取り扱いを検討すべきである，ということを述べている。

今日における「同和研修」「人権学習」の考え方は，人間というものはさまざまな考え方をもっていて，差別的な考え方であっても，その考え方をもつこと自体を否定することはできないが，それもまた人間の文化である以上そうした考え方が出てくる歴史的・文化的・社会的背景がある。必要なのは，人間が変わるという可能性を信じ，差別意識をありのままに受け止め，そのような差別意識を変えていくことである。差別的な表現から国民や住民を遮断するだけでは，差別意識は隠蔽されたまま残存し，いつまでたってもその差別意識を変える機会が与えられないままになるだけである。差別的表現を洗い出しそれを人々の目から遮断するという方法では，差別問題が解消するどころかかえって陰湿化するだけである。

また，問題とされた「差別的表現」は，『図書館雑誌』96巻1号（2002.1）に掲載された自由委員会による調査報告によると，「屠殺場」という言葉を指

第2　図書館は資料提供の自由を有する。

すようであり，この言葉が「と場で働く人に非常な打撃を与える表現」であり，「本件の記事で紹介されている女性の談話には，と場に対するこの女性の差別観がはっきり出ている」と受け取られ，「提供すべきでない」と判断されたようである。ところが，横浜市立図書館の判断の根拠は一切示されておらず，いわば一方的に判断したにすぎないものといえる。「屠殺場」という表現が差別を助長するのか，この談話が女性のと場に対する差別観のあらわれなのかという判断を，何の根拠もなしに一方的におこなうこと自体も問題であり，そもそも図書館はこのような価値判断をおこなう立場にはない。差別的表現かどうかは差別を受けた当事者やこの表現に接した人の反応を確認しなければわからないし，ある表現について差別観のあらわれかどうかも，当の表現者に尋ねなければわからないはずである。これらが示されていない段階でこのような判断をした横浜市立図書館の対応は，ある価値観が表明された図書館資料を一方的な価値判断のもとに排除したものといわざるを得ない。

2　提供制限の決定過程について

先にも少し触れたが，ある図書館資料の提供制限をおこなおうとする場合，提供をおこないながら住民や当事者の意見を聞き，図書館職員の責任で検討し合意をつくる努力をするというのが，名古屋市立図書館におけるピノキオ問題に関する論議の中から生まれた考え方である。それは次の「差別・人権問題に関わる資料の検討の原則」，いわゆる「検討のための三原則」に示されている。

(1)　問題資料の検討は，職制判断で行わず，職員集団全員の検討とする。
(2)　広く市民に参加を呼びかけ，検討を深める。
(3)　問題に関わる当事者の意見を聞いて検討する。

特定の思想や表現が問題視された図書館資料について，問題視する立場からの要請に基づき閲覧を停止することは，図書館が特定の価値判断に立脚した上で住民の知る自由を制限することになるから適当ではない。ある図書館資料の

著者の思想や表現を問題視する者の問題提起を確認することで問題点を把握した上で，実際にその資料に触れた図書館利用者や住民がどのような感想をもつのかを確認し，これらの状況を専門職集団である図書館職員全員により判断して，はじめて客観的な価値判断が可能となる。

　本事例に関しては，横浜市立図書館は，客観的な価値判断をおこなうために最低限必要な上記の手続をまったくとっていない。職制が当事者や住民からの意見もまったく聞かず，およそ専門性とはかけ離れた手続きで，秘密裏に自らの有する特定の価値判断に立脚して提供制限をおこなった。このような提供制限は，国民の知る自由を制限するとともに，図書館資料の著者の表現活動をも制約することになる。

〈類例〉

　差別的表現が問題になった例は，資料提供の自由にかかわる事例の多くが該当する。また当然資料収集の問題にも及ぶ。事例33選の事例10，12，13，14，16，17，18，21などが直接該当し，本書事例3，7，14などが該当する。

〈参考文献〉

・JLA図書館の自由に関する調査委員会「『差別的表現と批判された蔵書の提供について（コメント）』について」『図書館雑誌』95巻2号　2001.2　p.88
・「横浜市立図書館／差別表現など取り外し／利用制限に異論続出」『神奈川新聞』2001.6.8
・「横浜市立図書館の資料提供制限／対応は一方的と批判／市民ら交流集会／影響の拡大に懸念も」『神奈川新聞』2001.6.10
・日本図書館協会図書館の自由に関する調査委員会関東地区小委員会「横浜市図書館における『クロワッサン』（2000年10月10日号）掲載のアニマルレスキュー関係記事の提供停止措置について　調査報告」『図書館雑誌』96巻1号　2002.1　p.74〜76
・西河内靖泰「『差別的表現』と『知る自由』『資料提供の自由』問題を考える－横浜市図書館の『クロワッサン』提供制限問題をめぐって」『中部図書館学会誌』44号　2003.2　p.33〜48

第2　図書館は資料提供の自由を有する。

15　『タイ買春読本』廃棄要求と「有害図書」指定運動

〈事実の概要〉

　1994年9月に出版されたアジア性風俗研究会編『タイ買春読本』（データハウス）をめぐって同年11月，市民グループ「アジアの女たちの会・タイ女性の友」が，同書はタイにおける買春を奨励しタイ人の誇りを傷つけるものであるとして出版社に対し絶版回収を求めた。これを受けて出版元のデータハウスは，1995年7月に同書の全面改訂版を出版した。編者名から「性」を抜いて「アジア風俗研究会」と変え，女性の写真を陰画に入れ換えたりしているが，本体の内容はほとんど変わらないものであった。ただ新たに巻末約3分の1に，出版社と抗議をした団体とのやりとりを収録した。しかし，これがまた新たな問題を生むことになった。

　静岡市立図書館は，同書の初版が問題になっていることが報道されたことから，選書会議で検討した結果，対立する意見のある同書に関する参考資料として，抗議記録や報道内容も収録されている同書の全面改訂版を購入することを決定し，中央図書館に受け入れた。宣言第1および「対立する意見のある問題については，それぞれの観点に立つ資料を幅広く収集する」という同館の資料収集基準に拠ったものである。

　これに対し，12月15日，市民団体「アジアの児童買春阻止を訴える会（カスパル）」静岡事務所（カスパル静岡，本部・大阪府池田市）から，当該図書の廃棄処分を求める要望が出された。同館では，この要望を選書会議で検討した結果，「廃棄はしない」し「貸出も続ける」という結論を出し，12月27日に抗議団体に伝えた。理由の中で図書館は次のように述べている。

　　ある本の内容に賛成するか，反対するか，どのような読み方をするかなど

は利用者の自由であり，ある個人や団体の意見で本の廃棄をすることはすべての利用者が，その個人や団体が想定した読み方をすると，勝手に決めつけたことになります。

しかし，簡単に人目に触れる開架に置くのは不適切と判断して，閉架書庫に置いて利用に供することにし，貸出も続けられた。

この問題は新聞などで報道されたため市民の関心を集めた。図書館から当該図書を廃棄する要求に批判的な人々は，「静岡市の図書館をよくする会」(以下「よくする会」)を結成，市民の知る権利を守るという立場から，逆に資料の保存を求める活動をはじめた。

そして，外国人の労働や人権問題を考える市民団体「アジアを考える静岡フォーラム（FAS）」が主催して，図書館に当該図書の廃棄を要請したカスパルや，読書の自由を求めて図書館での保存を主張するグループなどを交え，市民の意見を聞く公開討論会が1996年2月17日に開催された。

それに続いて，2月23日までに「よくする会」から次のような趣旨の声明文がカスパルに渡された。

> わたしたちは『タイ買春読本』が，どんなに恥じるべき内容だとしても，これは紛れもなく現代の一断面であり，資料としての価値があるものであり，その廃棄を要求することは，私たちの知る権利と図書館の自由を侵すものと考えます。

一方カスパルは，改めて同書の廃棄処分を求めた要望書を図書館に提出するとともに，「タイの子供を買春から守るのが本意だが，論争は本来の趣旨から外れたところに行きかねない」という理由でこれ以上の表立った論争を打ち切り，図書館に対してもこれ以上の抗議をしない考えを明らかにした。

カスパルが論争および図書館への抗議を打ち切ったことにより，事件はいったん終息した。しかしその後，5月に「アジアの女たちの会・タイ女性の友」

121

第2　図書館は資料提供の自由を有する。

などのメンバー19人が，出版元のデータハウスを相手取って，当該図書の絶版，回収と損害賠償を求めて訴訟を起こした。『タイ買春読本　全面改訂版』に実名入りで抗議行動の経緯が掲載され，その出版に合意したかのように書かれて，名誉が傷つけられたという理由である。この訴訟は1998年12月，東京地裁で判決があり，絶版回収は認められなかったものの名誉毀損が認められ，データハウス側に損害賠償が命じられた。

　この判決が出たことを受けて，1999年1月，同書の改訂前の版および全面改訂版をあわせて，その処置について，「子どもの命を守る会・ひまわり」（カスパル静岡が全国組織カスパルから独立したもの）がふたたび静岡市立中央図書館に質問状を送付したが，同館の回答の内容は前回と変わらなかった。

　そこで1999年2月には，「子どもの命を守る会」（静岡市），「子どもの人権をすすめる会」（清水市）が静岡県に対して，同書と，同出版社が1997年に出版した同種の図書，現地風俗情報編『タイ夜の歩き方』について，青少年保護育成条例により有害図書指定の審議をするよう申し入れ，結局7月に指定された。

　「よくする会」は図書館の知る自由の観点から県と話し合いをおこない，さらに図書館問題研究会が有害図書指定解除の申し入れをおこなった。しかし，指定は解除されず，静岡県のみならず和歌山県・埼玉県・三重県などでも指定は拡大していった。本事例の問題は，青少年条例による有害指定と，図書館における資料提供の自由との関連で継続しているといえよう。

　なお，それ以前の1996年2月はじめ，出版元のデータハウスは2月以降同書を絶版にするという回答を，抗議を続けていた「タイ女性の友」側に送付している。

〈宣言との関連〉

　第1および第2－1⑵に関連する。

〈解説〉

　『タイ買春読本』初版は，タイトルに"THAILAND NIGHTZONE GUIDE-BOOK"と英語名もつけられていて，買春できる各地の歓楽街の店とそのシス

テム，料金，著者らの実体験などが詳しく紹介されている。さらに女性たちの名前や顔写真も掲載されている。

　市民グループが同書をタイ買春ツアーを勧めタイ女性の人権を侵害する図書であるとして出版社に対し絶版・回収を求めたことから始まり，図書館が改訂版を資料として所蔵することにより，今度はその蔵書の廃棄を要求したが成功せず，方向を変えて県への有害図書指定の要求へと変貌していった事例である。

　「よくする会」などが公開討論の中で資料提供の自由の意義を説明し，多くの市民の理解を得て，市民の図書館活動支援の原動力となっていった事例として高く評価できる。資料の評価は図書館がおこなうものではなく，また外部機関がおこない決定するものでもない。問題となった資料を地域社会の誰でもが知りうるように，利用に供していくことは図書館の責務であり使命である。静岡市立図書館が当該資料を所蔵・提供継続を決定し，実施しているのは，まさにこの使命にしたがっている。

　同時に，青少年条例による有害図書指定という形で年齢による資料提供の制限という法的拘束をうける図書館の問題点が提起された事例でもある。当該図書群の利用対象が未成年とは想定しにくいが，資料提供制限の法的根拠の一つとして利用されたものである。有害図書に指定されても成人利用者は対象とならないので提供は可能である。しかし，未成年の利用者から当該資料の提供要求を受けた場合の対応について，年齢による差別または区別が図書館における資料提供の自由とどのようにかかわってくるのかは研究の余地がある。法治国家の下の公立図書館が，資料提供の自由を主張する際の大きな課題といえよう。

〈類例〉

　出版社に対する出版物の回収・絶版の要求や，図書館に対する所蔵資料の廃棄，提供禁止の要求は数多くあり，本書の宣言第2に区分されている事例はほとんど該当する。特に青少年条例につながった例，あるいは可能性のある例としては，『完全自殺マニュアル』利用制限問題（本書事例8），ヘアヌード等袋綴じのある雑誌の問題（本書事例27）があげられる。

第2　図書館は資料提供の自由を有する。

〈参考文献〉

・静岡市の図書館をよくする会編『静岡市立図書館への「タイ買春読本」廃棄要求問題資料集：「知る権利」と「図書館の自由」を考える』静岡市の図書館をよくする会　1996.7
・静岡市の図書館をよくする会（文責・佐久間章孔）「『知る権利と図書館の自由』擁護のために」『みんなの図書館』232号　1996.8　p.50〜55
・「図書館の自由をめぐって〈『タイ買春読本』問題〉（図書館概況'95）」『図書館年鑑1996』p.102
・佐久間美紀子「『タイ買春読本』事件から『図書館の自由』を考える（特集　資料の提供と図書館の自由をめぐって）」『図書館雑誌』92巻10号　1998.10　p.854〜855
・東京地方裁判所判決については1998年12月8日の各新聞
・「"買春読本"有害図書指定を／青少年育成に悪影響／2市民団体が県教委に申し入れ／ポルノ，ホラー物以外では県内初」『毎日新聞（静岡版）』1999.2.9
・豊田高広「有害図書指定と『図書館の自由』についてのメモ－『タイ買春読本』『完全自殺マニュアル』そして『アン・アン』（特集・いま図書館の自由を考える）」『みんなの図書館』274号　2000.2　p.25〜34
・「図問研東京支部『完全自殺マニュアル』『タイ買春読本』有害指定について知事へ要請書を提出」『みんなの図書館』274号　2000.2　p.78〜81
・紙谷雅子「時間の経過により名誉毀損に基づく絶版回収請求が認められないとされた事例－『タイ買春読本』絶版回収請求事件（東京地方裁判所平成10.12.7判決）」『法律時報』72巻11号　2000.10　p.93〜97
・長岡義幸「『週刊現代』『週刊ポスト』も区分陳列の対象!?　規制強化に出版界でも第三者機関構想浮上」『創』30巻11号　2000.12　p.110〜117
・「図書館の自由をめぐって〈「有害図書」指定の拡大〉（図書館概況'99）」『図書館年鑑2000』p.100
・タイ女性の友編『出版倫理とアジア女性の人権－「タイ買春読本」抗議・裁判の記録（AKASHI人権ブックス10）』明石書店　2000.3
・長岡義幸「自民党の規制法案は3月上程か!?　青少年めぐるメディア規制に広がる反対の声」『創』31巻2号　2001.3　p.112〜117
・西河内靖泰「『有害図書』問題と図書館の自由」『図書館評論』42号　2001.6　p.69〜82

第2　図書館は資料提供の自由を有する。

16　翻訳小説『ハリー・ポッターと秘密の部屋』における差別用語問題

〈事実の概要〉

　2000年9月，「ハリー・ポッター」シリーズの第二作として出版されたローリング著，松岡佑子訳『ハリー・ポッターと秘密の部屋』（静山社）の中に，口唇口蓋裂者に対する差別的な用語が使われていることがわかり，口唇・口蓋裂友の会（口友会）は，出版社の静山社と翻訳者（翻訳者と静山社社長は同一人）に対して，当該箇所を削除するよう求めて11月1日に話し合ったが，出版社側は，翻訳者としての立場から，削除に同意することはなかった。子ども向けファンタジー作品であるこのシリーズは人気が高く販売数も多いため，口友会としては，口唇口蓋裂の子どもへ与える心の痛みや周囲の人たちへの影響を懸念した。

　この話し合いの直前に，口友会が静山社側に送った手紙に対する翻訳者からの返信の中には，翻訳者としての不注意から差別用語を使ったのではく，熟慮の結果であるとことわった上で，次のような考えが述べられていた。

> 　あのギルデロイ・ロックハートという（中略）軽薄な人間の軽薄なセリフとして差別用語が使われていると私は解釈しました。ちなみに英語版だけでなく，米語版も仏語版も独語版も，そのままhare lipを直訳しています。翻訳者としては文学作品を訳す場合，自分の主観で原文を変えてはならないと思っています。

　しかし，当初削除を拒否していた出版社側は，原著者の代理人を通じて該当箇所削除の承諾を得，口友会との話し合いのあった10日後の11月10日に，問題箇所を削除するという回答を同会に寄せてきた。その結果，2000年12月2日

125

第2　図書館は資料提供の自由を有する。

発行の第66刷以降，該当箇所23字は削除された。

　その後，口友会は削除前の本について，図書館，教育委員会および書店，取次会社などに削除した事実を伝えるなどの対処を要請したが，出版社側からはこれ以上の対応はできないという回答が返ってきた。そこで口友会は同年末，直接各地の公共図書館に，同書の「貸出に関するお願い」という文書を送付し，協力を依頼した。

　なお，問題箇所を削除して発行した際，表紙にも奥付にも「改訂」の表記をしなかったために，当該箇所を削除した刷次と削除しない刷次が，一見しても区別できない状態で同時に書店に並ぶということになった。

　その後，静山社から口友会に，会員が購入した削除前のものについては，削除したものと取り替えるという申し出があった。

　図書館での対応は分かれ，旧版を66刷以降の版と入れ替えたところや，館内で討議の上，そのまま閲覧貸出に供するところなどさまざまであった。

　また，図書館によって，目録に特に書誌上の注記をしない限り，検索しても65刷までのものと66刷以後のものとの区別はつかないことになった。

〈宣言との関連〉

　第2－1(1)にかかわる。

〈解説〉

　「差別的表現」については，部落差別や身体障害者差別，人種・民族差別など，その時代や地域社会の認識などにより常に変動している。その中で図書館は，社会や時代の変化に対応する柔軟性と同時に，原則を堅持した対応が求められる。そのため，図書館内での討議が不可欠であり，同時に利用者や地域住民との話し合いを通じて，該当する資料の取り扱いを考慮していくことが求められる。

　各地の図書館では次のような対応が見られた。問題箇所の残る65刷までの当該図書は，閉架書庫に入れるか廃棄するかして提供しない。この場合は，多く

は66刷以降のものを購入して提供したであろう。その他，65刷までの図書をそのまま継続して提供した館，65刷までの図書と66刷以降の図書とを区別せずに提供した館は多い。

　ある県の教育委員会は，管轄する図書館や教育機関・施設に65刷までの当該図書を「県民および児童・生徒・学生の目に触れないような措置」をとるよう通知した。

　「差別的」とされた問題箇所の表現を社会的にどう判断するかは，図書館だけで決定すべきことではなく，当該資料を提供することによって論議されていくことが基本である。したがって，何らかの対応をした図書館は，それが図書館内外で論議がおこなわれたかどうかが問われる。

　なお，疾病名に関しては，歴史的背景の中で偏見を助長し，差別を増幅している名称が存在することも確かであるが，抹消することは論議のための資料や情報源を消滅させることにつながる。負の資産としての情報へのアクセス源を確保しておくことも，図書館の使命である。

　口友会から各地の公共図書館に，同書の「貸出に関するお願い」が送付されたために，各図書館から日図協へその対応についての問合わせが相次いだ。

　特定の資料の取り扱いについては，自由宣言などに照らし各図書館で十分論議した上で決めるべきことはいうまでもないが，雑誌『クロワッサン』2000年10月10日号の差別的表現の問題（本書事例14）に続く事例でもあり，それ以降の図書館界の論議をまとめ，討議の参考のために，同協会の自由委員会は2001年1月，「差別的表現と批判された蔵書の提供について（コメント）」を発表した（本書事例14参照）。

〈類例〉

　本書事例14を参照。

〈参考文献〉

・JLA図書館の自由に関する調査委員会「『差別的表現と批判された蔵書の提供につ

第 2　図書館は資料提供の自由を有する。

いて（コメント）』について」『図書館雑誌』95 巻 2 号　2001.2　p.88
・「『ハリー・ポッターと秘密の部屋』における口唇口蓋裂の表現について－文削除に至るまでの経緯・そしてこれから－私たちの気持ち『傷つけないで』を伝えよう」『口友会（口唇・口蓋裂友の会機関紙）』101 号（SSKS 増刊　通巻 1767 号）　2000.11.26　p.23～31
・「ベストセラー『ハリー・ポッターと秘密の部屋』一部出版分に差別的翻訳／教材使用慎重に鹿県教委呼び掛け／版元は 11 月中旬に削除」『西日本新聞』2001.1.19
・「『ハリー』に差別的表現／出版社は削除／図書館，対応に苦慮」『朝日新聞』2001.2.8 夕刊
・「『ハリー・ポッターと秘密の部屋』－文削除その後／差別のない社会を願って／図書館・教育委員会・会員からの反響」『口友会（口唇・口蓋裂友の会機関紙）』102 号（SSKS 増刊　通巻 1854 号）　2001.2.24　p.2～11
・「中野区立図書館の資料提供の基本的な考え方－『ハリーポッターと秘密の部屋』の提供について」『図書館だより（中野区立図書館報）』22 号　2001.2　p.2
・西尾肇「『ハリー・ポッター』の提供をめぐって」『出版ニュース』1897 号　2001.3 中旬　p.26
・篠田博之「『ハリー・ポッター』差別表現事件の波紋」『創』31 巻 3 号　2001.4　p.104～111
・「『ハリー・ポッターと秘密の部屋』をめぐる事例（続）」『図書館の自由』32 号　2001.5　p.1～6
・放送レポート用語問題取材班「ハンセン病患者・家族慟哭の 90 年とメディア（マスコミ界「差別用語最前線」38）」『放送レポート』171 号　2001.7・8　p.12～16
・佐々木央「『差別語』報道の隘路：ハリー・ポッター問題をどう書くか（マスメディアの現場から 42）」『みんなの図書館』359 号　2007.3　p.51～59

第2　図書館は資料提供の自由を有する。

17　東大和市立図書館における雑誌『新潮45』閲覧禁止事件裁判－堺市通り魔殺人事件被疑少年実名報道記事問題

〈事実の概要〉

　1998年1月8日，大阪府堺市の路上で，当時19歳の少年が，シンナー吸引による幻覚状態で，幼稚園児の送迎バスを待っていた母子と登校中の女子高校生を襲い，幼稚園児を殺害し母親と女子高生に重傷を負わせて現行犯逮捕された。

　堺市通り魔殺人事件といわれるこの事件について，被疑少年の実名と顔写真を記載したルポルタージュを掲載した『新潮45』1998年3月号を閲覧禁止とした東大和市立図書館の措置を，市民の知る権利を侵害したとして，利用者が損害賠償を求めて訴訟を起こした。

1　閲覧禁止事件裁判までの経過

(1)　東大和市立図書館は，『新潮45』1998年3月号（2月18日発売）が掲載したルポルタージュ記事「『幼稚園児』虐殺犯人の起臥」が堺市通り魔殺人事件の被疑少年の中学校卒業時の顔写真（縦6cm，横5cm）と実名を記載し，少年法第61条に違反するおそれがあると判断し，東大和市立図書館運営規則「中央図書館長は，特に必要と認めた資料について，その利用方法を制限することができる」の規定により，発売日中に同号を閲覧禁止とした。

(2)　被疑少年は，当時未成年であったため，同誌の記事によってプライバシー権，氏名肖像権，名誉権等の人格権，ないし実名で報道されない権利が侵害されたとして，4月30日，新潮社らに対し，2200万円の損害賠償と謝罪広告の掲載を求めて大阪地裁に提訴した。1999年6月9日の地裁判決（『判例時報』1679号　p.54）は原告・少年の請求の一部を認容したが，翌年2月29日の大阪高裁における控訴審判決（『判例時報』1710号　p.121）

第2　図書館は資料提供の自由を有する。

では一審判決を取り消して少年の請求を棄却，少年は上告した。1997年7月の神戸児童連続殺傷事件に関する『フォーカス』報道を契機として被疑少年の写真・実名報道は大きな社会問題になっており（本書事例11），少年が実名報道されない権利がはじめて法廷で争われたこの裁判は世論の注目を集めた。各紙は一，二審判決を大きく報道し，社説等で論評した。

(3)　東大和市在住の男性Aは，前項の控訴審判決を報じた『新潮45』2000年4月号を読んで，同誌1998年3月号のルポルタージュ記事そのものを読みたいと考え，2000年4月8日東大和市立桜ケ丘図書館で『新潮45』1998年3月号の閲覧を請求したが，職員から同号の閲覧は禁止していると断られた。その後，Aは図書館長に対し閲覧禁止解除を書面で求めたところ，図書館長は閲覧禁止を続行する旨を記載した6月13日付け書面を原告に手渡した。

(4)　Aは，2000年7月5日，東大和市教育長を被告とする（後に被告を図書館長に変更）雑誌閲覧禁止の取消訴訟を起こした。その後，2000年12月，少年が新潮社に損害賠償を請求した訴訟の上告を取り下げたことにより大阪高裁判決が確定したため，図書館長は，2001年1月17日付けで，『新潮45』当該号の閲覧禁止を撤回し閲覧を認める旨の文書を，内容証明郵便で原告に送った。そのため，Aは，訴訟を東大和市に対して国家賠償法第1条に基づく損害賠償請求の訴えに変更した。

2　東京地裁判決と東京高裁判決

(1)　閲覧禁止事件裁判の争点と当事者の主張

上記閲覧禁止裁判の争点は，図書館の措置に法令違反があるかどうか，そして原告はこれによって精神的損害を受けたかどうかにある。

原告Aは，公立図書館が閲覧を禁止することは，憲法第21条が保障する自由な表現の事前抑制にあたり，同条の趣旨にかんがみれば，運営規則は館長に蔵書の利用方法を定める権限を与えているもので，閲覧そのものを禁止する権限までも図書館長に与えるものではないから，閲覧禁止は国家賠償法第1条違反であり，東大和市は10万円の損害賠償を支払えと主張した。

被告・東大和市は，図書館法第10条に基づく東大和市立図書館条例は「この条例に定めるもののほか必要な事項は教育委員会がこれを定める」（第4条）と規定しており，これに基づき市教委は運営規則第10条で「中央館長は，特に必要と認めた資料について，その利用方法を制限することができる」と定め，中央館長の裁量により資料の利用方法を制限することを認めている。この訴訟が起こされた時点では，本件記事の違法性を争う民事訴訟の上告審が係属中であって，その適法性は明らかではなかったのであるから，館長の閲覧禁止措置は合理的で，裁量の範囲内にあり適法である。仮に違法であっても，原告の被った損害は受忍限度の範囲内である，と主張した。

(2) 裁判所の判断

（一審，二審判決は『現代の図書館』41巻2号　2003.6　p.113～117に収録）

1) 東京地裁判決（2001年9月12日，平成12年（行ウ）第175号）

　一審判決は，次のように理由を示して，原告の請求を棄却した。

ア．「既に市販された図書について図書館での閲覧を禁止することは」憲法第21条が禁じている「表現の事前抑制に該当するとはいい難く，原告の主張は前提を欠く」。

イ．憲法第21条が保障する知る権利は，「消極的自由権として，国民が情報の受領に際して国家からこれを妨げられないことを保障しているにすぎず」「国民又は住民が，国及び地方公共団体に対して，情報の提供等に係る何らかの措置を請求する権利を保障するものとまでは認められないものである」。

ウ．公立図書館は，「地方自治法244条1項にいう公の施設に該当するところ，同条2項は『普通地方公共団体は，正当な理由がない限り，住民が公の施設を利用することを拒んではならない。』と規定し」ている。「また，図書館法3条の規定によれば，図書館は，地方公共団体による奉仕としての性質を有し，その実施事項についても特段の義務を負っておらず，同条により同条各号所定の事項の実施に努めなければならないとされるのみである。以上によれば，図書館においては，その有する全ての図書につき閲覧に供することを義務付けられているものではなく，正当な理由がある場合には，閲覧禁止を

第 2　図書館は資料提供の自由を有する。

含む利用の制限をすることができると解すべきである」。東大和市立図書館条例は「その根拠を図書館法10条に基づくものと規定しているが（1条），同法は，図書館の設置のみを条例に委ねているものであり，その管理に関する定めは，むしろ，地方自治法244条の2第1項に基づくものと解すべきところ，管理に関する定めはすべて教育委員会が定める規則に委任しており，運営規則10条は，これを受けて，図書館長に対して，図書の利用方法のみならず閲覧の可否を定める裁量権を認めたものと解すべきである。そして，その裁量権の範囲は，全くの自由裁量ということにはならないが，上記の地方自治法及び図書館法の趣旨にかんがみ，正当な理由が認められる範囲において閲覧の禁止等の利用の制限ができるものと解される」。

エ．本件においては，「本件記事の適法性を争点とする民事訴訟が係属中」であり，「法律に抵触する可能性がある図書の利用方法に制限を加え，閲覧を禁止することは，その目的において正当なものであるといえるし，本件図書が少年法61条に抵触しない旨の大阪高裁判決が上告取下げにより確定した後は，閲覧禁止の措置が解除されていることに照らせば，その手段及び程度においても相当なものであったと認められるから，図書館長の採った措置は，図書館法3条により図書館長に認められた裁量権の範囲内であるといえ，違法なものではない」。

2）東京高裁判決（2002年1月29日，平成13年（行コ）第212号）

　A（控訴人）は，一審判決のア，イに対して，国際人権規約B規約第19条2項でも認められている，あらゆる種類の情報および考えを求め受け取る権利の侵害であること，ウに関して，運営規則によって閲覧を禁止することは，図書館の蔵書は公開を前提としている東大和市情報公開条例に反すると，加えて主張したが，控訴審判決はいずれの主張も退け，Aの請求を棄却した。さらに判決は次のように述べている。

ア．「本件図書は大量に市販された雑誌である。そして，その内容を知る方法としても各種各様のものが考えられる。すなわち，上記図書館で本件図書を直接閲覧できなくても，これを所持する多数の人々があるのであるから，それらの

人々を通じて直接内容を知ることもその可能性の一つとして考えられる。また情報伝達の方法が極度に発達した我が国社会では，他の媒体（雑誌，新聞，インターネットなど）を通じても，直接的，間接的にその内容を知ることが可能であるものと認められる。したがって，控訴人が上記図書館における閲覧以外に内容を知る方法がないという事実そのものが認められないのであり，そうである以上，控訴人について知る権利の侵害があったとは到底いえない。

それ故，表現の自由として知る権利があるのかどうか，その内容がどうであるのかについて検討するまでもなく，控訴人の当審における主張は採用することができない。」

イ．「情報公開条例が図書館の図書等について適用されないのは，これらが行政情報などとは違って，住民の利用に供することをもともと予定したものであることから，同条例の定めによることなく，別に図書館の管理運営に関して定められた運営規則等に従って利用すべきものとしたにすぎない。」

〈宣言との関連〉

提供制限としてはもっとも強い規制である閲覧禁止とした事例であり，第2－1(1)にかかわる。また，この閲覧禁止が検閲にあたるかどうかが裁判の争点の一つになった事例であり，第4にかかわる。

〈解説〉

1 閲覧禁止措置について

本件のルポルタージュ記事は，犯行目撃者の証言，少年の生育歴やシンナー吸引による補導歴などに関する少年の祖父母や弟，近隣住民へのインタビュー等により犯罪の背景・要因を浮き彫りにしようとするもので，神戸児童連続殺傷事件報道における『フォーカス』1997年7月9日号で見られた，あからさまなセンセーショナリズムは見られない。しかし，少年の顔写真掲載と実名記載に全国紙各紙の社説は批判的で，JR東日本KIOSKや一部の書店，コンビニの販売中止が報道された。2月20日の参院本会議で橋本総理大臣は，一連の少年事

第2　図書館は資料提供の自由を有する。

件報道は「人権に悪影響」と発言し，法務省は3月3日，人権侵害にあたるとして新潮社に再発防止策を策定・公表し被害回復措置を講ずるよう勧告した。

　日図協は，同時期に神戸児童連続殺傷事件の検事調書を掲載した『文藝春秋』1995年3月号（2月10日発売）については，「提供制限の理由は見当たらない」という「参考意見」を出していた（本書事例11）。しかし，本件記事については「年齢が刑事裁判の可能な16歳以上という点を除けば，基本的には『フォーカス』の件と同じと考え，当該誌編集部による『小誌はなぜ"19歳少年"を「実名報道」し顔写真を掲載したのか』という弁明によっても，前回の『見解』(1997年7月4日) を変えるつもりはない」とした（『図書館雑誌』92巻3号）。月刊誌『創』がおこなったアンケート調査によると，同誌を収集していると回答した都県立図書館21館のうち18都県立図書館が閲覧を禁止していた（『創』28巻2号　p.123）。

　なお，東大和市立図書館では，閲覧禁止の決定にあたり職員全員の会議で結論を出し，館長が決定したものである。

2　判決について

　国家賠償法第1条1項について，最高裁は次のように解説している。

　　（同項は，）公務員が個別の国民に対して負担する職務上の義務に違背して当該国民に損害を与えたときには，国または地方公共団体がこれを賠償する責に任ずることを規定したものである。（「民集」39巻7号　p.1512）

　最高裁が船橋市西図書館蔵書廃棄事件裁判（本書事例4）で図書館職員の職務上の義務違反を指摘し，船橋市に賠償を命じる根拠としたこの法条を，東大和市立図書館の本件閲覧禁止措置に適用するのは困難であろう。原告Aの主張からは，大きな社会的関心事になった事柄についての情報受領を妨げられ，いわば社会参加を阻害されたとの怒りが伝わってくる。しかしその怒りに対応するように，裁判所は請求棄却の理由をかたくなに固めていったように見える。

(1) 憲法第21条の検閲規定についての抑圧的論理

一・二審判決ともに，憲法第21条2項が禁止する検閲は，「行政権が主体となって，思想内容等の表現物を対象とし，その全部又は一部の発表の禁止を目的として，対象とされる一定の表現物につき網羅的一般的に，発表前にその内容を審査した上，不適当とみとめるものの発表を禁止すること」という，最高裁が1984年の税関検査合憲判決で示した検閲概念に押し込めた。行政が許可したものしか出版させないという，戦前はともかく現行憲法下では実際上起こり得ず，したがって条文自体を空疎にする定義である（奥平康弘『ジャーナリズムと法』新世社 1997 p.288～291）。図書館の閲覧禁止がこのような狭義の検閲にあたらないことは自明であり，自由宣言の検閲排除規定（第4）もこのような定義のみが通用する社会であるなら，意義を失う。

(2) 公立図書館サービスの伝統的行政法解釈

本件の一審判決は，憲法第21条の情報受領権は消極的自由権であるとし，図書館法第3条が列記するサービスは「奉仕」であって義務ではないと解した。

ここには，「営造物の主体と目的は設置者である国家であり，利用者住民は反射的利益を受けるに止まり，決して権利を有さない」という旧憲法下の行政法の解釈が下敷きになっているように見える。国民を主権者とした現行憲法と，地方自治体の目的を住民の福祉の増進に定めた地方自治法のもと，この伝統的解釈については，さまざまな営造物（1961年の地方自治法改正で「公の施設」と改称）を利用する住民の権利性を，それぞれの施設・機関の目的と利用の態様を関係法令から明確にしていくことが司法においても追求されてきた（たとえば『現代行政法大系 第9』有斐閣 1984 p.309～310）。

市民は図書館を利用する権利・利益を有することを前提にして，蔵書の著者等の人格的利益を導き出した船橋市西図書館事件裁判における最高裁判決は，図書館分野における現時点での到達点である（本書事例4）。この判決は，地方自治法の特別法として優先される図書館法や「望ましい基準」を参照吟味して，図書館の目的・機能・図書館職員の職責を明確にしていった。

ところが，東大和の閲覧禁止事件における一審判決は，公立図書館を地方自

第 2　図書館は資料提供の自由を有する。

治法の「公の施設」の管理についての一般論を述べるのみで，設置者自治体の広範な裁量権を強調し，利用者住民の権利性を全面的に否定した。図書館法については地方自治法とともに，図書館が蔵書の閲覧禁止することを許している趣旨のものであると述べるだけである。

　さらに本件の高裁判決は，このような一審判決の基本的不備を修正することなく，当該雑誌は国内で広く流通し入手・閲覧できるし，新聞雑誌やインターネットで内容は知れるのだから，図書館が閲覧禁止にしても知る権利の侵害はないなどと付言した。憲法上の権利である知る権利の公的な保障を遮断して，必要なら自分で探し回れといっているわけで，まったく順序が逆である。1984年税関検査合憲判決が，「輸入が禁止される表現物は，一般に，国外においては既に発表済みのものであり，外国では発表も閲覧もできる」のだから検閲とはいえない，というのと同じレベルの議論を転用したのであろうか。これでは，図書館は国民の知る権利や知る自由とは関係のない施設・機関であるというに等しい。

　公立図書館のサービスという特別な給付行政の性質が法的に明示されるべきわが国初の図書館裁判の成果は実り少ないが，図書館を憲法第21条が国民に保障する権利を具体化する法的枠組みとする自由宣言に法的認知を得ていく上での課題を提起したといえよう。

〈参考文献〉

・三苫正勝「日図協，各館での主体的な対応を呼びかけ－『文藝春秋』『新潮45』発売にあたって」『図書館雑誌』92巻3号　1998.3　p.153～154
・篠田博之「『文藝春秋』『新潮45』少年法騒動の波紋－全国の図書館に緊急アンケート」『創』28巻4号　1998.4　p.118～125
・奥平康弘「講演録・日本図書館協会図書館の自由委員会主催セミナー　図書館を利用する権利の法的位置づけ－図書館所蔵資料の閲覧請求を中心に」『現代の図書館』41巻2号　2003.6　p.101～118

第2　図書館は資料提供の自由を有する。

18　『週刊文春』出版差止め仮処分事件

〈事実の概要〉

　2004年3月17日発売予定の『週刊文春』3月25日号について，田中真紀子元外務大臣の長女が，「掲載予定の記事はプライバシー侵害」という理由で出版禁止を求める仮処分を東京地裁に申請した。記事の内容が同長女の私生活に関するものという理由である。申請を受けた東京地裁は3月16日，出版元の文藝春秋に出版禁止を命じる決定を出した。しかし発行部数77万部のうち74万部はすでに出荷済みで，17日朝には書店や駅売店に並んだ。駅売店などで販売を中止したところもあったが，多くは販売された。16日の審尋（注1）の段階で，文藝春秋は残った約3万部の出荷を止める措置をとった。定期購読者分3,000部余については，記事3ページとその裏面の4ページ分を切り取り，目次の該当項目も黒く塗りつぶして無償で発送した。

　記事は，3ページにわたって長女の離婚をめぐる私生活について記述しているもので，地裁の審尋では，長女が純然たる私人なのか，将来は田中元外相の後継者になりうる人かが争われた。文藝春秋は，17日に同地裁に保全異議を申立て19日に却下されると，20日に東京高裁に保全抗告した（注2）。3月31日，高裁は文春側の申立てを認め，出版差止め命令を取り消した。「記事には公共性がなく，長女らのプライバシーを侵害するが，事前差止めを認めなければならないほど，重大な損害を与える恐れがあるとまでは言えない」と理由を述べた。これに対し長女側は抗告せず，4月6日高裁決定が確定した。

　最初に出版禁止の仮処分が命じられたとき，すでに大半の当該誌は市場に出ており，図書館にも納品されていた。鉄道の売店などで店頭から撤去したところもあったが，コンビニや書店などでは通常どおり販売された。

　日図協は，3月17日の『JLAメールマガジン』を通じて，情報がマスコミ報

137

第 2　図書館は資料提供の自由を有する。

道だけであることを前提としながら，対応については各図書館が自主的に判断するべきことであると伝えた。3月31日の高裁決定が出るまで各図書館の対応も分かれ，該当ページを袋綴じなどの方法で閲覧できないように加工した図書館，切り取りや持ち去りを懸念してカウンターでの保管や複写禁止にした図書館もあったが，裁判所の決定は出版社に対するもので図書館に対するものではない，と判断して通常どおり閲覧に供したところも多かった。国立国会図書館は，当初「発行されなかった」とみなして保留したが，東京地裁が3月19日の決定の際，「流通ルートに乗ったものは差止めの対象外」という見解を示したことから，3月22日納本を受理した。

　出版元の文藝春秋は4月2日，東京高裁の決定により販売可能となった在庫2万7000部については販売しない方針を決定した。

〈宣言との関連〉

　最初の東京地裁の仮処分決定に対応した図書館の措置は，宣言第2にかかわる。また，十分な理由も示されず出版差止めを命じた決定は，宣言第4－2に相当するとも考えられる。

〈解説〉

　『週刊文春』の通常の発売日は木曜日であるが，その週の土曜日である3月20日が春分の日で休日にあたるために，発売日が1日繰りあげられ水曜日の17日となった。出版差止めの仮処分決定が間にあわず，請求者の思惑がはずれ，販売店に出荷されてしまった。また，この事件の場合，仮処分の決定は出版元の文藝春秋に対し，販売，無償配布，第三者への引き渡しを禁じたもので，「回収」は命じていなかったため，決定前に出荷した当該誌を店側が販売する行為までを差止める効力はないという見方があり，店によって対応が分かれる結果になった。

　高裁は，判決文の中で「表現の自由」を「民主主義体制の存立と健全な発展のために，憲法上最も尊重されなければならない権利」と位置づけて，「事前

差し止めは表現の自由に対する重大な制約であり，認めるには慎重の上にも慎重な対応が要求される」と述べ，月刊雑誌発行の事前差止めが争われた『北方ジャーナル』事件（注3）の最高裁判決（1986年6月）の中で示された，「表現行為に対する事前抑制は，表現の自由を保障し検閲を禁止する憲法第21条の趣旨に照らし，厳格かつ明確な要件のもとにおいてのみ許容されうる」という基本見解を堅持した。

　最初の地裁の仮処分は，一人の裁判官によって決定されており，その命令書は主文と目録のみで理由の説明はまったくない。これは日本の敗戦までにおこなわれた検閲と同等の圧力と考えられる。高裁は正当に判断をくだしたというべきである。

　地裁の仮処分にただちに対応して，何らかの閲覧制限措置をとった図書館は，主体性を問われてもやむを得ないというべきであろう。

　地裁の出版禁止命令に対し，出版界や日本ペンクラブなどから抗議声明が出された。

〈類例〉

　事前に刊行が差止められた事件として，月刊雑誌『北方ジャーナル』1979年4月号の事件がある。刊行されなかったため図書館とのかかわりは出てこなかったが，出版頒布を差止める事件が起きた場合，事前差止めの判例として必ず対比される。

　他に柳美里の雑誌小説「石に泳ぐ魚」（『新潮』1994年9月号）の図書出版を禁止した例がある（本書事例13）。また，秋田県の地域月刊誌『KEN』も出版後の頒布禁止の仮処分請求が出された例である（本書事例10）。

注1　審尋

　民事訴訟において，書面または口頭により個別的に（対席的でなく）当事者その他の利害関係者に陳述の機会を与えること。主として決定・命令の手続で口頭弁論を開かない場合におこなわれる。

第 2　図書館は資料提供の自由を有する。

注 2　保全異議・保全抗告
＜保全異議＞　債務者が，保全命令（仮差押命令あるいは仮処分命令）を発令した裁判所に対しておこなう不服申立て。（民事保全法第26条）
＜保全抗告＞　保全異議を申立てた債務者が，その審理の結果に不服があるときに，上級裁判所に対して，再考を求める不服申立て。保全抗告を審理した結果に対しては，さらに再度の抗告を申立てることはできない。（民事保全法第41条）
注 3　『北方ジャーナル』事件
　月刊雑誌『北方ジャーナル』1979年 4 月号（ 2 月23日発売予定）に北海道知事選挙の立候補予定者を，公私にわたる内容で誹謗中傷する記事が掲載されようとしていた。それがそのまま発行されれば，その立候補予定者の名誉を著しく低下させ，回復困難なものと予想される記事であった。これを事前に察知した立候補予定者は 2 月16日に，名誉毀損で札幌地裁に，印刷，製本および販売または頒布の禁止を求める仮処分を申請し，同日，同地裁は申請を認める仮処分を決定した。
　この仮処分決定を不服とした原告（当該雑誌発行者）は，決定が違法であるとして，国および仮処分申請人に対し損害賠償を求めて訴えたが，判決は一・二審とも原告の請求をすべて退けた。
　そこで原告は，このような仮処分は，憲法第21条 2 項前段は検閲を絶対的に禁止することを規定したものであり，それに反する行為である，また検閲にあたらないにしても表現の自由を保障する憲法第21条 1 項に違反するものであると主張した。1986年 6 月11日，最高裁は上告を棄却し，この件における裁判所の差止命令は検閲にあたらないと判決した。
　しかし判決の中で，事前差止めが許される要件として，「その表現内容が真実でないか又はもっぱら公益を図る目的のものでないことが明白であって，かつ，被害者が重大にして著しく回復困難な損害をこうむるおそれがあるときに限り，例外的に許される」と厳しく限定した。

〈参考文献〉

・「袋とじ，金具で封印…／週刊文春出版禁止『及ばぬ』公開組も／図書館も苦肉の策」『日本経済新聞』2004.3.18
・2004年 3 月17日以降の新聞各紙

- 2004年4月1日以降の新聞各紙
- 立花隆『「言論の自由」vs.「●●●」』文藝春秋　2004.4
- 「『出版禁止』事件／私はこう考える（総力特集　裁判所には負けない／徹底検証　田中真紀子長女記事／小誌〔週刊文春〕はなぜ報じたか）」『週刊文春』46巻13号　2004.4.1　p.36〜42，176〜199
- 福田和也「『プライバシー』が民主主義を滅ぼす／『週刊文春』差し止めで考えたこと」『週刊新潮』49巻13号　2004.4.1　p.174〜177
- 村岡和彦「『人権プライバシー』条項の現在－『週刊文春』差止事件が示した課題」『三角点』復刊10号　2004.4　p.8〜9
- 田井郁久雄「ご都合主義の『「週刊文春」問題』」『三角点』復刊10号　2004.4　p.10〜12
- 馬場俊明「メディアと世論－市民の自立的判断と公立図書館の役割」『三角点』復刊10号　2004.4　p.12〜15
- 「『週刊文春』3月25日号の販売差し止めについて（News）」『図書館雑誌』98巻4号　2004.4　p.190
- 「『週刊文春』3月25日号の販売差し止め報道について（News）」『図書館雑誌』98巻5号　2004.5　p.253〜254
- 「『週刊文春』3月25日号の販売差し止めについて」『図書館の自由』44号　2004.5　p.3〜6
- 櫻井よしこ，小林節「週刊文春『検閲』事件／『角栄・真紀子』の血と判事の暴走／『検閲』の陰には田中家と司法の深い闇がある」『文藝春秋』82巻7号　2004.5　p.138〜147
- 山家篤夫「資料の提供と図書館の自由をどう考えるか」『図書館雑誌』92巻10号　1998.10　p.844〜846
- 松本克美「名誉・プライバシー侵害図書の閲覧制限措置請求権について」『早稲田法学』74巻3号　1999.3　p.575〜595

第2 図書館は資料提供の自由を有する。

19 旧石器遺跡捏造と関連資料の取り扱い

〈事実の概要〉

　2000年11月5日の毎日新聞朝刊に，東北旧石器文化研究所の副理事長である藤村新一が旧石器発掘を捏造していたことが報道された。藤村が捏造した一連の「前・中期旧石器」発掘成果に基づいて，1980年代には日本列島における旧石器時代のはじまりは60～70万年前に遡るとされていた。

　日本考古学協会は，前・中期旧石器問題調査研究特別委員会を設けて捏造とされる遺跡の検証をおこなった。その結果，同協会第69回総会（2003年5月24～25日）において問題の総括をし，最終報告書『前・中期旧石器問題の検証』を刊行するとともに，次のような会告を関係機関に配布した。

　　　　旧石器発掘捏造問題関係の日本考古学協会発行図書の取り扱いについて
　　　　　　　　　　　　　　　　　　　　　　　　　日本考古学協会委員会
　　以下の日本考古学協会刊行図書の報告・論文・記事等は日本考古学協会前・中期旧石器問題調査研究特別委員会や関係自治体等による検証の結果，捏造と判断された事実や資料に基づくものであり，旧石器時代研究の成果およびその成果に基づく歴史記述としては適正でないと判断されますので，日本考古学協会は，旧石器時代研究資料としてこれらの事実や資料を利用してはならないものとします。

　　　　　　　　　　　　　　　　　　　　　　　　　　　（2003年5月24日）
　　『日本考古学協会総会研究発表要旨』・『大会報告』および『資料集』
　　『日本考古学年報』掲載の発掘調査概（略）報
　　日本考古学協会創立五〇周年記念講演会

『日本考古学年報』31～52

『日本考古学』第6号

　　　（資料詳細　後略）

　しかし,「前・中期旧石器」発掘という事件は日本史上の「大発見」であったため, 捏造であることが明らかになるまでの間, いつわりの発掘報告に基づく文献が多数出版されていた。

　捏造発覚の直前に刊行された『縄文の生活誌』（講談社　2000.10）の回収が求められたほか, 捏造されたとされる遺跡の所在する関係自治体は発掘調査の再調査を迫られ, 高校教科書などで記述の訂正や削除がおこなわれた。

　図書館界においても,『縄文の生活誌』の回収に応じるか否かの判断を迫られ, これまでに発行された, 内容的に誤りのある資料の取り扱いが問題となった。さらに, 日本考古学協会の会告への対応も課題となった。

1　『縄文の生活誌』回収への対応

　岡本道雄著『縄文の生活誌（日本の歴史　第01巻）』は2000年10月に講談社から刊行されたが, 直後に藤村新一による発掘の捏造問題が発覚したため, 発行元の講談社は, 11月1日に同書の改訂版刊行および回収・無償交換をウェブサイトに掲載した。続いて11月8日付け文書「『日本の歴史』読者の皆様へ－藤村新一氏の『事件』について」を購入図書館に送付し, 読者に説明した。

　改訂版は2002年11月に刊行されたが, 改訂版刊行前の2002年10月, 名古屋市のA図書館に利用者Xから同書（初版）の扱いについて「図書館が明らかに間違っている本を並べて置くのはおかしい。訂正注記といったものが必要ではないか」と指摘があった。

　名古屋市立図書館では改訂版を入手した2002年11月, 名古屋市図書館の自由問題検討委員会（以下「名古屋市自由委員会」）で取り扱いを検討した。その結果, 第1章が全面削除され, そのかわりに捏造問題に関する論文が挿入されていたため, 初版も参照できるように取り替えをせず, 改訂版を追加購入する

第2　図書館は資料提供の自由を有する。

ことを勧めることとした。12月の館長会で報告し賛同を得たため，初版を購入していなかった図書館を除く全館が改訂版を追加購入して，初版には講談社の2000年11月8日付け文書「読者の皆様へ－藤村新一氏の『事件』について」を添付して従来どおり開架で提供することとした。その後，両方があわせ読まれる保証がないとの意見があり，2003年11月現在で8館が初版を書庫に収蔵した。

2　関連する他の図書の取り扱い

　先の意見を寄せてきた利用者Xに，A図書館長が手紙で経過を説明したところ，Xはさらに次の4点の対策を提示してきた。

①関連図書に，捏造があったという事実を記載した付表を，図書館が作って貼付する。
②歴史書の書架に，捏造問題に関する事実を記載したポスターのようなものを図書館で作り，掲示して，注意を喚起する。
③所蔵している蔵書を調べて，該当する出版社に，講談社のような付表を作成するように要請する。あるいは，図書館が付表を貼ることを了解してもらう。
④図書館協会に問題を提起し，出版界全体の問題として，検討してもらうように働き掛ける。

　名古屋市自由委員会では，①～③は図書館の対応としてできかねると考えた。一方，同市のA図書館では，影響を受ける可能性のある本を一部リストアップし始めたが，膨大な冊数になることが判明し，特に児童書では大半が該当するためリストアップを中止した。
　最終的には，利用者に対して次のようにA図書館長から伝えることとした。

　ア．いったん刊行された図書については，たとえこのような学術上の明確な誤りがあっても，図書館の関与することではない。

イ．該当すると思われる図書は相当多くあり，すべては調べきれない。
ウ．今後とも発掘捏造を取り上げた図書を購入し閲覧に供していく。

　その上で，『縄文の生活誌』初版については，刊行から相当程度時間が経過し，あわせ読んでもらう意味が薄れたことを勘案し，書庫に収蔵することとした。また，利用者が指摘した④については，日図協自由委員会に報告した。

3　日本考古学協会の会告への対応

　日本考古学協会の会告を受け，東京都教育委員会では，都教委および財団法人東京都生涯学習文化財団東京都埋蔵文化財センター刊行図書について同様の取り扱いをするよう，平成15（2003）年6月24日付け文書「旧石器発掘ねつ造問題に伴う東京都関連資料の取扱いについて（通知）」で通知した。東京都「多摩ニュータウンNo.471－B遺跡」に関して捏造が認められたため，『東京都埋蔵文化財センター調査報告書』や『東京都埋蔵文化財センター研究論集』の中の論文，展示解説パンフレットの同遺跡部分などを「利用してはならないこと」とするものである。

　東京都立中央図書館ではこれを受けて，都立図書館資料取扱委員会で関係資料の取り扱いを論議した結果，所蔵する資料に日本考古学協会の会告を貼付して提供することとした。

〈宣言との関連〉

　第2－1および第2－2に関連する。

　刊行された図書の記述が，捏造された遺跡の資料に基づいているため学術的に誤りとされた。出版社からは回収が求められ，学術団体からは資料の利用禁止が求められた。

　誤った知識を提供してはならないが，第2－1「正当な理由がないかぎり，ある種の資料を特別扱いしたり」しない，また第2－2「資料を保存する責任を負う」こととの調整が問題となる。また，ラベリングの問題とも関連する。

第2　図書館は資料提供の自由を有する。

〈解説〉
1　『縄文の生活誌』回収への対応

　図書館は資料保存の責任を果たす上で，基本的には回収に応じないという姿勢が必要である。これは回収の原因が差別的用語や表現による場合（『ハリー・ポッターと秘密の部屋』など）とも共通である。その上で学術的に誤りのある資料をどのように利用者に提供するかが課題となる。

　名古屋市立図書館は，館内の自由委員会で改訂版を確認し，議論を経た上での結論に従って措置しており，適切に対応をしているといえよう。各館種の他の図書館はどう対応したのかを確認してみた。

　公立図書館でどの程度の館が回収に応じているのか，総合目録ネットワークシステム（国立国会図書館運営）によって都道府県立図書館および指定都市立図書館（以下「都道府県立クラス」）の所蔵状況を，また各都道府県立図書館の提供する横断検索によって都道府県立と指定都市立を除く市町村立図書館の所蔵状況を確認した。これは2007年4月末時点での検索にヒットした館のみで，個々の館の所蔵を正確に確認したものではない。また出版年の確認できない館は除いた。

　都道府県立クラスでは初版のみ所蔵が2％，新旧両版の所蔵が77％，改訂版のみ所蔵は21％で，資料保存の責任を果たすことを意識していると思われる。一方，市町村立では初版のみ所蔵が10％，両版の所蔵が46％，改訂版のみ所蔵が44％となっている。このうちほとんどが都市圏からなる関東地方だけを見ると両版所蔵が52％，改訂版のみ所蔵が40％と多少の地域差が見られる。

　次に大学図書館での所蔵状況をNACSIS Webcatによって確認した（2007年4月末時点）。初版は151館，改訂版は297館が所蔵している。このうち初版のみ所蔵は94館で24％，両版所蔵は57館で15％，改訂版のみ所蔵が240館で61％となっている。大学では都道府県立クラスと同程度に両版を所蔵しているものと予想していたが意外な結果である。大学図書館では紀要に掲載された論文が学術的に誤っているとの理由で回収される例が多くあり，担当者が問題点を意識することなく回収に応じているのではないかとの見方がある。

学校図書館の全国的な傾向は確認できないが，三重県のB高等学校図書館では回収に応じず改訂版を新規購入，初版の請求記号を変更した上で事件を解説する資料『旧石器遺跡捏造』と併せて配架した。これには資料の扱いについて慎重に生徒に伝えようとする姿勢がうかがわれる。

2　関連する他の図書の取り扱い

　名古屋市のA図書館がいったんは影響を受けた可能性のある図書をリストアップしようとしたが，最終的に利用者Xへの回答にあるように，「今後とも発掘捏造を取り上げた図書を購入し閲覧に供していく」という結論に達したことは妥当であろう。別の自治体でも同様の事例があった。C図書館に利用者Yから「間違った内容の資料は書庫にしまってはどうか」との意見が寄せられたが，この館も『前・中期旧石器問題の検証』『古代史捏造』等の資料をあわせて提供していく旨の回答をしている。刊行当時は広く受け入れられていた学説が後に誤りだとされることは多い。その学説に基づいて記述された資料の内容についての判断は利用者自身がおこなうものであり，図書館がその判断の材料になる資料を提供するのは当然であり，図書館としての責務であろう。

3　日本考古学協会の会告への対応

　日本考古学協会は捏造事件へ対応して，報告書『前・中期旧石器問題の検証』を刊行するとともに，前述の会告を公表した。会告は刊行物の回収や削除を求めるものではなく，収録された資料のうち「歴史記述として適正でないと判断され」るものについて，「これらの事実や資料を利用してはならない」といっている。この事例の場合は，記述がまったくの誤謬であると確認されているのだから，会告を該当資料に貼付することは正誤表の類に準じると考えることも許容できるであろう。このようなラベリングの措置はもっとも緩やかな閲覧制限ともいえよう。

第2　図書館は資料提供の自由を有する。

〈類例〉

　学術論文にかかわるデータ捏造では，韓国ソウル大学教授のヒト胚クローン論文（『Science』），大阪大学大学院医学系研究科の研究グループの食べても太らない特定酵素についての論文（『Nature medicine』）が取り下げられた事例がある。一定の査読を経て掲載された論文の取り下げには公式にリトラクト（retract　取り消し）の要請をする。紀要掲載の場合は出版社から回収が求められる。

　平凡社の『哲学事典』の中の＜精神薄弱＞についての事例（33選事例14）は，差別的な説明の問題で，事実の誤りとは意味が違うが，対応において共通したところがある。

　学術書以外で内容に誤りのある資料としては，故意に虚偽の内容を記載したもの（一部の健康食品本やダイエット本など），出版後に虚偽であることが判明したもの，悪意はないが事実が誤っているもの（本書事例5）などがある。

〈参考文献〉

・岡本道雄『縄文の生活誌（日本の歴史1）』講談社　2000.10
・岡本道雄『縄文の生活誌（日本の歴史1）改訂版』講談社　2002.11
・毎日新聞旧石器遺跡取材班『旧石器発掘捏造のすべて』毎日新聞社　2002.9
・中期旧石器問題調査研究特別委員編『前・中期旧石器問題の検証』日本考古学協会　2003.5
・毎日新聞旧石器遺跡取材班『古代史捏造（新潮文庫）』新潮社　2003.10
・河合信和『旧石器遺跡捏造（文春新書）』文藝春秋社　2003.1
・「旧石器ねつ造問題にかかる資料について」『図書館の自由』42号　2003.11　p.4〜6

第2　図書館は資料提供の自由を有する。

20　『官僚技官』への注意書き貼付要求

〈事実の概要〉

　西川伸一著『官僚技官－霞が関の隠れたパワー』(五月書房　2002.2)の中の「構造局次長の接待疑惑」(同書　p.172～173)で，元農林水産省構造改善局次長Mが，昇進祝いとして，群馬県新治村(現水上町)村長Sから500万円以上の祝い金を受け取った等と記載されている。Mはこの記事により名誉を毀損されたとして，2003年4月，著者を提訴した。

　一審および二審判決は，いずれも同書の記述がMの名誉を毀損するものと認定し，著者に損害賠償の支払いを命じた(2004年10月確定)。二審判決では，判決理由の中で，同書が全国各地の図書館に少なからず収蔵され閲覧に供される可能性があるため社会的影響が相当に大きいということも，Mの精神的苦痛を多大ならしめている理由の一つであると述べている。

　判決確定後Mは，同書の所蔵が確認された図書館に対して，同書の記述が事実に反することが裁判で明らかにされた旨連絡し，同書の該当箇所にMが作成した文書を貼付するよう要望した。この要望への対応について，複数の図書館から日図協に相談が寄せられた。

　ところで著者は，同書の該当部分を記述するにあたって，1999年11月5日付けおよび12月21日付け『日刊ゲンダイ』記事，および雑誌『世界』2000年3月号掲載の「地域の利権と癒着する農水省構造改善局」を根拠としている。前出Sは，『世界』の記事により名誉を毀損されたとして，筆者の横田一および出版元の岩波書店を相手に提訴し，Sに対する名誉毀損が認められている。Mの本件提訴は，Sの訴訟の判決確定を待っておこなわれている。

　一方，『官僚技官』の出版元である五月書房は，Sに対する判決確定を受けて，「本書173頁10行目『…500万円以上が祝い金として…』の箇所については，平

第2　図書館は資料提供の自由を有する。

成15年3月11日最高裁判決により，その事実を否定する東京高裁の判決が確定した。2003年4月」と書いた付箋を同書に自主的にはさんだ上で，販売を続けている。

〈宣言との関連〉
　　第2－1⑴にかかわる。

〈解説〉
1　人権侵害と提供制限
　宣言第2－1にあるとおり，国民の知る自由を保障するため，すべての図書館資料は，原則として国民の自由な利用に供されるべきであり，「人権またはプライバシーを侵害するもの」であっても，提供制限は極力限定しておこなわれるべきである。なお「人権またはプライバシーを侵害するもの」は「プライバシーその他の人権を侵害するもの」と読み替えられるべきであることが，宣言解説2版（p.25）に説明されている。
　したがって「人権侵害」と一口に言っても，人権の種類，侵害の態様・程度などは千差万別なので，図書館資料の提供制限の是非を判断するにあたっては，人権侵害とされる事例を個別に検討しなければならない。

2　マスコミ報道等による名誉毀損
　本件で問題となっている人権は名誉権であり，冒頭紹介したとおり，公務員の不正疑惑報道に関するものである。
　名誉権の侵害（名誉毀損）の場合，国民の知る権利との関係で，公務員・著名人を対象とするものについては，その違法性の認定に厳格な基準が設けられている。判例は，「刑事上及び民事上の名誉毀損に当たる行為についても，当該行為が公共の利害に関する事実にかかり，その目的が専ら公益を図るものである場合には，当該事実が真実であることの証明があれば，右行為には違法性がなく，また，真実であることの証明がなくても，行為者がそれを真実である

と誤信したことについて相当の理由があるときは，右行為には故意又は過失がない」とされている（最判昭和41年6月23日「民集」20巻5号　p.1118）。

　また，本件のMの訴訟（『官僚技官』訴訟）の前提となるSの訴訟（『世界』訴訟）においては，一審判決と二審判決とで結論が異なっている。一審の前橋地裁は，新治村の元助役の証言に信頼性を認め，記事の内容の真実性を認定し，Sの主張（名誉毀損）を退けている。ところが，二審の東京高裁は，元助役が一審の証言を翻すなどの事情もあり，一審判決を覆しSの名誉毀損を認定している。二審の判決内容で確定しているものの，裁判所の判断もこのように二つに分かれていることがわかる。

　以上のとおり，本件は「人権侵害」の境界領域に属する事例であるといえる。図書館は，争いのある事例であればこそ，国民に何ら予断を与えることなく，閲覧と検証の機会を提供すべきである。また，本件に人権侵害が存在するとしても，国民の知る権利に優先させてまで，何らかの提供制限措置を施すべきではないと考えられる。

3　制限措置要望と図書館の対応

(1)　裁判所の判断と図書館

　『官僚技官』訴訟二審判決の判決理由には，全国各地の図書館で同書が閲覧に供されることによる社会的影響の大きさが，Mの精神的苦痛を増大させている旨述べている。

　しかし，当然のことながら，単に裁判所が図書館に言及したからといって，図書館には何らの義務も発生しない。判決は著者に損害賠償を命じているにすぎないからである。

(2)　事件当事者からの制限措置要望と図書館

　Mは，同書の閲覧制限は求めず，文書の貼付のみを求めている。

　しかしながら，これはいわゆるラベリングであり，読者に予断を与える可能性があるので慎重な対応が必要である。Mが図書館に貼付を求めた文書は，Mの主張に沿って関連裁判の内容を紹介するものであり，当該文書を読んだ読者

151

第2　図書館は資料提供の自由を有する。

にMの見解のみを提供する役割を果たす可能性が高い。したがって，当該文書の同書への貼付も認められない。

〈類例〉

　ラベリングに関しては，平凡社の『哲学事典』(1976年)の「精神薄弱」の項における用語説明から生じた問題(33選事例14)，いわゆる「三億円事件」(1968年12月10日)にかかわる誤認逮捕(翌年12月)を報じた新聞縮刷版の取り扱い問題(33選事例19)がある。

〈参考文献〉

・西川伸一『官僚技官－霞が関の隠れたるパワー』五月書房　2002.2
・横田一「地域の利権と癒着する農水省構造改善局」『世界』672号　2000.3　p.30〜33
・「農水省構造改善局次長の『接待漬け』」『日刊ゲンダイ』1999.11.5
・飯室勝彦『報道の自由が危ない』花伝社　2004.7　p.132〜141
（著者は，『世界』訴訟の二審判決に対して，公権力の説明責任を軽減する一方で，公権力監視機能を有するメディアの挙証責任を過重に求めることは，健全な民主社会の維持，表現の自由の保障に支障をきたすものとして，厳しく批判している。)
・芦辺信喜／高橋和之補訂『憲法　第3版』岩波書店　2002.9　p.172〜174
・佐伯仁志「公共の利害に関する事実－月刊ペン事件」『メディア判例百選（別冊ジュリスト179号）』有斐閣　2005.12　p.40〜41

『官僚技官』訴訟：―
・平成15年12月18日東京地方裁判所判決　平成15年（ワ）第8794号
・平成16年5月26日東京高等裁判所判決　平成16年（ネ）第384号，第1928号
・平成16年10月8日最高裁判所決定　平成16年（オ）第1309号

『世界』訴訟：―
・平成13年7月前橋地方裁判所判決　平成12年（ワ）第114号
・平成14年2月6日東京高等裁判所判決　平成13年（ネ）第4193号
・平成15年3月11日最高裁判所決定　平成14年（オ）第665号

図書館の自由に関する宣言

第3 | 図書館は利用者の秘密を守る。

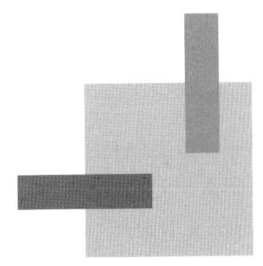

第３　図書館は利用者の秘密を守る。

21　名簿の取り扱い－「金沢市内刑罰者人名録」の閲覧禁止

〈事実の概要〉

　「受刑者名簿を閲覧状態／明治～大正時代分／金沢の図書館，取材後に禁止」という見出しのもとに，朝日新聞2005年４月14日朝刊に，以下の記事が掲載された。

　　金沢市玉川町の市立玉川図書館で，明治から大正時代ごろにかけて刑罰を受けた人の氏名や罪名を記した名簿が，今年３月まで閲覧できる状態になっていたことがわかった。別館の閉架書庫に置かれ，図書館のホームページの蔵書検索で誰でも存在を知ることができたが，今月，朝日新聞の取材後に蔵書一覧から削除し，検索もできないようにした。

　　玉川図書館によると，名簿は「金沢市内刑罰者人名録」と題され，和文タイプ62ページにわたって縦書きで列挙されている。発行者は「石川県金沢警察署」で，捜査資料などから抜粋したものとみられる。(以下略)

　さらに，同じ朝日新聞の2005年６月10日大阪版に「名簿閲覧／23図書館『制限・検討』／個人情報保護法に配慮／都道府県立47施設」と題する記事が掲載された。

　　各地の公立図書館で，所蔵する名簿類の公開制限の動きが起きている。都道府県立の主要図書館各１ヵ所に朝日新聞記者が尋ねたところ，４月の個人情報保護法全面施行に前後して，23図書館が何らかの制限をしたり，検討を始めたりしていた。自治体の個人情報保護条例の多くは図書館の図書は適用外とするが，民間事業者を対象とする同法施行を受け，慎重に取り扱う機運

が広がっているようだ。しかし多様な資料を集め，公開することは図書館の使命。プライバシーと知る権利の間で板挟みが続いている。(以下略)

　記事の中では，都道府県立図書館の名簿類の取り扱いとして，同窓会名簿と県職員録の閲覧・コピーの可否についても紹介されている。

〈宣言との関連〉

　名簿類の利用に関しては，第2－1「すべての図書館資料は，原則として国民の自由な利用に供されるべきである」が，「提供の自由は，次の場合にかぎって制限されることがある」として，「(1)　人権またはプライバシーを侵害するもの」という例外規定に関連する。

　名簿類の管理に関しては，同じ第2－1「図書館は，正当な理由がないかぎり，ある種の資料を特別扱いしたり，(中略)書架から撤去したり，廃棄したりはしない」という規定に関連する。

〈解説〉

　図書館における資料提供以前の問題であるが，「紳士録」類は消滅状態であり，「高額納税者名簿」の類や『著作権台帳』などが刊行されなくなったのは，「高額納税者公示制度」が2006年に廃止されたことに加え，電子データベース化やインターネットの普及による需要の低下，それに経費の節減など，いろいろな直接的な原因があるであろうが，社会的な傾向として2005年4月から全面施行された「個人情報の保護に関する法律」(以下「保護法」)による萎縮効果が考えられる。その結果，名簿作成への過度の自己規制が憂慮される事態に至っている。

　図書館における資料提供との関連でいえば，新聞報道に見られるように「保護法」の名簿提供への影響がもっぱら問題になっているが，実は従来からプライバシー保護の観点から図書館の対応が問われてきた問題である。

　そこで，まず設置者との関連で各図書館と「保護法」その他の法令の適用関

155

第3　図書館は利用者の秘密を守る。

係を確認した上で，プライバシー保護の観点からの名簿の内容・性質と利用制限の可否および制限の方法を検討する。

1　「保護法」の適用関係

(a) 国立国会図書館および国の機関，独立行政法人等の附設する図書室は「個人情報取扱事業者」から除かれるため（「保護法」第2条3項。以下に法令名を省略したものは「保護法」の条項をあらわす），名簿の管理および提供に直接的には同法第15条以下の義務規定の適用はないが，「この法律の趣旨にのっとり」適正な取り扱いが求められるのはいうまでもない（第4条）。

　なお，国立大学図書館には「独立行政法人等の保有する個人情報の保護に関する法律」が適用され，図書館所蔵の名簿が，同法が保護対象とする「保有個人情報」に該当するかどうかが問題になる。結論的には学術研究用等の資料として閲覧に供されている資料は同法の「保有個人情報」にあたらないとされているため，名簿については各図書館で自主的な適正管理が求められることになる。

(b) 図書館法第2条2項に定める公立図書館については，同法第10条において「公立図書館の設置に関する事項は，当該図書館を設置する地方公共団体の条例で定めなければならない」と規定されており，また地方公共団体が「個人情報取扱事業者」から除かれているため（第2条3項），「保護法」の適用はなく設置自治体の条例が適用される。公立大学図書館および公立の学校図書館等についても同様である。

　ところで，多くの自治体における個人情報保護条例では，図書館資料の中の個人情報の保護に関しては一般の行政資料と区別して条例の適用が除外されている。しかし，図書館資料に掲載されている個人情報は保護する必要がないということを意味するものではない。該当する条例が制定されていない自治体においても同様であるが，図書館ごとに名簿について適正な管理・利用が確保されるように自主的な取り組みが必要になるのである（第5，11条参照）。

(c) 図書館法第2条2項に定める私立図書館は「個人情報取扱事業者」として「保護法」の義務規定が適用される。その結果,「個人データ」である名簿を利用に供することは「第三者提供」にあたり（第23条），(i) 本人の同意がある場合，(ii) 法令にもとづく場合，(iii) 本人の求めに応じて利用を停止できるように,事前に本人に通知しておくか本人が容易に知り得る状態に置いている場合,のいずれかに該当しなければ名簿を利用者に提供することができない。

ところで図書館法第2条1項によれば,図書館は,図書その他の資料を「一般公衆の利用に供」することを目的とする施設であるとされており,したがって私立図書館の「第三者提供」は図書館法に根拠をもつ図書館本来の業務ということになる。その結果,右の(ii) 法令にもとづく場合に該当し,本人の同意等は不要のままで利用に供することができる。私立大学図書館については大学設置基準第38条2項,私立学校図書館については学校図書館法第2条というように法令上の根拠こそ異なるが,他の私立図書館と異なった取り扱いが要求されるわけではない。

なお,法令上の根拠をもたない法人等の設置する図書館（室）で個人情報保護法施行令第2条に規定する要件に該当しない場合のみ「個人情報取扱事業者」にあたり,「保護法」の義務規定が全面的に適用される（第2条3項5号）。しかしこの場合でも,名簿が学術研究の目的で利用されるときは,同法の義務規定の適用除外が認められることがある（第50条1項3号）。

もう一つ付言すれば,公立の図書館の管理・運営が第三セクターや民間事業者に委託されている場合に,委託先の事業者が「個人情報取扱事業者」に該当したとしても,委託された図書館の設置母体が変わるわけではないので,当該図書館が運営上で取り扱う個人情報に関しては,委託元である設置自治体の条例が適用される。

2 名簿の内容・性質と利用制限の可否

右に述べたように,法令に存立の根拠をもつ図書館では,「保護法」の施行

第 3　図書館は利用者の秘密を守る。

によって名簿について以前と異なった取り扱いが求められたわけではない。したがって従来どおり自由宣言を指針にして対応すればよく，それによれば利用制限が許されるとしても極力限定的でなければならず（宣言第 2 − 1），まして「個人情報の有用性」（第 1 条）を考えれば，名簿の利用制限には特に慎重でなければならない。

　その結果，以下の要件のすべてを具備する場合に限って，名簿の利用制限が許されるにすぎないことになる。

(a) 他人に知られたくないと望むのが正当だと考えられる情報が掲載されていることで利用制限が許されるのは，特定個人についての記載事項が，名誉を毀損するおそれのある場合，特定の団体等に所属していることから思想・信条が判明するおそれのある場合，差別に直結する情報である場合，に限定される。名誉毀損や思想・信条が判明する「おそれ」の有無，差別への不可避性の程度については，被掲載者の主観によるのではなく客観的に判断される必要がある。したがって，住所，氏名等を卒業年次ごとに編集したにすぎない通常の同窓会名簿は，いずれの要件にも該当しないから利用制限は許されないことになる。

(b) 被掲載者は生存する個人であること（第 2 条 1 項）

　プライバシーの保護法益は精神の自由・平穏であるから，保護の対象は生存する個人である。生存者と死亡者を併載している名簿は，生存する個人に関する名簿として取り扱う。しかし，掲載されている者がすべて死亡している場合でも，子孫が生存していれば子孫自身の個人情報になる可能性がある。

(c) 公知の情報でないこと

　公知の情報はプライバシーの保護範囲から除外される。

　ところで，公知性の有無については，すべての図書館で一律に決めることはできない。

　まず，掲載される情報の内容に関しては地域性が無視できない。当該地域でほとんどの住民がすでに知っている情報を，あえて利用制限する必要はないからである。

期間との関係も無視できない。名簿刊行後，相当期間が経過して利用者の多くが知るに至っていることも考えられるからである。

(d) 公益にかかわる情報でないこと

プライバシーの保護は私事にかかわる事柄に限定される。当該名簿の内容が私事と公益にまたがる情報である場合には，公共の利益は個人の利益に優先されるから利用制限すべきではないが，私事が前記(a)の要件を具備する場合には一定の利用制限もやむを得ないだろう。〈事実の概要〉で取り上げた新聞報道による「刑罰者人名緑」はこのケースにあてはまる。

なお同紙によれば，「県職員録」の閲覧さえも制限している都道府県立図書館があることが紹介されているが，それが職員について氏名，住所，所属部署程度が記載されたものであったとすれば，これは明らかに行きすぎだと思われる。

(e) 公刊された名簿でないこと

ここで「公刊」とは必ずしも市販されていることまでも要求されないが，配布先が限定されずに相当部数が発行されている場合をいう。

原則的にいえば，公刊された名簿は利用制限ができない。誰もが入手できるということは公開を前提に編集・発行されたことと同義であり，それを図書館が非公開扱いするのは図書館自身の検閲にもなりかねない。また，かような名簿の場合には被掲載者も公開に同意しているのが通常であろうし，公刊物の掲載内容に関する責任は本来的に編集・発行者が負うべきものだからである。

なお，比較的古い公刊物の場合が多いが，プライバシー保護に無神経な名簿が存在することも考えられる。このようなケースでは，例外的に公刊された名簿も利用制限の対象に含まれる可能性があるだろう。

寄贈者が公開を否とした非公刊の名簿の場合には一定の利用制限が許される（宣言第 2 − 1 (3)）。ただし，非公刊の名簿でも前記(a)の要件のいずれにも該当しない場合には，寄贈者の申し出のない限り利用を制限する必要はないであろう。

159

第3　図書館は利用者の秘密を守る。

3　利用制限の方法

　一般に，利用制限が許されるとしても，その方法は「より制限的でない方法」が選ばれる必要がある（宣言解説2版　p.28）。

　まず，収集の段階で，「紛糾をおそれて自己規制」をせず，通常の収書基準に照らして名簿を収集すべきことが前提になる（宣言第1－2(4)）。収集段階でシャットアウトしてしまうのは，ある意味ではもっとも制限的な方法だからであり，情報源としての名簿の有用性を考えれば，名簿の収集に臆病になるのは図書館の職責の放棄につながりかねないだろう。

　ところで宣言には，前述のごとく例外的に利用制限できる場合にも「これらの制限は，極力限定して」とある。これを名簿に即して読み替えれば，「利用制限する名簿は極力限定して」となる。ここでは「より制限的でない方法」の基準も，制限の「方法」を選ぶ際のルールというよりも，制限すべき名簿かどうかの判断の際にその趣旨が生かされるべきだと考える。

　その結果として，前節2(a)～(d)で制限できる名簿を内容面から厳しく限定したのであるから，制限の方法としては蔵書目録にデータを残した上で閲覧禁止を原則とし，例外的に「学術研究の用に供する目的」を明らかにして，館長決済を受けるなどの条件を具備した場合に閲覧を認める，というのが実際的であろう。適用場面こそ違うが，使用目的によって別異の取り扱いを認める規定が参考になろう（第50条1項3号）。

　なお，紛糾を先取りする形で無制約的に閉架書庫に移すとか掲載資料の名簿の部分だけをクリップでとめるといった動きが報じられているが，いささかおよび腰にすぎる感がある。まして，名簿の書誌データを蔵書目録から削除して利用者のアクセスを一切拒絶したり名簿自体を廃棄したりするのは，利用制限の可否の再検討（宣言第2－1）の機会を確保しておくためにも，図書館の資料保存責任（宣言第2－2）の点からいっても決して許されることではない。

〈参考文献〉

・三苫正勝「資料の中のプライバシーと資料提供」『図書館界』50巻2号　1998.7

p.61～74
・福永正三「図書館資料のなかの個人情報の保護」『図書館界』51巻3号　1999.9　p.140～154
・松本克美「プライバシー侵害図書の提供制限と図書館の自由」『現代の図書館』42巻3号　2004.9　p.149～156
・新保史生「図書館と個人情報保護法」『情報管理』47巻12号　2005.3　p.818～827
・西河内靖泰「個人情報保護法が施行されて－過剰反応する図書館，意図的に煽り立てるマスコミ（ブックストリート図書館）」『出版ニュース』2039号　2005.5中下旬　p.42～43
・新保史生「図書館における個人情報保護とプライバシー保護の区別と対応のあり方」『図書館雑誌』99巻8号　2005.8　p.504～506
・藤倉恵一「いまあらためて『図書館の自由』－個人情報保護と自由宣言」『図書館雑誌』99巻8号　2005.8　p.510～511
・浅川晃広「個人情報保護法で焚書が実現－朝日のトンデモ記事を許すな」『諸君』38巻2号　2006.2　p.230～237
・藤倉恵一「図書館における個人情報保護」『みんなの図書館』346号　2006.2　p.30～36
・藤倉恵一『図書館のための個人情報保護ガイドブック』日本図書館協会　2006.3

第3　図書館は利用者の秘密を守る。

22　テレビドラマの中の図書館員による利用者情報漏洩問題

〈事実の概要〉

　テレビドラマの中で，図書館員が不用意に利用者の読書記録その他の個人情報を漏洩する場面が頻繁に現れる。そのうちの2例を取り上げた。

1　テレビドラマ「相棒」について

　2004年12月8日にテレビ朝日で放映された「相棒」の第7話「夢を喰う女」の中で，図書館利用者の個人情報を司書が刑事に伝える場面があった。

　放送当日の新聞各紙の番組紹介やテレビ朝日のホームページにその内容が掲載されていたため，日図協は放送前にテレビ朝日に対して事情の説明を求めた。放送の翌日にテレビ朝日から申し出の内容確認があった。刑事が捜査令状の提示などの手続きをせずに個人情報を求めていること，司書が個人の判断で利用者の貸出履歴を見せていること，および個人史作りをしているという利用者情報を漏らしていることなどを指摘して，テレビ朝日の考え方について説明を求めた。

　12月10日，テレビ朝日のチーフプロデューサーが日図協に来訪した。日図協は重ねて，司書が簡単に個人情報を漏らすことはありえない，図書館は個人の貸出履歴を蓄積していない，個人情報の提示については令状の提示があっても図書館内の手続きを踏んだ上での判断がなされる，などの説明をおこなった。テレビ朝日側は協会の指摘に対して認識不足を認め，今後の対応を検討する旨の約束をした。

　12月14日，再度チーフディレクターが日図協に来訪し，①この番組の再放送はしない，②地方の局などに販売しない，③DVD化するときには撮りなおしをしてストーリーを変える，④局のホームページで放送内容が適切でないことを

162

明らかにする，などを約束した。翌15日付けの同局ホームページで，ドラマに視聴者の誤解を招く表現があったことに謝罪の表明があった。

　一方，このドラマの舞台とされた世田谷区の図書館員が属する同区職員労働組合教育分会は2月22日，「『相棒』(04年12月8日放映)についての要請」文書をテレビ朝日に送り，図書館職員が利用者の個人情報を決して漏らさないということについての正しい理解と今回のドラマについての適切な措置（放映中の『相棒』の中で，誤解を与えるような内容で放映したことについて，訂正及び謝罪すること）を求めた。

　これに対してテレビ朝日は3月1日，編成制作局統括担当部長名で回答し，図書館が簡単に貸出情報を見せるような誤解を利用者に与えたことに対しては謝罪したが，「再放送や地方局には販売しない，ホームページで謝罪文を掲載した」という理由により，組合が求めた番組上での訂正および謝罪には応じなかった。世田谷区職員労働組合教育分会は「テレビ朝日に名誉および信用の回復措置を求める声明」を3月24日に発表するとともに，この問題についての理解を広げるために声明文をマスコミ各社に送付した。

2　テレビドラマ「ぴあの」について

　1994年春から始まったNHK朝の連続テレビドラマ「ぴあの」の4月23日放送分で「図書館で君のお姉さんが借りてる本を調べたんや」とのシーンが映された。その前日の放送では大阪府立中之島図書館が映しだされたことから，同図書館で個人の貸出情報を他人に教えているかのような誤解を与えかねない場面となった。

　日図協は4月24日に事務局長らが番組のチーフプロデューサーと会って図書館界の考えを伝えるとともに，この問題についての説明を求めた。NHKは4月25日の放送分では前述のセリフのうち「図書館で」を消して放映することと謝罪文を『図書館雑誌』に掲載することに同意した。

　大阪府立中之島図書館は，番組を制作したNHK大阪放送局に対し，「図書館が利用者のプライバシーをもらしているような誤解を与える」として訂正を求

第3　図書館は利用者の秘密を守る。

めた。また，大阪府職員労働組合中之島図書館分会は，4月25日にNHKの番組チーフプロデューサーと面談し，中之島図書館では「借りている本を調べることができないこと，また，させていないことを明確にし，事件の再発防止の具体策を文書で出す」ことを求めた。NHKは5月10日に同館に対して文書で謝罪した。

〈宣言との関連〉
　　第3に関連する。

〈解説〉
1　同じような事例が繰り返されている
　犯罪捜査の過程で警察が図書館の読書記録を調べるという設定がテレビドラマの中でおこなわれ，図書館がその問題を取り上げるようになったのは1967年の「特別機動捜査隊」(いわゆる練馬テレビ事件・33選事例22) であった。それから40年たっているが，図書館の利用者の読書記録や個人情報を警察などが調べる設定のドラマは後を絶たない。

　推理小説などで，犯人が何に関心をもっているかを調べることは捜査の主要な手法になるため，図書館の貸出記録がその決め手となる格好の鍵になることは否めないし，繰り返し使われている。しかし，犯罪捜査のために警察がおこなう行為であるから図書館の読書記録を調べることはさしたる問題ではない，という考えがドラマの原作者や制作者の中にあるとしたら問題である。読書という思想形成の営みが非常に高度なプライバシーを含むということの社会的認識が広まらない限り，今後も図書館の読書記録を調べることに何ら疑問をもたないドラマ制作者が出てくるであろう。特に，もっとも知的活動に関係する作家やメディア関係者がこの点に無神経なのはなぜであろうか。

2　自由宣言普及の必要性
　自由宣言が1954年に日本図書館協会の総会で確認されてから50年以上が過ぎ

た。全国各地に図書館が設置され，多くの人に利用される中で，宣言も少しずつ広まってきた。図書館も，自由宣言のポスターを図書館の玄関に掲示したり，図書館の自由についての記事を図書館報に掲載したりしてPRに努めてきた。

　そしてついに，2006年には自由宣言の文言を目次とする本が出版された。有川浩著『図書館戦争』（メディアワークス刊）のシリーズである。ライトノベルというジャンルで若い人も含めて多くの人々に読まれている。著者は居住する市の図書館で館内に掲示された自由宣言を見て，それから着想してこの小説を書いたという。

3　自由委員会の対応

　図書館の利用記録が警察の捜査に使われたり，探偵が調べたりして，またそれにこたえて図書館員がいとも気軽に見せているというような展開になっている小説やテレビドラマは数多くあり，いずれも図書館があたかも個人の利用記録をいとも簡単に開示するような印象を多くの読者，視聴者に与えるものであった。日図協および自由委員会ではこのようなフィクションが現れるたびに，それぞれのテレビ局に現実との違いを指摘し，訂正と理解を求める働きかけをしてきた。しかし，同じ局でも何度も繰り返されることもあることから，日図協では，「図書館は読書の秘密を守ることについて（ご理解の要請）」と題する次の文書を2005年2月1日付けでマスコミ各社に送付した。

　　　　　　図書館は読書の秘密を守ることについて（ご理解の要請）
　　　　　　　　　　　　　　　　　　　　　　　　　　　　日本図書館協会
　図書館が，利用者の読書記録を第三者に伝える，というシーンを描いたテレビドラマが少なからずあります。このようなことは本来あり得ないことで，ドラマ制作者に図書館の役割が理解されておらず，視聴者に誤解を招くものとして見過ごしのできないことです。

　最近では，2004年12月8日に「テレビ朝日」が放映したドラマ「相棒」の中で，図書館職員が犯罪捜査のために訪れた警察官を事務室に案内し，指定

第3　図書館は利用者の秘密を守る。

された人物の氏名とその借出図書名を表示するパソコン画面を検索して見せるというシーンがありました。

　図書館は思想，知識，情報の媒体である図書，雑誌，新聞等を収集，保存し，市民に提供することをもって国民の知る自由に寄与しております。図書館の蔵書を読むことは，憲法が保障する思想，良心の自由，表現の自由を構成する内面の自由に属します。したがって図書館において読書の秘密が守られるためには，第三者の関与や公的権力の介入は厳しく排されねばなりません。

　日本図書館協会は，1979年総会で「図書館の自由に関する宣言1979年改訂」を決議し，「図書館は利用者の秘密を守る」ことを基本原理の一つとして表明し，「図書館員の倫理綱領」（1980年総会決議）において，「図書館員は，国民の読書の自由を保障するために，資料や施設の提供を通じて知りえた利用者の個人名や資料名等をさまざまな圧力や干渉に屈して明かしたり，または不注意に漏らすなど，利用者のプライバシーを侵す行為をしてはならない。このことは，図書館活動に従事するすべての人びとに課せられた責務である。」と確認しています。図書館が読書の秘密を守るべきことは，近年，国と自治体が公務員の守秘義務に加え，法令で個人情報の保護を定める以前から，世界の図書館界が合意し，実践してきたものです。犯罪捜査目的といえども厳密な法手続を欠くならば例外にはなりません。

　上記ドラマと同様のことが2000年11月19日「テレビ東京」が放映した「夏樹静子サスペンス」にもありました。図書館への信頼を損ねたという指摘を受けて「テレビ東京」は謝罪し，再放送ではそのシーンをカットしました。これまでも他のテレビ局において，図書館が警察官を含む第三者に図書館の利用記録を提示するというドラマがしばしば放映され，実名をだされた図書館と自治体の抗議や当協会の要請に応じて，内容の改変や釈明，謝罪などの対応がなされてきました。

　今回，「テレビ朝日」は釈明と遺憾の意を表明しましたが，このように同様の事例が繰り返されるのは，問題の理解や対応の経験が当該番組の制作当

事者にとどまっている状況の結果であると受け止めざるを得ません。

　つきましては，図書館は利用者の読書の秘密を守ることにつき，貴社としてご認識をいただき，番組制作方針に位置づけるべく周知徹底されることを要請いたします。

　そのための研修，説明等の機会を設けていただけるならば，当協会としてご協力したいと考えております。

以　　上

〈類例〉

　小説では森村誠一著『凶水系』(1977・33選事例22)，典厩五郎著『土壇場でハリーライム』(1987)，法月綸太郎著『法月綸太郎の冒険』(1992) など枚挙にいとまがない。

　また，テレビドラマや映画では1967年の「特別機動捜査隊」にはじまり，それ以後おもなものとしてテレビ朝日「さすらい刑事旅情編　Ⅳ　本を読む女」(1994年1月)，日本テレビ「火曜サスペンス劇場　新女検事夕子4　輸血のゆくえ」(1995年2月)，「土曜ワイド劇場　お料理学校殺人事件」(1997年6月) などがあり，最近でも2003年11月19日にテレビ東京6局が放映した夏樹静子原作のテレビドラマ「特捜刑事遠山怜子　虐待夫…愛と復讐のウインターギフト殺人事件」で図書館が利用記録を見せる場面があった。

〈参考文献〉

・「図書館で姉さんの借りた本調べたんや／NHK『ぴあの』勇み足，抗議に謝罪」『朝日新聞』1994.5.11
・JLA図書館の自由に関する調査委員会近畿地区小委員会「『ぴあの』事件でNHKに申し入れ－『プライバシー侵害』の誤解招くセリフ」『図書館雑誌』88巻6号　1994.6　p.400
・「ドラマ『ぴあの』で図書館の自由侵害」『みんなの図書館』207号　1994.7　p.77～78

第3　図書館は利用者の秘密を守る。

- 長谷川誠二「JRの大人げ，週刊文春の大人げ，『ぴあの』の大人げ」『みんなの図書館』211号　1994.11　p.56〜58
- 「『『ぴあの』の図書館に関する表現について（アピール）1994年5月15日（資料）第3回ライフサイクルから図書館を考える集い」『図書館年鑑1995』p.315〜316
- 「『土曜ワイド劇場／お料理学校殺人事件』について（テレビ朝日あて要請書）」『図書館の自由』18号　1997.9　p.6〜7
- 「夏樹静子原作のテレビドラマでお詫び（News）」『図書館雑誌』98巻1号　2004.1　p.7〜8
- 「司書が個人情報をもらすドラマが放送－日図協，テレビ朝日に事情を聴く（News）」『図書館雑誌』99巻1号　2005.1　p.5
- 「日図協自由委員会，放送各社に要請（News）」『図書館雑誌』99巻3号　2005.3　p.144
- 「テレビ朝日ドラマ『相棒・夢を喰う女』で司書が個人情報を漏らす」『図書館の自由』47号　2005.3　p.1〜4
- 世田谷区職員労働組合教育分会「テレビ朝日に名誉および信用の回復措置を求める声明」『図書館の自由』48号　2005.5　p.4〜7

第3　図書館は利用者の秘密を守る。

23　映画「耳をすませば」における読書記録の残る貸出方式の問題

〈事実の概要〉

　主人公の少女が，学校図書館や市立図書館で借りる本のブックカードに，必ず一人の少年の名前が記されていることに気がつき，先に同じ本を読んでいる未知の少年への思慕を深めていくロマンチックなストーリーである。

　1995年7月，スタジオジブリによるアニメ映画「耳をすませば」が公開された。原作は1989年，雑誌『りぼん』に連載された柊あおいの少女マンガで，1990年に単行本化されている。舞台になる中学校図書館および市立図書館（原作では県立図書館）では，貸出日・氏名・返却予定日が記入されるニューアーク式の貸出方式によるブックカードが使われる。そのブックカードはなぜかブックポケットに2枚入っているが，使用方法は不明である。

　自由委員会関東地区小委員会は，1995年1月の新聞報道により，同作品のアニメ化を知ったが，利用者の読書記録が残る方式をストーリー展開の主要キーにしているものの，実在人物のプライバシーにかかわるものではなく，実在の図書館を特定してもいないため，制作者への働きかけは見送った。

　しかしその後，日図協の理事懇談会においてその問題を指摘され，自由委員会は5月26日と7月31日にスタジオジブリを訪問し，制作者側と意見交換をおこなったが，ビデオ化等に際しても特に制作者側からの対処はとられなかった。

　また学校図書館問題研究会は，1995年7月8日付けで，スタジオジブリの「耳をすませば」制作担当者に対して，書面による申し入れをおこなった。その中で同会は，実際にはカードに個人の貸出記録が残るような貸出方式をとっている学校図書館も存在するので，映画の表現が誤っているわけではないことを認めた上で，学校図書館も「図書館の自由に関する宣言」の精神によって運営される対象であり，読書の秘密が守られる貸出方式を採用している図書館が

169

第3　図書館は利用者の秘密を守る。

多いことを説明した。そして，作品中や上映劇場内に，学校図書館も利用者の秘密を守るために配慮をしているという「ことわりがき」を表示すること，テレビ放映・ビデオ化の際にも同様の措置をとることを要望した。

これに対し，10月12日付けの書面で制作者側から回答があり，図書館職員のプライバシー保護についての理解は示したものの，特に対策はとらないという趣旨が記されていた。その理由として，こういう貸出カードのシステムが残っていたとしたらああいう夢多き出会いも起こりうる，それは素晴らしいことだろうという思いがあったからであると述べている。しかし，原作の漫画にあった図書の貸出カードに関するシーンを映画化にあたり，現状もふまえて父にいわせたという。

それは，主人公の少女と図書館司書の父との，貸出方式が変わるという原作にはない，次のような会話のシーンである。

父「わが図書館もついにバーコード化するんだよ。準備に大騒ぎさ」
少女「やっぱり変えちゃうの。私カード（ブックカード）の方が好き」
父「僕もそうだけどね」

制作者側は，「少女のセリフは，我々の気持ちの代弁でもある」と述べている。

〈宣言との関連〉

フィクションとはいえ，貸出記録が残る貸出方式を描くことは，第3－1に関連する。

〈解説〉

作品の舞台となった図書館の貸出方式はニューアーク式である。この方式では貸出券とブックポケットとブックカードと貸出期限票が使用される。ブックカードには借り出した人の氏名もしくは利用者番号と貸出期限が記載されて累積されて残っていく。そして貸出中でない限り，本に貼付されたブックポケッ

トに差しこまれているため，氏名が記載されていれば今までに誰が借りたかわかってしまう。戦後CIE図書館（GHQにより主要都市に設置された図書館）で採用され，多くの図書館に普及したが，その後貸出記録が残らないブラウン式が採用されるようになった。

　利用者のプライバシーを守ることができない，というニューアーク式の問題点は早くから指摘されており，1990年代の公立図書館においてニューアーク式を採用している館は少なかったと考えられる。

　氏名を記載するブックカードがストーリーの展開に利用される背景には，公立図書館がブラウン式に変更していく一方，学校図書館においては，読書指導との関連からニューアーク式を採用し続けた経緯がある。

　全国学校図書館協議会編集の図書をみると，『学校図書館運営細則Ⅰ』（1979年刊）は，ニューアーク式をモデルに貸出方法の基準を定めており，その解説に，「貸出記録は個人の読書記録であり，読書指導の有力な資料となるものである。ほかにブラウン式があるが，個人の記録が残されないので学校図書館の貸出方法としては適さない」と記されている。その後，『学校図書館の原理と運営』（1985年4月刊）では読書指導以外はプライバシーに属することで取り扱いに注意すると書かれているが，『学校経営と学校図書館』（2006年4月刊）には，「利用者の個人情報である貸出記録を外部に漏らさないようにすることが重要で，利用者が資料を返却した後は，直ちに貸出記録を抹消することのできる方式を選択するべきである」と進化している。

　1980年代後半から1990年代前半には，渡辺重夫や塩見昇によって，学校図書館において貸出記録を残すことの問題点が指摘された。1988年に学校図書館問題研究会が「のぞましい貸出方式が備えるべき五つの条件」を発表し，1990年にその逐条解説をまとめており，その条件の一つに「返却後，個人の記録が残らない」という1項を入れている。また，解説で"読む自由，知る自由"は極めて個人のプライバシーに属する事柄である」とプライバシー保護に触れている。

　学校図書館の場合，プライバシーや労力の問題から本には返却期限票のみ貼

第3　図書館は利用者の秘密を守る。

付し，ブックカードをつけず，個人カードだけで対応するところもある。現在でもコンピュータを使用する貸出方式の場合，多くの学校図書館用システムが貸出記録が残ることを前提に作られている。読書指導に使用するために貸出記録を残している場合や，依然として記名させる貸出方式をとっている場合もあり，プライバシー保護の観点からその是非について論議されている。

　近年では公立図書館において貸出にコンピュータを使用することが一般的となったが，貸出記録を残さないのが通常である。テレビドラマなどでコンピュータを使用する貸出方式が描かれていても，図書館側に貸出記録が残っており，即座に調べることが可能なような場面が見られることがある（本書事例22）。図書館がプライバシーに配慮しているという認識が，制作者側に浸透していないことが原因であろう。

〈類例〉

・恩田陸の小説『図書室の海』（2002年2月）
　主人公が学校図書館で特定の名前の書かれた本を探す場面が登場する。
・岩井俊二監督映画「Love Letter」（1995年3月公開）
　主人公の中学校時代の学校図書館が重要な位置を占め，そこでニューアーク式の貸出方式が使われている。主人公が成人して母校を訪れた際，生徒がゲームとして特定の名前（主人公の名前）が書かれたブックカードを探しているシーンが出てくる。

　最近もこのような事例があとを絶たない。
・テレビドラマ「みんな昔は子供だった」（関西テレビ制作）
　2005年1月に放送開始，その第3回（1月25日）放送の中で，学校図書館の場面で，ニューアーク式の貸出方式が使われていて，ブックカードに書かれた個人名がストーリーのカギになる。
・テレビドラマ「名探偵コナン」（よみうりテレビ・東京ムービー制作)
　1996年から放映されているテレビアニメであるが，2007年1月22日放送の第461話「消えた1ページ」において，学校図書館の本の破られていたページに

ついて話を聞くため，主人公が本にあったブックカードで最後に借りた子を確認するシーンが描かれている。
・DREAMS COME TRUE（ドリームズ・カム・トゥルー）の「眼鏡越しの空」（1992年11月）
　歌詞の中に図書館で借りた本のカードに名前がある，という内容がある。

〈参考文献〉

・山家篤夫「アニメ映画『耳をすませば』で自由委　制作者と意見交換の予定」『図書館雑誌』89巻7号　1995.7　p.490～491
・山家篤夫「自由委員会『耳をすませば』制作のスタジオジブリを訪問し，意見を交換」『図書館雑誌』89巻8号　1995.8　p.566
・東史「映画の図書館・図書館の映画」『図書館雑誌』91巻1号　1997.1　p.46～47
・佐藤毅彦「フィクションの中の貸出方式－映画『Love Letter』『耳をすませば』の問題点」『羽衣学園短期大学研究紀要文学科編』32巻　1996.1　p.1～19
・学校図書館問題研究会「映画『耳をすませば』における図書館の描かれ方について」『学図研ニュース』116号　1995.8
・学校図書館問題研究会「スタジオジブリより『耳をすませば』についての返答」『学図研ニュース』118号　1995.10
・「TVドラマ『みんな昔は子供だった』について」『図書館の自由』49号　2005.8　p.6～9
・「アニメ『名探偵コナン』の利用者プライバシーを侵害するシーンについて」『図書館の自由』56号　2007.5　p.2～4
・学校図書館問題研究会「『のぞましい貸出方式が備えるべき五つの条件』逐条解説」『がくと』6号　1991.1　p.72

第３　図書館は利用者の秘密を守る。

24　地下鉄サリン事件と国立国会図書館利用記録差し押さえ事件

〈事実の概要〉

　1989年11月の坂本弁護士一家殺害事件，1994年６月の松本サリン事件等，一連のオウム真理教の凶悪犯罪は，ついに1995年３月20日，東京の営団地下鉄における猛毒ガス・サリンによる無差別殺人事件に拡大し，死者12人，重軽傷数千人に及ぶ重大事件に至った。

　それらの捜査過程で1995年４月６日，国立国会図書館に警視庁係員が捜索差押許可状（令状）を持参，その記載内容において被疑者不詳のまま1994年１月５日～1995年２月28日の利用記録を差し押さえた。内訳は，利用申込書約53万人分，資料請求票約75万件，資料複写申込書約30万件に及んだ。

　はじめ，地下鉄サリン事件後の３月28日，警視庁から「地下鉄サリン事件捜査のため利用記録を見せてほしい」旨の依頼があり，次いで翌29日，刑事訴訟法第197条２項に基づく照会状を持参したが，図書館は憲法第35条および国会職員法の守秘義務条項にしたがい，また自由宣言をふまえて，利用者の秘密保持のため協力できない旨伝えた。そのため警視庁は４月６日，東京地裁発行の令状を受けて上記の利用記録を押収した。被疑者不詳のままの令状に記載された差し押さえるべき物は，上記のような１年２か月間に及ぶ利用記録であった。さらに警視庁は５月26日，今度は被疑者１名を特定した令状を持参し，1993年12月２日の資料請求票５枚，資料複写申込書２枚を押収した。

　その後６月22日に，４月６日に押収された利用記録のうち，利用申込書３枚，資料複写申込書７枚を除き，すべて図書館に返還された。

　無差別ともいえる差し押さえに対して，各新聞の報道でも問題が指摘され，敗戦50年問題連絡会は５月15日，国立国会図書館に対し，謝罪と全データの警視庁からの返還を求める公開質問状を出し，出版流通対策協議会は６月５日，

抗議と申し入れをおこなった。日図協も事情の調査をおこない，図書館問題研究会は同年の第42回全国大会において抗議のアピールを採択した。

その後，各方面からの批判にこたえて国立国会図書館では内規を改正し，利用記録文書の保存期間の短縮をはかった。文書の完結した日から物品管理法の定める物品検査の終了日（四半期ごとに実施）までとした。

その結果，それまで保存期間が1年であった「国立国会図書館利用申込書」「資料請求票」「複写資料返却手続票」および保存期間が5年であった「資料複写申込書」の保存期間は，文書の完結した日から数えて最長で3か月となり，検査が終了した文書は速やかに廃棄されることになった。

〈宣言との関連〉

宣言第3に関連する。

〈解説〉

この事件では，令状が示された場合，言われるままに押収を受けることの問題性が指摘された。国立国会図書館館長は，自由宣言の第3－1のただし書きを根拠にして「利用者がどの本を閲覧したのかは個人のプライバシーに属するが，日本図書館協会の決議でも，捜査令状をもっての犯罪捜査は例外とされている。今回，捜索を受けたかどうかについてはノーコメントだが，一般論として，この例外規定にあたり，この利用者のプライバシーの侵害にはあたらないと考えている」と話した。捜査対象に無関係な多数の利用者の情報を捜査当局に提出しながら，宣言の一部の文言だけを切り取ってそれを盾に捜査協力を正当化する事例といえる。

憲法第33条には，「理由となっている犯罪を明示する令状」によらなければならないこと，同第35条1項には「捜索する場所及び押収する物を明示する令状がなければ」ならないことが規定され，刑事訴訟法第219条1項には「被疑者若しくは被告人の氏名，罪名，差し押さえるべき物」等を具体的，限定的に記載すべきことが定められているが，多くはこれを無視して，警察の請求があ

第3　図書館は利用者の秘密を守る。

れば，裁判所は無限定に令状を発行していると見られる。

　このような無差別に近い差し押さえに対しては準抗告（注）の手段もある。それ以前に，館内で館員立ち会いのもとで，必要な利用記録を抽出するという方法をとるべきではなかったか。

　時代を追って見ると，図書館も，当初は口頭による依頼でも簡単に警察の要求に応じていたものが，照会書がないと応じなくなり，捜査令状を要求するようになり，しかし裁判所が警察の要求に簡単に令状を出すことがわかってくると，厳密に目的の物や人を特定した令状を求めなければならないことに気づいてきた。

　この類型は事実においても多発しているが，文化の香りをもつ図書館を絡ませる誘惑に抗しきれないのか，推理小説やテレビドラマにおいて多用されてきた。しかし，たび重なる図書館関係者や利用者の抗議にもかかわらず，いまだに跡を絶たない。表現にたずさわる人たちが読書の秘密に鈍感なのにはおどろくほかない。

〈類例〉

　警察によるこの種の事例は，もっとも多い類型に属するもので，頻発してきたといってよいであろう。

　「事例33選」の事例23（警視庁の係官による都立中央図書館の複写申込書閲覧），事例24（グリコ森永事件・深川幼児誘拐事件に関連する国立国会図書館の利用記録に対する警察の捜査），事例25（岐阜県少女誘拐事件と読書の秘密）にそれらが見られる。

　　注　準抗告
　　刑事訴訟法上の準抗告とは，勾留・保釈・押収などについて裁判官に不服がある者は，簡易裁判所の裁判官がおこなった裁判に対しては管轄地方裁判所に，その他の裁判官がおこなった裁判に対してはその裁判官が所属する裁判所に，その決定の取消または変更を請求（刑事訴訟法第429条1項）する不服申立てや，検察官や司

法警察職員の押収に対する処分の取消または変更を請求に対する不服申立て（刑事訴訟法第430条1，2項）をいう。

〈参考文献〉

・日本図書館協会図書館の自由に関する調査委員会関東地区小委員会「裁判所の令状に基づく図書館利用記録の押収－『地下鉄サリン事件』捜査に関する事例」『図書館雑誌』89巻10号　1995.10　p.808〜810
・図書館問題研究会国立国会図書館班「地下鉄サリン事件と国立国会図書館－利用記録の押収について」『みんなの図書館』220号　1995.8　p.62〜65
・天野恵一「サリン捜査の波紋：『図書館の自由』を自ら手放した国立国会図書館」『週刊金曜日』3巻34号　1995.9.15　p.56〜58
・長岡義幸「オウム捜査と国会図書館事件のその後」『創』25巻11号　1995.11　p.108〜113
・「図書館は自由か（上）：押収／利用記録の提出拒めず」『朝日新聞』1995.11.7
・「図書館は自由か（中）：誤解／守秘の姿勢反映されず」『朝日新聞』1995.11.8
・「図書館は自由か（下）：自制／知る権利との間で悩み」『朝日新聞』1995.11.9
・西河内靖泰「『地下鉄サリン事件関連捜査国会図書館利用者データ押収事件』を考える－『図書館の自由』の観点から」『月刊むすぶ』300号　1995.12　p.30〜35
・「［特集］図書館の自由を考える－地下鉄サリン事件に関する利用記録押収について」『図研論集』8号　国立国会図書館職員組合　1995.12　p.2〜11
・後藤昭「図書館利用者の秘密と犯罪捜査」『現代の図書館』34巻1号　1996.3　p.40〜57

第3　図書館は利用者の秘密を守る。

25　大阪市立・大阪府立図書館のパソコン通信サービスへの不正侵入

〈事実の概要〉

　1997年に，大阪市立図書館と大阪府立図書館のコンピュータシステムが相次いでハッカーにより侵入されたが，両館とも，資料管理システムと利用者情報を含むシステムとを分離しており，個人情報が流出することはなかった。

1　大阪市立図書館

　大阪市立図書館はパソコン通信で一般利用者および登録ユーザ（登録している全国の図書館）が所蔵資料の検索をできるようにしていた。そのパソコン通信に1997年5月と6月の2回にわたり不正アクセスがあり，ハッカーからセキュリティの甘さを揶揄されたが，大阪市立図書館では所蔵資料の検索システムと貸出を管理するシステムは分離しており，データの破壊や情報の流出はなかった。

　1回目の侵入は1997年5月28日から29日にかけてであった。ハッカーは，パソコン通信のサーバに一般利用者が使用するゲスト用のIDでログインした後，パソコン通信ソフトのコマンドを使用して，現在ログインしているユーザIDの一覧を表示させ，その中からパスワードを設定していない管理者用のユーザIDを見つけた。次にそのユーザIDでログインし直し，登録ユーザ（図書館）の一覧を取得した。その一覧にある図書館あてに大阪市立図書館を偽って「パスワードを教えて欲しい」という内容の電子メールを送った。

　その当時，このシステムでは電子メールを運用していなかったので，ほとんどの登録図書館は偽メールが送信されたことに気がつかず被害はなかった。偽メールに返信した登録図書館が1館だけあったが，大阪市立図書館がそのメールを削除したため実害はなかった。

178

6月11日には2回目の侵入があり，ハッカーはパスワードが設定されていないゲスト用のユーザIDでログイン，そのゲスト用ユーザIDにパスワードを設定した。このため，1時間30分にわたりゲスト用のユーザIDによるパソコン通信の利用ができなくなった。

同館では，コンピュータ導入当初より，貸出を管理するシステムと利用者の情報を管理するシステムを分離した上で，利用者の情報は登録する館（中央館・地域館）ごとに管理している。そのため，延滞資料の督促時には利用者IDしかわからず，改めて各館の利用者情報を検索する必要があるなどの不便があるが，システム侵入に対してはこれが強力な防御策となっている。

同館はその後，次のような対策をとってセキュリティをさらに強化した。

①全員のパスワードを変更した。
②管理者用のユーザIDでログインしたもの以外はパソコン通信ソフトのコマンドを使用できないようにした。
③ユーザIDごとに利用者の権限や利用できる機能を制限した。

2 大阪府立図書館

大阪府立図書館では，府が運営するワープロ・パソコン通信による行政情報提供ネットワークサービスO-NET24の取次（ゲートウェイ）サービスを利用して，府立図書館の蔵書検索サービスと，市町村立図書館からの相互貸借申込み等の協力業務システムOL-NETを提供していた。1997年8月初めから中旬にかけて，O-NET24を経由してOL-NETへ接続した何者かが非公開領域へ不正侵入し，図書館の業務システムの利用者（公立図書館の職員）の利用者識別番号とパスワードが見破られた。O-NET24では他にドーンセンター，中小企業情報センターなどとも同様の取次をおこなっていたが，セキュリティ・チェックは取次先のシステムに任せていた。

見破られた利用者識別番号により，図書館間での図書の相互貸借の申込みと連絡用電子メールが利用できる状態であったが，侵入者はこうした機能は利用しておらず実害はなかった。もし侵入者が図書館になりすまして大量の貸出申

第3　図書館は利用者の秘密を守る。

込みをおこなった場合は業務が混乱する可能性があった。

　府立図書館のシステムでは，貸出記録などの個人情報やシステム運営上の重要なデータを保持する管理業務用のシステムと，協力業務用のシステムは分離されている。管理業務用のシステムには外部から直接接続できず，また協力業務用のシステムには個人情報や重要な情報を保持しないようにして，不正侵入を防御していた。

　パスワードの設定については，協力業務を担当する各図書館の担当者に，最低月1回は変更するよう指導していたが，たまたま簡単なパスワードで見破られた。操作権限の高い利用者識別番号についてはパスワード保護も厳重で，不正侵入者に見破られておらず，システムの混乱はなかった。

　結果的にデータの流出や業務の混乱は起きなかったが，府立図書館ではセキュリティ確保を強化し，一般府民用と業務用は別のセキュリティ管理をおこなうこと，複数システム間でのデータの取次サービスについては，相手方のセキュリティ・チェックの水準を含めて運営方法のルールを定めることとした。

〈宣言との関連〉

　第3の利用者の秘密，とりわけ貸出記録の保護に関連する。

〈解説〉

　パソコン通信からインターネット通信網へと情報流通の形態が変化し始めたころ，図書館間でのメールのやりとりはまだ多くなかったころの事件である。

　大阪市立図書館のシステムでは，所蔵資料の検索システムに侵入したとしても利用者の個人情報にはアクセスできない仕組みであるため，貸出記録が流出するような事態には至らなかった。しかし，偽メールでパスワードを聞き出そうとする手法は，現在でも金融機関のカード暗証番号を送らせる詐欺などに悪用されている。図書館側のセキュリティの問題であるとともに，利用者自身にもパスワードの管理やセキュリティについて理解を深める努力が必要である。

　大阪府立図書館のシステムでも，館内業務管理システムと協力業務管理シス

テムは切り離されているため，相互貸借業務が混乱する可能性はあったものの，貸出記録や個人情報が流出するおそれはなかった。

　上記の両館は図書館のシステムが独立しているが，図書館によっては自治体の情報処理システムや財務会計システムに組みこまれたり，大学図書館では全学の情報処理システムに組みこまれたりして，独立性の点で問題があるシステムもある。その場合，本事例のような侵入の試みがあれば，利用者情報や貸出記録にまで侵入者が到達する可能性が皆無とはいえないのではないかと危惧される。

　この事件前後からパソコンが急速に普及，インターネット通信網の整備も進み，容易にインターネット接続が可能となった。現在ではほとんどの図書館システムがインターネット上で所蔵情報を検索するサービスを提供するようになっている。そのため，大阪市立図書館での2回目の事例のように，検索サービスを受けるためにゲスト用のパスワードが盗まれるという事件はなくなっている。

　それに加えて，インターネット上で図書館の相互貸借の申込みや個人の利用者の予約を受け付けるサービスが急速に広がっている。総務省調査（「電子自治体推進のための住民アンケートと改善のポイント」総務省　2007年5月23日公表（http://www.soumu.go.jp/s-news/2007/070523_2.html））でも行政関係のオンライン手続きの中で「図書館の図書貸出予約」の高利用が明らかになっている。

　多くのシステムで，登録者にパスワードを与え，登録者本人がパスワードを管理して運用する。登録者本人が資料の予約のほかに，現在の貸出中資料や予約資料の照会ができる。これらのデータのやりとりには何らかの暗号化通信を採用すべきであるし，またそのことを明示すべきであろう。

　大阪府立図書館の場合のような複数システム間でのデータのやりとりの抱える問題は，インターネット時代になってよりいっそう見えにくくなっており，制御しにくいものになっているといえよう。

第3　図書館は利用者の秘密を守る。

〈類例〉

　情報通信環境の急速な変化により，図書館のサービスシステムがネットワーク化し，他機関や個人の家庭などからもアクセスできるようになった過程で発生した事例であり，これ以前に類例はない。

〈参考文献〉

- ・「大阪市立図書館ハッカー事件について」『図書館の自由』18号　1997.9　p.3
- ・「大阪市立図書館ハッカー事件」『図書館の自由』19号　1997.10　p.1～3
- ・情報処理振興事業協会　97年8月不正アクセス被害届出一覧表
  http://www.ipa.go.jp/security/fy10/contents/crack/promote/press/month/9708hyo.html
  （2008年6月22日確認）
- ・行政機関の保有する電子計算機処理に係る個人情報の保護に関する法律　昭和63年法律第95号
- ・行政機関の保有する個人情報の保護に関する法律　平成15年5月30日法律第58号　平成17年4月1日施行
- ・「貸出業務へのコンピュータ導入に伴う個人情報の保護に関する基準（日本図書館協会1984年5月25日採択）」『「図書館の自由に関する宣言1979年改訂」解説　第2版』日本図書館協会　2004.3　p.48～49
- ・図書館の自由に関する調査委員会「『貸出業務へのコンピュータ導入に伴う個人情報の保護に関する基準』についての委員会見解」『「図書館の自由に関する宣言1979年改訂」解説　第2版』日本図書館協会　2004.3　p.50～51

新聞記事：―
- ・「大阪市ネット不正侵入／『心臓部』アクセスに失敗／市政情報改ざんの危険も」『毎日新聞』大阪版　1997.6.21夕刊
- ・「ネット侵入者／ガードの甘さ　あざ笑う／あわてて改善，大阪市」『毎日新聞』1997.6.21
- ・「説教強盗ならぬ『説教ハッカー』／事実『隠さず公表せよ』防止用文献『よく読め』／大阪市ネット不正侵入」『毎日新聞』1997.6.22　ほか各紙
- ・「大阪府ネットにも不正侵入／クラッカーID盗む／図書館業務，混乱の恐れ」『毎日新聞』1997.9.29夕刊

第3　図書館は利用者の秘密を守る。

26　住基カードと図書館

〈事実の概要〉

　電子政府の基本的要素の一つとして稼働した住民基本台帳ネットワークシステム（住基ネット）は，それ自体は図書館と直接的には無関係なものであるが，システムの第二次サービスである住民基本台帳カード（住基カード）を図書館の利用者証を兼ねることとした自治体は少なからず存在する。しかし，ICカードに装備されたICチップ空き領域に図書館の利用に関する情報を書きこむことは，利用者の秘密が館外に漏れることにつながるおそれがある。

1　住民基本台帳ネットワークの経緯と概要

　1999年8月の住民基本台帳法の改正によって，住民票の記載事項に「住民票コード」が追加され，これをもとに地方公共団体共通のシステムとして住民基本台帳に関する事務処理のネットワーク化がはじまった。

　2002年8月，基本となるネットワークが稼働し，住民票の写しがどこの自治体でもとれる，転入転出届が効率化される，などのサービスが開始され，一年後の2003年8月には住基カードの発行がはじまり，住基ネットは本格稼働へ移行した。

　2004年1月からは住基カードによる公的個人認証サービスが開始され，1994年にはじまるネットワーク構築計画も一段落したことになる。しかし国民からは当初より，(1)国家により住民票コードを付与されること（いわゆる国民総背番号制）への反発，(2)住基ネット業務に携わる者による個人情報の不正利用や漏洩，(3)ネットワークに対するハッキング（不正侵入・操作）による個人情報の不正利用や漏洩，などに関する意見や指摘が出ていた。特に住基ネットがプライバシー侵害を引き起こす危険性をもっていることから，憲法第13条（個人

第3　図書館は利用者の秘密を守る。

の尊重と公共の福祉）に違反している，という議論については司法判断も揺れている。自治体の中にさえも住基ネットに対する疑問や不審の念をもっているところがあり，2004年時点でもなお住基ネットに接続しない自治体（東京都杉並区・国立市，福島県矢祭町など）が存在する。

　また，2005年の個人情報保護関連5法完全施行の影響を受けて，個人情報やプライバシーに対する関心や取り扱いをめぐる国民の不満が高まり，ダイレクトメール発送や戸別訪問など営業を目的とした住民基本台帳の利用を制限する東京都荒川区や宮城県仙台市などのような自治体も登場し，住民基本台帳法の再改正が検討されている。

2　住基カードの概要と図書館

　住基カードは国による一斉発行ではなく，希望する住民に対し自治体が発行するという形態をとっており，所有者の写真を入れるかどうかについては申請者が選択できる。写真のある住基カード（Bバージョン，写真のほか氏名・住所・生年月日・性別の記載がある）は公的な身分証明書として使うことができるようになっている。

　住基カードはICチップが搭載されているICカードであり，ICチップ内のメモリ空き領域にはさまざまな情報を記入することができる。ICチップの活用用途については所管部署である総務省にも明確な指示があるわけではなく，行政の合理化を目的として，証明書の交付や公共施設の予約などいくつかの公的な機関における住民基本情報の利用を1枚のカードで満たせるよう，それぞれの自治体が利用目的を条例で規定することを推進している。

　図書館にかかわる問題はここから浮上する。住基ネットのサイト（注1）内に設けられた住基カードの説明には，考えられるサービスの一つとして「図書館の利用，図書の貸出し等を行うサービス」があげられている。

　その中では具体的な活用方法についての指示・指針など記されてはいないが，ICカードの用途の一つとしてあげられているのだから，ICチップを利用したサービスを想定したものであることは疑いない。このことは，他にあげられてい

るサービスの項目からも類推することができる。

　前項で国民のみならず自治体内にも疑問や不審の念があると述べたが，前述の住基カードのサイトにある「住民基本台帳カード（住基カード）の交付状況等について」によれば，2005年度末での住基カード交付枚数は全国で約91万枚，人口比で0.72％というきわめて低い数字が報告されている。一方で，富山県南砺市，北海道長沼町，宮崎県宮崎市では交付率が高いという報告もされており，住基カードの多目的利用をおこなっている自治体にその傾向が強いことを示している。この「多目的利用」の内容としては証明書自動交付機（76団体），印鑑登録証（44団体），図書館サービス（26団体），申請書自動作成（18団体），公共施設予約（15団体），地域通貨・商店街ポイントサービス（12団体）などが例としてあげられている（数字はいずれも2005年度末）。ここで「図書館サービス」の具体的内容は示されていない。

3　図書館での対応

　自治体の方針として「住基カードを図書館の利用カードとして用いることができる」場合であっても，全国の図書館が同一の対応をとっているわけではない。

　総務省の「住民基本台帳カードの利活用手法等に関する検討会の報告書」（2006年3月）(注2)を受けて，日図協自由委員会は，報告書で公表された22市区町村を対象にアンケート調査をおこなった。うち20自治体から回答が得られたが，その結果は次のとおりであった。

(1)　住基カードに図書館利用者IDバーコード貼付……3市区
(2)　住基カードの空き領域に図書館利用者IDを書きこみ……11市3町
(3)　住基カードの空き領域に図書館利用者IDを書きこみ，他の市町村でも共通に利用……1市
(4)　住基カードに磁気ストライプ……なし
(5)　検討中……1市
(6)　不使用……1市

第3　図書館は利用者の秘密を守る。

　くわしくは後述するが，住基カードの空き領域を使用することの危険性については以前より指摘があった。そのため住基カード（に限らず図書館外の他機関と共同で使用されるカード）を図書館利用者証と兼ねる場合は，そのカードがもつ磁気ストライプやICチップを図書館利用者情報と連動させず，図書館で独自にバーコード等を印字するか，印字したシール等をカードに添付するといった対応をとるのが望ましいという提言がなされていたが，自治体の了解を得ることや他機関との調整などの困難さから，そういった活用例が少ないという結果が出たのであろう。

　ただし，上記の調査結果によれば，住基カードに含まれるのは利用者登録の事実，すなわち貸出券としての役割だけであり，ICチップに図書館利用の履歴が含まれるということは，この時点では発生していない。

〈宣言との関連〉

　第3に関連する。

　仮に図書館利用の履歴がICチップ内に記録されると，他の機関などで図書館の利用に関する諸記録が読み出されるおそれがある。

〈解説〉

　ICチップのメモリ空き領域部分は，情報を書き換える過程で，そのメモリ内にどういう情報が含まれているか，読み取ることができる^(注3)。

　つまり，ここに図書館の利用に関する履歴（貸出・返却の記録や施設利用に関する記録，その他読書の秘密にかかわる事柄）を記録するということは，ICチップを活用する他の施設・組織にもこれらの情報が流れるおそれが生じるということである。

　前述した住基ネットのサイト内であげられているサービス案の中には，「病院の診察券等として利用するサービス」や「商店街での利用に応じポイント情報を保存し，これを活用するサービス」のように，自治体内の公的機関だけでなく，自治体と連携した民間の事業者による活用についての提案もなされてい

る。具体的に提供するサービスは自治体によって異なるとはいえ，情報がもし流出することになればその範囲は計り知れない。

　また，犯罪捜査の過程において図書館の利用記録・利用事実が証拠として取り扱われるような場合がある。宣言第3－1に，憲法第35条に基づく令状の提示される場合を除いて，これら利用に関する秘密を漏らさないことをうたっているが，図書館員が秘密保持を堅持したとしても，住基カードのICチップ内に図書館の利用記録が蓄積されていれば，そこから記録を読み出されるおそれがある。

　1984年5月，日図協は総会において，「貸出業務へのコンピュータ導入に伴う個人情報の保護に関する基準」を採択している。その中ですでに次のような基準が提言されている。

1　貸出しに関する記録は，資料を管理するためのものであり，利用者を管理するためのものではないことを前提にし，個人情報が外部に漏れることのないコンピュータ・システムを構成しなければならない。

3　貸出記録のファイルと登録者のファイルの連結は，資料管理上必要な場合のみとする。

5　登録者の番号は，図書館で独自に与えるべきである。住民基本台帳等の番号を利用することはしない。

　この基準に照らし合わせると，住基カードを「単なるカード」として活用するよう工夫した前述の調査の事例（(1)と回答した3市区）は冷静かつ適切な対応であったといえる。

　しかし，住基カードの活用方法全体について自治体ごとに定まっていない中で，図書館における住基カードを用いた貸出方法が，すべてICチップと関連づけずにおこなわれるということは残念ながら考えにくい。

187

第3　図書館は利用者の秘密を守る。

〈類例〉

　学校図書館，大学図書館，企業の図書室など組織の構成員を利用対象とする図書館は，その利用者証を身分証明書（学生証・教職員証や社員証など）と統合している事例が少なくない。

　これらの身分証には単なる紙，プラスチック（塩化ビニル等）製カード，磁気ストライプつきのカード，ICカードなど，さまざまな種類が存在する。

　住基カードにおける議論と同様の理由から，磁気テープやICによる記録が可能なカードにおいて，これらの領域は利用者IDの照合のみに限定し，入退館履歴や貸出に関する履歴などは学内・社内のネットワークから独立したシステムを構築すべきである。

　これらの利用者IDについても学籍番号や社員番号などと異なった図書館独自の体系であるべきだが，学生生徒の管理もコンピュータによるシステム化が進められている現在，情報共有の過程で学籍番号を利用者IDに転用することは珍しくなくなっている。

注1　住民基本台帳ネットワークシステム（総務省）に関するサイト
　　http://www.soumu.go.jp/c-gyousei/daityo/index.html
注2　住民基本台帳カードの利活用手法等に関する検討会報告書（総務省）
　　http://www.soumu.go.jp/menu_03/shingi_kenkyu/kenkyu/daityo_card_rikAtu
注3　ちなみに，2002年9月の総務省の説明によれば，ICカードのメモリ容量は32KB程度（1万6千字）であり，そのうち住基ネットに8KB（4千字）を使用した残りの空き部分は24KB程度（1万2千字）であるという。
　　なお，当初データキャリー方式では，住所・氏名などを格納するため8KBを想定していたが，最終的に住民票コードだけを格納することになったため，実際は住基ネットサービス利用エリアは3KBぐらいになり，他のサービスエリアが拡大する結果になったという（総務省自治行政局市町村課高原剛企画官の説明）。

〈参考文献〉

・西河内靖泰，三村敦美「住民基本台帳（住基）カードはただの板」『みんなの図書

館』321号　2004.1　p.67～77
・「住基カードの図書館における利活用について調査」『JLAメールマガジン』304号 2006.5.24
・「貸出業務へのコンピュータ導入に伴う個人情報の保護に関する基準（日本図書館協会1984年5月25日採択）」『「図書館の自由に関する宣言1979年改訂」解説　第2版』日本図書館協会　2004.3　p.48～49

第3　図書館は利用者の秘密を守る。

27　三重県立図書館の利用者情報流出

〈事実の概要〉

　2004年10月，三重県立図書館の新システム開発業務を請け負っていたNT社の社員宅に空き巣が入った。このとき盗難の被害にあったものの中にノートパソコンがあり，このパソコンに同図書館の全利用者約13万人分のデータが入っていたことがわかった。

1　業者との契約関係について

　三重県立図書館は新しいシステムの開発をN社に委託していたが，このシステム開発を実際におこなっていたのはNS社である。契約では第三者への委託について制限を加えており，再委託が必要な場合は発注者の承認が必要である。このケースでは発注者である図書館の承認を受けてNS社が作業をおこなっていた。また，契約では「秘密の保持・個人情報取扱特記事項」を定めており，仕様書において個人情報の館外持ち出しを禁止している。一方，日常的な保守については保守業務委託契約によりNS社が専用回線による遠隔操作で保守をおこなっている。この場合，IDとパスワードを委託業者の担当者1名に交付し管理をしている。また，保守業務により知り得た情報は，契約により守秘義務を課している。

　新システム開発にあたり，テストデータが必要になったNS社システムエンジニア（以下SE）が，NT社にデータのダウンロードを依頼した。これを受けて，NT社のSEが専用回線による遠隔操作でデータをダウンロードした。このデータをNS社へ移送するにあたって，NT社のSEはNS社のSEあて，電子メールの添付ファイルとして送信した。NS社のSEはこれをノートパソコンに保存し，このノートパソコンを使って自宅でも作業をおこなっていた。双方のSEは互い

に，相手方が図書館から許可を得ているものと思いこんでいた。

　なお，このノートパソコンに入っていたデータは，利用者情報として，利用者カード番号，姓名，生年月日，性別，住所，電話番号である。また，別のファイルとして貸出記録があるが，これは資料番号のみであり，利用者名，住所とはリンクしていないものである。

2　図書館の対応について

　マスコミの報道と同時に図書館のサイトには，10月17日付で次のようなお詫びの文書が，館長名で掲載された。なお，業者名は実名を伏せN社とした。

　　当図書館の業務システムの開発を委託しているN株式会社の関連会社社員が，無断で当館利用の皆さま約13万3千人分のデータを自らが使用するパソコンに保存し，自宅で作業を行っていたところ，外出時に，そのパソコンが盗難にあいました。

　　パソコンには，パスワード等のセキュリティーは施されていますが，利用者カード番号，姓名，生年月日，性別コード，住所等の個人情報が含まれています。

　　県立図書館をご利用の皆さまに大変なご心配，ご迷惑をおかけしておりますことを心からお詫びいたします。

　また，翌日には，次の文書が加えられた。

　　　　　　県立図書館個人情報の流出に関する追加のお知らせ
　　県立図書館ご利用の皆さまへ
　　今回流出しましたデータの中には，現在ご利用いただいている本について，書名ではなく，本の登録番号が含まれておりますが，このデータからは利用者お一人おひとりがどのような本を借りていただいているかということがわかるものではありません。

第3　図書館は利用者の秘密を守る。

なお，平成16年9月20日以前に，ご返却いただいた本につきましては，貸出記録そのものが消去されております。

3　業者の対応について

もう一方の当事者であるN社のサイトには，同じ日付で次のようなお詫びの文書が掲載された。

このたび，三重県立図書館様ご利用者の個人情報を，弊社関係会社社員が図書館側の許可を得ずに入手し，その情報の入ったパソコンが盗難に遭いました。

このパソコンには，利用者カード番号，姓名，生年月日，性別コード，住所等の個人情報が含まれています。

この他，貸出し中の本の登録番号が含まれていますが，このデータからは特定の個人が借りた書名はわかりません。

尚，すでに返却された本の記録については，データそのものが消去されています。

本件につきまして，三重県立図書館様をご利用の皆様，ならびに三重県立図書館様をはじめとした関係者の皆様に多大なるご迷惑をおかけし，深くお詫び申し上げます。

今後，二度と同様の事故を起こさぬように一層の管理強化を図ってまいります。

〈宣言との関連〉

第3－1・2・3に関連する。

宣言「第3　図書館は利用者の秘密を守る」という点では，これまで図書館および図書館員による利用者情報漏洩が扱われる場合が多かった。本事例は，委託先からの盗難による漏洩という前例のないものである。

〈解説〉
1 業者との契約関係について

　2005年4月の個人情報保護法完全施行以後，自治体の個人情報保護条例も大幅に改訂された。また，契約に関する規定も改訂されている場合が多い。その中では再委託の禁止や個人情報の扱いについての注意事項が盛りこまれている。三重県の場合はすでにこの事件当時には同様の規定があった。しかし，実際には連絡の不徹底により，結果として無許可で持ち出されることになってしまった。

　委託先からの情報漏洩については委託元に責任がかかるというのが，個人情報保護法の考え方である。この点からは図書館に責任がかかってくるといえる。

2 図書館および業者について

　図書館ではすぐに業者同席の上で記者会見を開いて謝罪している。また，図書館のサイトにはお詫びの文書が直後から掲載されていた。業者も同様である。NS社が取得しているプライバシーマークの信頼が揺らいだことは否めないが，しかしこの点はあまり指摘されていない。

3 利用者の対応について

　1999年5月に京都府宇治市で起きた住民基本台帳のデータ漏洩事件では，住民が宇治市を相手に訴訟を起こし勝訴している。つまり，住民は自らの個人情報漏洩に対して自治体に損害賠償を請求する権利を有していると考えられる。しかし今回の事件では，図書館の利用者が訴訟を起こしたという報に接していない。利用者が図書館に対して無関心なのか，あるいは，これだけの事件が起こってもなお図書館を信頼し，許容していると考えるべきなのか。いずれにしても図書館の自由の観点からは看過できない状況であろう。図書館の自由の考え方を一層利用者にPRし，関心を高める必要があるのであろう。

第3　図書館は利用者の秘密を守る。

〈類例〉

　図書館の利用者情報が委託先から盗まれるという事例は，過去に見当たらない。図書館職員のメール送信操作ミスにより，利用者のメールアドレスが流出する事例，予約システムの設定ミスにより予約情報が漏洩した事例がある。

〈参考文献〉

・「13万人の情報入りPC盗難／三重県立図書館の全利用者」『伊勢新聞』2004.10.17
・「三重県立図書館における利用者情報の流出について」『図書館の自由』46号　2004.11　p.2
・山家篤夫「アドレス流出，スキルのレベルの問題か（こらむ図書館の自由）」『図書館雑誌』98巻11号　2004.11　p.823
・田中敦司「図書館利用者情報流出問題とその後－2つの事件をめぐって」『みんなの図書館』333号　2005.1　p.2〜10
・甘利康文，遠藤孝行「図書館は被害者か？－外部委託における委託元の責任」『みんなの図書館』333号　2005.1　p.11〜16
・藤倉恵一『図書館のための個人情報保護ガイドブック』日本図書館協会　2006.3　p.48〜49，74〜75

図書館の自由に関する宣言

第4 図書館はすべての検閲に反対する。

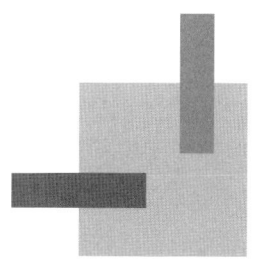

第4　図書館はすべての検閲に反対する。

28　諫早市立図書館における絵本作家座談会中止問題

〈事実の概要〉
　長崎県の諫早市立図書館西諫早分館での絵本作家原画展および作家を囲んでの座談会が，作家の著述活動が自治体の行政方針に反するとして，中止に至った事例である。

1　背景
　諫早湾は有明海に面し，日本最大級の干潟と豊かな生態系をもつ海である。1989年に防災と農地干拓を目的とした国営諫早湾干拓事業が起工され，賛否の論議が続く中，1997年4月14日には諫早湾奥部を閉め切る潮受け堤防の防水門閉門がおこなわれた。座談会と原画展の企画された1997年夏は閉門から数か月が経過し，湾内は乾燥して多くの干潟生物の死滅した姿が報道されており，事業の継続について地元住民・漁業関係者のみならず国内外の社会的関心を集めている時期であった。

2　経過
　1997年7月下旬，横浜市在住の絵本作家長野ヒデ子に諫早市立図書館から原画展および講演の依頼があり，長野は了承した。長野の誘いにより児童文学者丘修三も加わることになり，以下の企画が決まった。
　①9月18日，諫早市立図書館西諫早分館（公民館併設）にて「絵本とわたし」をテーマとする座談会と原画展示をおこなう。
　②諫早湾干拓の話はせず，絵本作家・児童作家としての率直な話という内容でおこなう。
　なお②は，図書館側の条件を両人が了承したもので，近日中に諫早の干潟を

題材にした絵本が出版されることになっていたため，その話題が出ることで無用な混乱が起きることに図書館および両人が配慮したものであった。

8月4日，長野・丘の合作絵本『海をかえして！』（童心社　1997.8）が出版された。諫早湾のシオマネキやムツゴロウなどの生き物たちの生活や干潟の風景が，潮受け堤防閉鎖により一変する様子が描かれている。巻末には，干潟の豊かな生態系が干拓事業によって痛められることを危惧する「地球はみんなの星」と題した文章とともに，「この絵本の売上げの一部は，諫早湾の干潟を守る運動のために使います」という一文が含まれていた。

8月22日〜29日には長崎地域で新聞各紙にこの絵本の紹介記事が掲載された。

たまたまその記事を読んだ諫早市教育長が，決裁中の座談会企画案の講師であることに気づき，異議をとなえ，図書館に企画案を見直すよう求めた。図書館側は「あくまでこの企画は，絵本作家と児童文学者の絵本創作に関わる話を参加者と率直にやりとりしてもらうことを目的としており，政治的な問題を扱うつもりは講師を引き受けていただいた両氏にもない」と説明した。しかし教育長は，「諫早湾干拓事業に否定的な立場を明らかにした絵本の出版直後に，地元マスコミも大々的に取り上げた作家を市教育委員会主催事業の講師とすることは，干拓事業をめぐってさらに市民を刺激することになってしまう。図書館側に他意はないにせよ，干拓事業を推進してきた市の立場が問われかねない」として見直しを求めた。

9月1日，教育委員会は図書館側とも協議の上中止を決定し，長野・丘の両人にその旨の連絡をした。

9月3〜4日に，新聞各紙が座談会の中止を報道。その影響で長崎県下の他の図書館や絵本専門店での企画も中止となった。教育長は「座談会の教育的な面も考慮したが，諫早湾干拓事業を推進する立場の組織である市教委が二人の座談会を開くのは適当でないと判断，中止を決めた。二人には大変迷惑をかけた」と新聞報道でコメントしている。

10月2日，長野と丘は「当事者として納得がいかない点がある」として教育委員会あてに以下のような内容の質問書を送付した。

第4　図書館はすべての検閲に反対する。

1. 図書館を管轄する教育委員会は行政から独立した機関であるべき。行政の上からの圧力によって計画が中止されたことは遺憾。
2. 図書館は市行政の末端機関ではない。独自の判断と主張で市民に対しさまざまな情報を公開する組織であるべき。今回の企画は原画展・座談会ともに『海をかえして！』以外の作品をとりあげるという条件を了承の上での企画であったにもかかわらず，絵本が出た途端に中止というのは，思想信条の自由を侵す行為ではないか。
3. 準備に要した実費の補償を要求。またこうした中止の仕方は市民に疑惑を与えるだけなので，早急に原画展・座談会を開けるようにしてほしい。

これに対し10月8日付け諫早市教育長名で次のような文書回答があった。

1. 教育委員会として主催事業を中止したのは絵本の内容（絵と文）によってではなく，後書きに「この絵本の売り上げの一部を諫早湾の干潟を守る運動のために使います」と明記されていることを知り，これは諫早市の方針とは異なる立場であると理解したから。

   教育委員会が独立機関であるのはその通りだが，教育行政の執行については市全体としての調和ある運営をすることが大切。市の一つの執行機関である教育委員会の事業も，市が推進する事業も，同じ市民が対象であり，矛盾があってはならない。

2. 諫早市の行政機構として図書館等は教育委員会生涯学習課が所管しており，市立図書館として諫早市立図書館に館長・副館長，西諫早分館に分館長を置いている。

   今回の原画展・座談会は西諫早分館が市教育委員会の主催事業として企画。中止は図書館職員をはじめ教育委員会関係者が集まり慎重に検討して決めた。その間外部の圧力を受けたことはない。

   なお図書館資料の収集については，いろいろな意見のある問題については，それぞれの観点に立つ資料を収集するように努めており，選書の

決定は館長が行う。
3．費用については補償する予定だった。配慮が足りなかった。

　10月12日に教育委員会関係者が長野宅に謝罪をかねて訪問している。両人は「勝った負けたの争いではなく，信頼を基にした関係の修復を希望」していたが，諫早市での座談会・原画展の開催は実現していない。
　なお長崎県下での企画中止報道後，埼玉県蕨市立図書館，佐賀市立図書館からは開催の依頼があった。また一度キャンセル申込みがあった香焼町立図書館では「住民の要望が多いのでやります。何かいわれたらファンが多いのでと言いきります」と再度実施を決定している。
　1998年2月の『日本児童文学』に長野と丘により経緯が報告された。児童文学者の古田足日は「表現の自由，思想の自由，図書館の自由への侵害」という一文を寄せている。

〈宣言との関係〉

　検閲と同様の結果をもたらす個人・組織からの圧力や干渉，それに抗しきれずに図書館が自己規制をおこなった事例であり，第4－2，4－3，また図書館の企画する集会や行事への圧力・干渉として第2－4に関係する。

〈解説〉

　本事例は，教育委員会が，講演予定の作家の著述活動が行政当局の推進する施策に反すると判断し，図書館で予定されていた主催事業をキャンセルしたものである。その過程で教育委員会は，図書館側と作家による，諫早湾干拓問題には一切触れないという配慮を無視し，主導的な判断を示した。絵本作家・児童文学者と市民との絵本にかかわる話し合いのはずの事業が，マスコミ報道を気にする教育長によって政治問題化され，中止に追い込まれた。図書館側の配慮の申し入れを受け，無用な誤解と混乱を避けようとした長野・丘両人の好意を踏みにじり，社会的に市そのものの信用を低下させる結果になってしまった

第4　図書館はすべての検閲に反対する。

事例である。

　自由宣言に書かれた「多様な，対立する意見のある問題については，それぞれの観点に立つ資料を幅広く収集する」「著者の思想的，宗教的，党派的立場にとらわれて，その著作を排除することはしない」「図書館の収集した資料がどのような思想や主張をもっていようとも，それを図書館および図書館員が指示することを意味するものではない」（第 1 − 2 ）という文言は，「知る自由」を保障する上で積極的意味をもつ。これらの資料収集についての原則は，集会や展示会についても合致する。宣言では，「図書館の企画する集会や行事等が，個人・組織・団体からの圧力や干渉によってゆがめられてはならない」（第 2 − 4 ）とも記している。まさに真正面から宣言に反することがおこなわれたわけである。

　長野と丘への教育長の回答は「市の方針に反するものは認めない」というメッセージと受け取らざるを得ない。回答では図書館資料の収集については図書館の独立性を認めるように述べているが，集会・行事について「市の方針」への追従を必要とすると判断する立場には，図書館のもつ「知る自由の保障」という責任への視点はない。やがて資料収集についても同様に圧力・干渉を許す構造にならざるを得ないだろう。

　一方，問題はそれ以前にもある。こんな批判もあった。

　座談会の中身がまったく諫早干拓に関係のないものであったとしても，この時期の開催は当然その問題とのかかわりを問われることは予測できる。それを回避しようとした図書館側も長野・丘も，作家の著述活動の社会的政治的影響力を軽く見ていたといえる。市民の間で議論が分かれている問題を扱った作品を直前に出版したのなら，座談会・原画展はその問題を真っ向から扱うべきではなかったのかという批判である。

　問題になることをそれぞれの立場で回避しようとしたことが，別の問題を生んでしまった。経過としては，座談会を企画した図書館も講師を引き受けた作家も問題はなく，いわば一方的に文句をつけて中止させた市教委に対社会的責任があることはいうまでもない。結果として，市教委が作家の自由な言論表現

活動を否定したと受け取られることになったのである。

この間，自由委員会委員に相談・調査要請があり，委員会としての見解を求められ，1998年2月に自由委員会委員長名で教育長あてに，図書館の自由への理解を求める文書を送付した。

〈類例〉

1979年，絵本作家田島征三が東京のある公立図書館で講演をおこなった際，途中から予定と異なる人権支援の話題とチャリティーでの物品販売に及んだため，館長が講演をいったん中止させた事例がある。

〈参考文献〉

・丘修三，長野ヒデ子「諫早市における原画展・座談会中止問題について」『日本児童文学』44巻1号　1998.2　p.107〜110
・「諫早市立図書館座談会中止事例」『図書館の自由』第20号　1998.5　p.1〜2
・「第9分科会（図書館の自由）図書館の自由－資料提供とプライバシー保護」『平成9年度（第83回）全国図書館大会記録』p.211, 215

新聞記事：―
・「『にんげんにとっても，だいじなひがた…』／諫早湾で水を待つ生物のせつなさ描く／ゆかりの作家と画家　絵本『海をかえして！』出版」『毎日新聞（長崎版）』1997.8.22
・「干潟の生物と共生願い／諫早湾干拓テーマに絵本出版」『長崎新聞』1997.8.29
・「『干拓』疑問視お断り／諫早市，座談会を中止」『西日本新聞』1997.9.3
・「諫干見直し作家お断り／諫早市，座談会中止に」『長崎新聞』1997.9.4

類例に関するもの：―
・図書館の自由に関する調査委員会関東地区小委員会「講演会中止事件」『図書館の自由』第1号　1981.1　p.2〜4

第4　図書館はすべての検閲に反対する。

29　図書館所蔵のヘアヌード掲載週刊誌排除要求

〈事実の概要〉

　一部の週刊誌が女性のヌード写真を掲載するのは以前からのことであったが，1990年代に入り，篠山紀信撮影の写真集『Water fruit：篠山紀信＋樋口可南子』（朝日出版社　1991.2），『Santa Fe：宮沢りえ』（朝日出版社　1991.11）が出版されるに及んで，週刊誌は「ヘアヌード」を定番記事として袋綴じの形で掲載するようになった。そのような資料の取り扱いにかかわって，問題が図書館にも及んでくることになり，ヘアヌードなどを掲載した週刊誌など特定の図書館資料を，「わいせつ」で「有害」であるという理由で，蔵書から排除するよう要求する発言が，地方議会などで出され圧力がかけられたものである。

1　マスコミ倫理研究会のヘアヌード掲載週刊誌の排除要請

　1986年に宗教団体として発足した「幸福の科学」は，1991年1月にパンフレット『STOP the ヘア・ヌード－私たちは，「ヘア・ヌード」に反対します』を作成するなどして，全国的にキャンペーンを展開した。

　特に1991年3月に「幸福の科学」が宗教法人となったとき，写真週刊誌『フライデー』が，教祖や教団について記事にしたために，9月に会員が発行元の講談社に対する抗議デモを全国でおこない，名誉毀損などの民事訴訟を起こして司法の場でも抗争を続けた。

　1994年11月には，週刊誌に頻繁にヌード写真等が掲載されることに対して「マスコミ倫理研究会」（代表　小川空城）を発足させ，東京・大阪でデモ行進をおこなったりして反対運動を展開，鳥取市・東京都世田谷区・港区・神奈川県など，全国で少なくとも10以上の自治体の首長・議会議長に「ヘアヌード掲載週刊誌を公共図書館や公共施設に置かないように」という内容の陳情書を提

出している。そのねらいは,「幸福の科学」批判を掲載した『週刊現代』であり,講談社であると見られる。

2 宇都宮市立図書館に閲覧中止要求

　宇都宮市では,福田富一市長（在職1999～2004年）が,地域コミュニティ新聞『マロニエリビング』（1999年11月20日）の読者代表インタビューの中で,「アメリカではビニ本扱いになっている日本のヘアヌード雑誌『週刊現代』などがなぜ公立図書館に置いてあるのか大変疑問である」という読者の問いに対して,「ご指摘のとおり週刊現代は図書館においてあります。市民からのメールにも同様の意見が何人かからいただきましたが,図書館の使命はどこかということになると思います。子どもの目に触れる場所ではなく,カウンター内に置いて,一般の大人から要望があればお出しするというようにしています。開館以来購入していますし,役所内でも議論しましたが,現段階では今後も購入することになります。(中略)私も市長になってまだ半年,よく利用状況も把握できていません。今後そのような声が大きくなるようであれば検討していきたいと思います」と考え方を示した。

　その後,宇都宮市立図書館へは,市民から館長あてに図書館のヘアヌード雑誌閲覧を中止するようにという要望書が届いた。「子どもが手に取ってみられるところに置かないで欲しい」という趣旨であるが,同内容の書面は,いくつも宇都宮市長へも届いた。

3 東京都北区議会の公明党議員による排除要求

　1999年12月2日,東京都北区議会決算特別委員会で公明党の議員が,同年10月20日の読売新聞夕刊の「都内図書館の袋とじ外して閲覧」という記事を取り上げ,「ヌード写真とか性描写記事が掲載されている週刊誌を収集することが各区でまちまちの対応であり,北区でも所蔵しているが,悪影響があると思う,どのようにとらえるのか」という趣旨の質問をした。それに対し同区立中央図書館長は,「図書館はどんな資料にも勝手に手を加えるべきではない。図書館

第4　図書館はすべての検閲に反対する。

員がこれはいい本, これは悪い本という評価をするべきではない。これは国民の知る自由を保障するという観点から, 日本図書館協会の『図書館の自由に関する宣言』にうたってある。しかし, 指摘された資料もあるので, 提供しなければならない責任と, 提供に伴う責任とがあるので, 慎重に対応していきたい」という趣旨の答弁をおこなった。

4　東京都大田区議会における事例

2000年3月13日, 東京都大田区議会予算特別委員会の総括質疑において, 公明党の議員が, 電車の中吊り広告の過激な表現を問題視した後で, さらに記事の内容が人を中傷するものであることを指摘し, 図書館資料としてふさわしくないと, 『週刊新潮』『文藝春秋』『週刊文春』を名指しで区の図書館から排除するように要求した。

これに対して社会教育部長は,「社会的な規範によって有害であるかどうか慎重に判断する。また『表現の自由』『出版の自由』に照らして判断をしたい」と答弁した。

また, それに続く3月27日の本会議において, 先の予算特別委員会における公明党議員の要求について, 日本共産党の議員が,「発言は, 言論, 出版の自由という民主主義の基本を踏みにじるもの」と反論した。

〈宣言との関連〉

宣言の第1, 第2および第4に関連する。

〈解説〉

1990年代に入ると, それまでの女性ヌード写真が露出度を高め, 1991年には, 冒頭に書いた篠山紀信のヘアヌード写真集が刊行され話題になった。しかし, 当局は刑法第175条のわいせつ文書にあたらないと沈黙したため, ヘアヌード解禁と騒がれ, また同時期に, 映倫管理委員会でもヘアや性器の描写に柔軟な姿勢を見せるようになった。

この状況を『朝日ジャーナル』は1991年6月7日号で、「『ヘア』全論争」として特集記事を組み、この流れを明らかにしている。

　その結果、一部週刊誌ではヌード・グラビアが常態化し、その過激な表現に対し、航空各社では機内に『週刊ポスト』『週刊現代』を置かない、などの批判的対応をした。

　その後、写真はさらにエスカレートし、ヌード写真を袋綴じにして購買意欲をあおる週刊誌が増え、図書館での取り扱いをめぐって議員や図書館外からの排除要請が起きた。

　またこの影響で、社会的に過激な表現を容認しない、子どもたちに有害なものを見せるな、という批判が増加、子どもへの有害図書規制を求めて各県で青少年保護条例の強化への流れを生み出した。

　しかし、さらにその背景には、特定宗教団体を批判的に取り上げた出版社に対する攻撃と見られる節がある。

　本事例の主要な眼目は次の3点である。

① 資料収集の自由（宣言第1）

　図書館資料の収集に対しての市民からの意見の取り上げ方について、船橋市西図書館の最高裁の判決から山本順一は、市民からの意見を受け止めるために図書館側の選書方針の公開、意見を反映させる制度づくりも必要であると導き出している。

　その点に関して宣言は、「図書館は、自らの責任において作成した資料収集方針に基づき収集を行」い、「成文化した収集方針を公開して、広く社会からの批判と協力を得るようにつとめる」と明記している。

　社会的に議論の対象になった資料を、図書館は積極的に収集する必要があり、図書館で所蔵する資料がもつ思想や主張を図書館が支持するものではないことを、市民に明確に伝えていかなければならない。

② 資料提供の自由（宣言第2）

　特定資料の排除を要求する側は、ヘアヌードが、刑法第175条や青少年保護条例に反する資料であると主張したが、宣言は、例外的に提供制限ができる場

第4　図書館はすべての検閲に反対する。

合の一つとして「わいせつ出版物であるとの判決が確定したもの」というように限定している。『朝日ジャーナル誌』上で奥平康弘氏は「憲法21条の表現の自由をめぐる一連の問題のなかで，最高裁が『なぜいけないか』という根拠についての論議をいっさい拒否している特異な分野が175条」と言っている。「わいせつとは何か」は非常にむずかしく，いろいろな考え方のある中で一方の意見による排除はおこなわれるべきではない。それはこれまでに「わいせつ文書」として最高裁判決が確定した『チャタレイ夫人の恋人』等のその後の推移を見てもうなずけるであろう（33選事例20）。

③　すべての検閲に反対（宣言第4）

宣言は，「検閲と同様の結果をもたらすものとして，個人・組織・団体からの圧力や干渉」を位置づけている。マスコミ倫理研究会の場合は特定宗教団体批判を掲載した週刊誌の版元への意趣返しとして，北区や大田区の場合は宗教団体批判を掲載した週刊誌の排除をねらう当該団体からの要請で，まさに宗教団体と表裏の関係にある政党からの圧力である。図書館はそれらに屈することなく，将来のためにも資料を保存する責務を負う。しかし袋綴じ週刊誌の問題以降，資料費の削減もあって『週刊現代』『週刊ポスト』『週刊宝石』を収集する図書館は減っている。

宣言にいうように，「それらの抑圧は，図書館における自己規制を生みやすい」ことも確かである。公共機関あるいは教育機関である図書館に「置くべきでない資料」と一方的にいわれたときには，図書館が，社会的に論議の対象になっている資料を保存し提供することにその存在意義があることを，十分に説明することに努めなければならない。

〈参考文献〉

・「特集『ヘア』全論争」『朝日ジャーナル』33巻24号　1991.6.7　p.11〜19
・「幸福の科学会員訴訟／講談社勝訴」『マスコミ倫理』410号　1993.12.25　p.2
・「カミ合わぬ『ヘア』論争／警視庁『業界倫理期待できぬ』出版社『ドル箱，ぎりぎりまで』／サラリーマン向け週刊誌のグラビアにもヘアは定着」『東京新聞』

1994.12.31
・「公共図書館も悩殺!?／蔵書にヘアヌード集の『是非』」『毎日新聞（名古屋版）』1995.3.4
・JLA図書館の自由に関する調査委員会「ヘアヌード掲載週刊誌を公共施設に置かないようにとの陳情が自治体の長や議会に相次いでいる（こらむ図書館の自由）」『図書館雑誌』89巻5号　1995.5　p.299
・「特集ヘアヌードブームの終焉」『創』27巻1号　1997.1　p.22〜47
・「週刊誌の『袋とじ』外して閲覧／都内図書館／性を商品化／と相次ぐ」『読売新聞』1999.10.20夕刊
・山本順一「週刊誌の袋とじ記事の取扱いについて」『みんなの図書館』274号　2000.2　p.35〜40
・「北区・大田区『袋とじ』をめぐって議会質問」『図書館問題研究会東京支部ニュース』324号　2000.5

第4　図書館はすべての検閲に反対する。

30　東京都における区議会議員の図書館資料選択・収集への介入

〈事実の概要〉

　特定の宗教団体を批判する記事を掲載した週刊誌を，その宗教団体を支持母体とする政党所属の区議会議員が，区議会で該当する週刊誌の排除を要求し，図書館の人事にまで介入しようとした事件である。
　2001年3月23日，東京都中央区議会予算特別委員会の総括質疑において，公明党の議員が次のような発言をした。

①区立図書館の蔵書に，創価学会を批判した本が何冊もある。一部の住民から，偏った蔵書になっているという声があがっている。
②図書の選定は，誰が，どのようにおこなっているのか。図書館の職員構成について，あとで資料がほしい。
③図書館の人事異動は適切におこなわれているのか。適切な人事異動をしていただきたい。

この発言に対して，同区立京橋図書館長は，「特定の思想・信条に偏らないよう配慮している」と答弁した。
　また，日本共産党中央区議会議員団は5月28日，同区教育委員会に対し，「図書館の自由と言論出版の自由を守ることについての申し入れ」をおこなった。申し入れの内容は，次のとおりである。

①議員の発言は「図書館の自由」「言論出版の自由」の立場からみて重大な問題をふくんでいる。
②『図書館の自由に関する宣言1979年改訂』には，「図書館は，基本的人権

のひとつとして，知る自由を持つ国民に，資料と施設を提供することを，もっとも重要な任務とする」とのべている。今回の発言は，「資料収集の自由」に事実上介入するものであり，「資料提供の自由」にも影響をあたえ，さらに「すべての検閲に反対す」との立場を侵すことにつながる。
③不当な介入，干渉，圧力に屈することなく「図書館の自由」を守るべきである。

翌5月29日，公明党東京都本部は役員会を開き，図書館の資料・人事に介入した議員に対して，「不適切な発言だった」として「口頭で厳重注意」をおこなっている。

なお，中央区では，1997年3月7日の区議会予算特別委員会においても，公明党の議員が『週刊現代』『週刊ポスト』『週刊文春』『週刊新潮』の4誌をあげて，暴力的，あるいは人権侵害があるという理由で，区立図書館や区の施設から排斥するように要望していた。

〈宣言との関連〉
　第1－2および第4－2に関連する。

〈解説〉
　前項事例29の大田区の場合は，購入雑誌の一部が露骨な性表現を掲載しているために図書館にふさわしくないとして排除要求をおこなったものであり，中央区の事例は，区議会の議員が区立図書館の蔵書や収集に偏りがあるとして，職員人事にまで言及したものである。
　このような議会での資料収集に対する圧力は過去にも例がある。もちろん，図書館運営に対する質問や意見表明は議会の正当な活動である。しかし，図書館における資料収集・提供活動に関して，一部の資料の制限や排除を要求することや，資料収集にあたる職員の人事に言及するような圧力は，図書館の自由と相容れないものであり，「検閲」にあたるものと言わざるを得ない。

第4　図書館はすべての検閲に反対する。

1　資料収集の自由

「思想，信条の自由」および「表現の自由」は憲法で保障されたものである。しかし一方で，政党や宗教団体への批判，取材対象のプライバシー侵害，人権侵害あるいは名誉毀損等を理由として，図書館資料に対する異議申立てがなされることがある。

この場合，「宣言」に述べられているように，図書館は国民の知る自由を保障する機関であり，多様な観点から資料を収集するとともに，思想・宗教・党派的立場によって資料を排除することはなく，また個人的な関心や好みによって選択するものではないことについて十分に説明しなければならない。

しかし，図書館の収集資料に対する異議申立ては，そのような収集方針が守られていないという指摘として提出されるものであることを考えれば，図書館の説明が十分に理解されることはむずかしい。図書館としては，資料の排除ではなく，意見，観点の多様性を求めて，より幅広い資料の収集に努めることでこたえることが必要であろう。

2　性表現への異議申立て

掲載記事等の性表現の過激さや袋綴じを問題として，一部週刊誌について図書館で提供することが問題となり，マスコミでもしばしば取り上げられた。大田区議会での事例も，一部週刊誌に対する新聞広告の拒否などを，図書館資料として不適切である理由の一つとしてあげ，また，図書館は住民に優良な資料を提供するのが仕事であるとの発言もなされている。それら一連の区議会での，同じ政党からの特定の週刊誌等に対する排除要求は，当該出版社の政党批判に対する反撃という政治的意図をもっておこなわれたものである。

袋綴じの資料など，現場ではたいへん困難な対応を迫られるが，その週刊誌にも他の多くの重要な記事が含まれている。図書館は，あくまで資料提供の役割を堅持すべきであり，それを妨げようとする外部からの圧力に屈してはならない。

3　圧力に対する図書館の対応

　大田区，中央区ともに，議員の発言を受けて，区議会での答弁以外に何らかの対応をおこなったという報告はない。もちろん排除を要求された雑誌も引き続き購入されている。

　所蔵資料に関する排除要求等の圧力に対する図書館の対応で，もっとも注意しなければならないことは，過剰反応による自己規制であろう。特に，議会や行政組織等への配慮を考えるあまり，必要のない，あるいはすべきではない収集や提供の制限をおこなうことがないよう注意しなければならない。

　「良書普及」や「悪書追放」を掲げての図書館資料に対する攻撃はしばしばおこなわれる。現在，「青少年保護育成条例」（自治体によって多少名称に違いがある）が多くの自治体で制定され，「有害図書」等の指定がおこなわれているが，図書館で資料排除につながることがないように注意する必要がある。

〈類例〉

　品川区立図書館に対する区議会議員の蔵書リスト提出要求（33選事例3），小金井市議会における図書館の集会室利用の資料請求（同書事例28）および世田谷区議会における読書会「偏向」発言（同書事例32）は，区分がそれぞれ宣言第1・第3・第4と分かれているが，議員の行為の根底にあるのは，資料や集会の内容に対する党派的見解である。

　本書事例28・29も同類である。

〈参考文献〉

・「『文春・新潮を図書館に置くな』公明党議員（田口仁）の言論弾圧」『週刊文春』42巻12号　2000.3.30　p.41〜43
・「公明議員が図書館に圧力／創価学会批判本『どのように選定』／東京・中央3月区議会／人事異動も要求」『しんぶん赤旗』2001.5.29
・「"創価学会批判本，これだけある"／公明党区議の図書館圧力質問／東京・中央」『しんぶん赤旗』2001.5.29

第 4　図書館はすべての検閲に反対する。

・「図書館の自由と言論出版の自由を守ることについての申し入れ／日本共産党中央区議会議員団（東京都）」『しんぶん赤旗』2001.5.29
・「東京・中央区議に厳重注意」『公明新聞』2001.5.30
・「公明区議，週刊誌排除迫る／東京・中央区議会／4年前，4誌名指し」『しんぶん赤旗』2001.5.31
・「公明党区議の書籍排除要求／図書館関係者らが批判／東京・中央」『しんぶん赤旗』2001.5.31
・「公明党区議『創価学会批判本"排斥要求"の愚』－東京の区立図書館に圧力かけた佐藤孝太郎区議の"言論弾圧・政教一致"体質」『週刊現代』43巻22号 2001.6.16　p.180〜181

図書館の自由に関する宣言

結語 図書館の自由が侵されるとき,われわれは団結して,あくまで自由を守る。

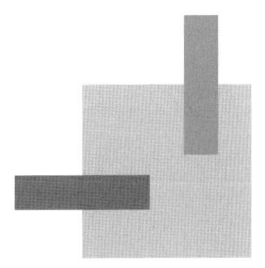

[結語]

31　各地の図書館における「自由委員会」の設置

〈事実の概要〉

　名古屋市立図書館では『名古屋市史風俗編』の復刻版問題（33選事例13）を契機に，館内に図書館の自由にかかわる問題を検討するための委員会が設置された。そのほか，東京都杉並区・町田市・愛知県・松本市などの各図書館でも，それぞれ資料提供等で検討を迫られたことがきっかけとなり，館内に同様の委員会の設置や，利用者のプライバシーを守る方針の制定などがすすんだ。一部の管理者の判断で資料提供のあり方が決められるところが多い中で，貴重な取り組みといえる。

1　名古屋市立図書館

　名古屋市立図書館では「ピノキオ問題」（33選事例17）の実践をふまえ，1979年に『名古屋市史風俗編』に差別的表現があることが指摘されると，その提供をめぐり解決策を模索する中で，同年12月，「名古屋市図書館の自由問題検討委員会」が設置されることになった。委員会は，緊急な問題に対応するため常任委員会を設置，月1回の開催を決めた。委員は市立15館の全係から委員を選出した。事業としては，①図書館の自由や人権・差別にかかわる問題の検討・調査・研修，②市民に意見を聞く「意見のひろば」の運営等をおこなうこととした。そして委員会では「ピノキオ問題」解決時に確認された「検討の三原則」をふまえ，部落解放連合会との話し合いをもつなどの活動をおこなった。

　名古屋市史問題では「内容は同じであってもあとがき付き新版＝復刻版は開架，以前より所蔵している旧版は閉架措置とする（利用は自由）」という解決をはかっている。その収拾の経緯を説明する市民向けの文章の中には，「検討の三原則」が明記された。その後も1981年に小説『将軍』（クラベル著）の中

の「部落」の表現，1982年に『悪魔の飽食　続』(森村誠一著)の中の差別表現，1983年に『捜査一課長』(清水一行著)の冤罪問題など，多くの問題について委員会で検討がおこなわれている。その後『大正昭和名古屋市史』問題のときも，部落解放同盟，同和対策室等と話し合いをおこない，委員会で検討を重ねて，8年の年月をかけて，解説文を表表紙裏に挟み込む措置をとり，開架して閲覧に供する形をとった。1994年には警察の捜査等があったときへの対応を定めた「プライバシー保護の手引き」をまとめている。

2　杉並区立図書館

　名古屋市に次いで図書館の組織に委員会が設置されたのは東京都杉並区立図書館である。

　杉並区立図書館では，『杉並区史』の閉架措置要請について検討する中で，図書館の自由に関する問題を検討する組織の常設について提起され，半年間にわたって検討準備会を重ねた後，「杉並区図書館の自由に関する委員会設置要領」が1992年9月に施行されている。委員会の所掌事項としては，次の5項目が挙げられている。

　①論争的資料の取り扱いに関すること
　②利用者の個人的秘密の保護に関すること
　③図書館の自由に関する公聴・広報活動
　④図書館の自由に関する職員研修
　⑤そのほか図書館の自由に関する事項を扱うこと

　委員の構成は，中央図書館長，中央図書館次長，中央図書館係長2名，地域図書館長2名，各係および各館の中から1名が選出されることになっている。会議および運営については，「利用者との意見交流や利用者への問題提起」，「各委員は，職員からの意見の聴取に努めるとともに，委員会における決定事項等を速やかに所属に周知」することとしている。ほかに月1回の開催や，必

215

[結語]

要に応じた分科会を設置することなどが定められている。

3　町田市立図書館

　1990年5月，町田市立図書館本館（現さるびあ図書館）で，目黒区に住む男性より「差別図書リスト」が示され図書館から撤去するよう要請された。そのときの対応がきちんと全職員に説明されなかったことがきっかけとなって，そういう場合の検討組織の必要性を主張する声が若手職員より出され，翌1991年4月，同市立の各館から委員を選出して「図書館の自由委員会」が発足した。1996年に館長を委員に加え，責任ある体制をつくるとともに，委員に経験豊かな職員，有資格者から選出するといった配慮も加えられるようになっていく。その後，館長を委員長として中央図書館3名，各地域館の有資格者9名の体制により運営されている。また，1996年8月，『図書館だより』第53号で，図書館の自由について特集を組むとともに，「町田市立図書館の自由に関する委員会設置要領（内規）」と「町田市立図書館の自由に関する委員会運営要領（内規）」が定められた。

　委員会の所掌事項としては，先にあげた杉並区立図書館とほぼ同じ内容の5点をあげている。論争的資料の扱いについては，委員会で原案が作成され，全職員に諮られた後，館の意思決定がおこなわれる。また，その経過は「検討結果票」に記録され保存される。たとえば，神戸連続児童殺傷事件の容疑者少年の顔写真を掲載した『フォーカス』1997年7月9日号，『週刊新潮』同年7月10日号，堺市通り魔事件で19歳の少年の実名と中学卒業時の顔写真を掲載した『新潮45』1998年3月号（いずれも本書事例11）について検討され扱いが決定されている。

　委員会活動の成果として，「警察からの照会対応マニュアル」も作成されている。そのほか，1991年以降，図書館の自由に関する研修が，毎年テーマを決めておこなわれていたが，のちには必要に応じておこなわれている。また，新人職員向けに「図書館の自由」をテーマにした研修もおこなわれている。

4　愛知県図書館

　愛知県図書館では新築移転後の1993年3月に「人権・プライバシーを侵害する恐れのある資料の取扱要領」(2007年1月に「図書館資料の提供についての基本方針」に改定) が制定された。しかし, 要領が制定されて以降すべてのケースでこの要領が適用されたわけではなかった。

　1996年から1998年にかけて同窓会名簿の取り扱い, 『フォーカス』『週刊新潮』『新潮45』等の提供問題は, 担当部署で利用制限の可否を検討し決裁をとる形がとられたため, 担当部署以外の職員には議論をする機会がなかった。2000年の『ハリー・ポッターと秘密の部屋』問題 (本書事例16) では, 児童図書と貸出文庫の2部門で所蔵されていたことから, 事務的課題を調整する連絡会議で取り扱いについて合意形成された。連絡会議で結論を出す前に各グループ内で話し合いがおこなわれた上で, 連絡会議で議論することがルールとして確立しつつあった。

　そんな中, 2002年, 柳美里の「石に泳ぐ魚」(『新潮』1994年9月号掲載・本書事例13) は, 当初, 担当部署で提供の是非が決定されようとしたが, 一部の職員から異議が出され, 連絡会議での議論を経ることになった。また, 警察が事件の捜査のため文献複写申込書を見たいと訪れた際, 管理部門とサービス部門の責任者が協議し任意の捜査で閲覧させることはできない旨回答したが, 結論に至るまでにはかなり混乱があった。この二つの例から, 管理的な立場の人にも図書館の自由についての共通認識ができてきたこと, これまでの連絡会議での検討というやり方では, 他の事務的な調整もおこなわれるため十分な議論の時間がとれないこと, また月1回の定例会では機動的な対応ができないこと, などの理由から, 司書が主体となる図書館の自由の問題に関する検討委員会をつくってはどうかという提案が出され, 名称についての検討を経て, 「図書館サービスにおける表現の自由, 個人情報の保護等についての検討委員会」が2003年4月に設置された。委員会は当面の検討項目として, 次の4点をあげている。

[結語]

(1) 「人権・プライバシーを侵害する恐れのある資料の取扱要領」の再検討
(2) 現在提供制限している資料の再検討
(3) 利用者情報の取扱いについての現状の再検討
(4) 捜査機関等への対応指針の作成

〈宣言との関連〉

図書館の自由を守ることと宣言を守ることは同義である。そのための制度的保障方法を述べているもので，当然，宣言すべてにかかわる。

〈解説〉

1 委員会の設置

人権・プライバシー意識の高揚や一部の雑誌で，報道の自由，表現の自由，ひいては知る自由の名のもとに触法的な記事が出現する中で，図書館としても事態に対しどう対応するかが問われるようになってきた。その中で，職場に図書館の自由に関する問題を検討するための委員会を組織する動きがみられるようになった。

名古屋市は前述のとおり「ピノキオ問題」以降，自由問題検討委員会を誕生させ，さまざまな資料や事例への対応で，図書館の立場を貫き，アピールする活動で全国の牽引車の役割を果たしてきた。その中で明らかにし，確立した「検討の三原則」や，さらに一原則を加えた次の「検討コード」は注目を集めた。

(1) 問題が発生した場合には，職制判断によって処理することなく，全職員によって検討する。
(2) 図書館員が制約された状況のなかで判断するのではなく，市民の広範な意見を聞く。
(3) とりわけ人権侵害にかかわる問題については，偏見と予断にとらわれないよう問題の当事者の意見を聞く。
(4) 検討に当たっては，明らかに人権またはプライバシーを侵害すると認め

られる場合を除き，従来どおり資料の提供をつづけ，回収はしない。

　委員会は，当初の月1回開催，全職場からの委員選出，市民に意見を聞く「意見のひろば」の運営の提起とつながり，以降，図書館の自由にかかわる取り組みを全国の図書館が参考としてきている。ただ，「意見のひろば」はピノキオ問題直後に名古屋市史問題が起こったため設置を逸した形となり，一度も開催されていない。

　杉並区立，町田市立，愛知県立の各図書館でも同様に，自由にかかわる問題につきあたったことをきっかけに，職場での自由委員会の必要性が意識されるようになり設置された。設置の目的を見ると，名古屋市は「『図書館の自由に関する宣言』の精神にのっとって，図書館の自由にかかわる諸問題を民主的に解決していくため」，杉並区立は「図書館の自由に関する重要事項を審議するため」，町田市立は「図書館の自由に関わる事項を審議し，館として具体的な対応策を提案するために」設置されている。より具体的な対応が求められてきている流れが読み取れる。この10年の間に数々の事例と遭遇してきた図書館界ではあるが，ほとんどの図書館で自由委員会が組織化されなかった中で，貴重な取り組みといえる。

2　委員の構成

　委員の構成については，杉並区，町田市の場合は，館長のほかに全職場から委員が選出されている。名古屋市は職場が多忙になり諸会議の整理をする中で，自由検討委員会に全職場からの選出が困難になったという報告もあるが，その場合はより職場全体の意見が反映されるよう工夫が必要であろう。また，町田市は職場からの委員について「1名以上は係長，主査職の中から選出する」と定め，図書館経験が豊かな専門職をあてるようにしている。

3　委員会の開催

　委員会の開催については，名古屋市，杉並区，町田市が，おおむね月1回の

開催を決めているが，その維持には努力が必要である。緊急に委員会を開催し，対応策を決定することができる仕組みが必要な一方，定例的に開催することによって後述のマニュアルや研修用資料等を作成するのに役立てることもできる。

4　委員会の活動

　町田市は委員会の活動として，論争的資料を取り扱った際，事例ごとに「検討結果票」を残していっている。検討内容を共有化するとともに，住民への説明に役立てるための取り組みといえる。

　また，町田市は研修活動としてマニュアル作成や研修用のビデオを作成し，新人職員の研修に生かしている。2005年度では，「図書館の自由と倫理綱領」，事例解説，自主作成ビデオに基づくグループ討議等の内容で実施されている。図書館の自由について県単位で研修する場合はあるであろうが，新人時代にその職場に即した研修がされているすぐれた活動といえる。

5　マニュアル整備

　マニュアル類では，名古屋市で「プライバシー保護の手引き」，町田市で「警察からの照会マニュアル」を作成し成果をあげているし，愛知県は「捜査機関等への対応指針」の作成を検討項目にあげている。

6　課題

　しかし，気になる動きもある。図書館の自由についての実践的活動によって象徴的存在であり続けた「名古屋市図書館の自由問題検討委員会」が，「残念ながら自由委員会そのものも，弱体化しているように思われる」と現場のレポートとして伝えている。職場の財産ともいえる自由委員会も全館的な討論を組織し，知る自由を確立するために活動してこそ存在が示せる。そのためには，自由宣言や倫理綱領に根ざした情熱が必要であるし，委員会の弱体化の背景に図書館活動の沈滞化や民主的な運営の後退がないかの分析も必要であろう。

〈類例〉

　松本市立図書館では『みどりの刺青』の提供をめぐる取り組み（本書事例6）の後,「松本市図書館利用者のプライバシー保護に関する運用方針」を策定した。

〈参考文献〉

・「各地の図書館の自由に関する委員会の動き」『図書館の自由』16号　1996.10　p.7
・大野惠市「［第7分科会］事例報告　町田市立図書館における自由委員会の活動について」『平成15年度第89回（静岡大会）全国図書館大会記録』2004.3　p.127～128
・浦部幹資「［第7分科会］事例報告　愛知県図書館の自由委（略称）の立ち上げと経緯と現在」同上　p.128～129
・田中敦司「『検討の三原則』と『検討コード』」『みんなの図書館』346号　2006.2　p.37～43
・山田孝子「『杉並区図書館の自由に関する委員会』発足の経緯と活動状況について」『図書館雑誌』87巻3号　1993.3　p.174～175
・「杉並区図書館の自由に関する委員会設置要領　平成4年9月1日施行」『図書館年鑑1993』p.306～307
・名古屋市図書館「プライバシー保護の手引き（抄）」『図書館年鑑1995』p.315～316
・「松本市図書館利用者のプライバシー保護に関する運用方針　平成8年3月13日教育長決裁」『図書館年鑑1997』p.328
・「町田市立図書館の自由に関する委員会設置要領・同運営要領（内規）1996年8月1日施行」同上　p.328～329,『図書館の自由』43号　2004.3　p.18～20
・「図書館サービスにおける表現の自由,個人情報の保護等についての検討委員会設置要綱」『図書館の自由』43号　2004.3　p.20～21

[結語]

32　各地の図書館における資料の取り扱いに関する規定

〈事実の概要〉

　差別表現や人権侵害が疑われる資料や「有害図書」など，図書館におけるその取り扱いが世間から注目される資料についての問題がしばしば起きる中で，滋賀県立・神奈川県立川崎・群馬県立・東京都立・徳島県穴吹町立・橿原市立・東京都目黒区立の各図書館で，次のような資料提供にかかわる問題の検討委員会の設置や資料の提供制限の規定を定めている（年代順。2005年以降の愛知県を加えた）。

　　滋賀県立図書館制限図書利用要綱（平成3年10月1日施行）
　　人権・プライバシーを侵害する恐れのある資料の取扱要領（愛知県図書館）（平成5年3月）
　　穴吹町立図書館閲覧の制限に関する要綱（平成8年1月1日施行）
　　神奈川県立川崎図書館資料利用制限措置に関する内規（平成8年4月1日施行）
　　群馬県立図書館資料提供制限実施要領（平成10年4月1日施行）
　　橿原市立図書館貴重書等の閲覧及び館外利用の制限に関する要綱（平成11年3月31日施行）
　　東京都立図書館資料取扱委員会設置要綱（平成11年11月制定）
　　目黒区立図書館の資料提供に係る検討委員会要項（平成13年2月21日施行）
　　［愛知県］図書館資料の提供についての基本方針（平成19年1月1日施行）

　また，国立国会図書館ではプライバシーその他人権を侵害することが確定した資料の取り扱いについては，「資料利用制限措置等に関する内規（平成元年

1月1日施行，最終改正平成19年3月）」により，「利用制限等申出資料取扱委員会」で審議がおこなわれる。

　これらの規定等の名称を見ると，滋賀県立図書館は「制限図書利用要綱」，目黒区立図書館は「資料提供に係る検討委員会」と名づけ，資料を利用に供するための規定ということを明確にしているが，東京都立図書館は単に「資料取扱委員会」と称し，その他の図書館はあたかも利用制限のための規定であるかのような名称になっている。

　愛知県図書館は新築移転後の1993年3月に「人権・プライバシーを侵害する恐れのある資料の取扱要領」を制定したが，2007年1月に「図書館資料の提供についての基本方針」の名称のもとに改定した。そして基本的な考え方の第一に「図書館資料は公開を原則とし，自由な利用に供さなければならない」とうたった上で，制限するときなどをこまかく展開しているところが多く，本稿はこの改定された規定に沿って解説をおこなう。

　目黒区立図書館は「資料と施設を提供することを最も重要な任務とする図書館として，適切な資料提供等を維持するための検討委員会」を設置の目的としてあげている。一方，資料利用制限措置について定める神奈川県立川崎図書館は，その内規の基本方針で「資料の利用を制限する措置をとるにあたっては，館が収集し所蔵する資料は，県民の財産として蓄積し，その原状を保存し後世に永く伝えるとともに，これを広く県民に公開し，その利用に供すべきものであることに留意しなければならない」と明記している。利用を前提にした内規であるか，制限を目的とした内規であるかの違いが，その図書館の姿勢を示しているのではなかろうか。

〈宣言との関係〉
　第2に関連する。

〈解説〉
　資料の取り扱いを検討するために委員会が常設されている図書館はまだ少数

[結語]

である中で,それを設置した図書館の姿勢については評価できる。

利用制限については,まずその範囲が焦点になる。提供の対象となる資料について,適用除外という形で提供が制限されている例,また,制限が必要とされた資料の保存の例など,それらのあり方について,以下に考えてみる。さらに,資料の取り扱いを検討する組織や,取り扱いの再検討のあり方についても考えてみたい。

1 提供制限の範囲

資料の提供に制限を加える場合も,宣言第2でいうように「極力限定して適用」することが求められる。滋賀県立図書館のように,「人権を侵犯する恐れのあると判断された資料」,あるいはそれらと同様のおそれがある古地図,古文書類に限定し,どのように提供するかを決めており,制限の規定も自由宣言の範囲を越えていない。

神奈川県立川崎図書館は,利用制限をとることができる資料として次のような資料をあげている。

(1) その内容が関係者の名誉,プライバシーその他人権を侵害することが裁判により確定した資料,その他その内容を公開することによりこれらの人権を侵害することが客観的に明らかである資料
(2) 刑法第175条に規定するわいせつ物に該当することが裁判により確定した資料
(3) 国又は地方公共団体の諸機関が発行した資料で,その内容を公開しないものとして取り扱うことを当該機関が公的に決定したもの
(4) 著作者の公表権を侵害して発行された資料で,これを公開することが著作者の意思に反するもの

愛知県図書館は自由宣言にある要件以外に次の4項目を加えている。

・図書館における利用・提供を制限する判決が確定した資料
・法令により利用・提供の制限を指定された資料
・愛知県個人情報保護条例第6条第3項の規定に該当しない方法で収集された個人情報を含む非公刊資料
・発行者または著作者が利用・提供の制限を条件に頒布する公刊資料

同じく群馬県立図書館も，自由宣言にある要件以外に4項目を加えている。

・法令に違反していると認められるとき
・群馬県青少年保護条例に基づき，特定有害文書図画等として指定されたとき
・その他当該図書館資料を提供しないことが必要であると館長が認めるとき

これなどは，解釈によってはかなり広い形で資料提供に制限を加えることにつながる内容をもっている。

国立国会図書館では，柳美里の小説「石に泳ぐ魚」(『新潮』1994年9月号掲載)について，最高裁判所の判決を受けて提供制限を決めたとき，同館の「資料利用制限措置等に関する内規」により，「プライバシーその他の人権を侵害することが裁判により確定した資料については…（中略）…直接の利害関係を有する者からの申し出がない場合であっても，当該資料の利用制限について利用制限等申出資料取扱委員会において調査審議を行うことができる」という条項を適用して決定したと説明したが，国政調査権をもつ議員をも含めた完全な閲覧禁止措置に対して，日図協は早期の見直しを要望した。

2　適用除外

東京都立図書館は，適用除外の資料に「法律・条例又は国若しくは公の機関の公的決定により公開しないものと取り扱われているもの」をあげている。神奈川県立川崎図書館も「国又は地方公共団体の諸機関が発行した資料で，その

内容を公開しないものとして取り扱うことを当該機関が公的に決定したもの」をあげている。都立の労働組合は「警察，防衛はじめ国・地方行政に関する国民の知る権利を制約し，図書館を検閲機関にする」と批判し，この条項の削除を求めている。

3 利用制限資料の保存・目録への登載等

利用制限等の申出に対し，神奈川県立川崎図書館は「回収若しくは廃棄又は部分削除，修正その他資料の現状に変更を加える措置（乱丁又は落丁を理由とする最良版による差し替えの場合を除く）の要請があったときは，第2条の規定に鑑み，その要請に応じないものとする」と，資料の保存の必要性を明確に定め，宣言第2にある資料の内容に手を加えないという趣旨を表現している。愛知県図書館も「正当な理由がない限り，資料を改変し，あるいは除籍をしてはならない」と規定している。さらに同館は「所蔵する資料は公開する目録にすべて登載することとし，その資料の内容を理由として削除してはならない」と資料へのアプローチを確保する大切さを記載している。また，目黒区立図書館は「利用者から資料提供に係る要望等があったときも，必要に応じて審議を行うこと」と規定している。

4 委員会の開催・協議

富山県立図書館では，1990年に閲覧を再開した『'86富山の美術』（33選事例9）を破損された事件の判決が1995年に確定したのち，証拠物件としての同書の還付請求権および所有権を放棄したことにより，同館に同書が所蔵されないという異常な事態になった。この決定にあたっては，館内の「資料検討委員会」に諮ることなく県の事務決裁規定による館長権限で決められ，職場の民主的な検討の形跡がない。このようなことが起こらないためにも，資料検討のための委員会は，全職員の意見を反映させる体制が必要である。検討がされても，取り扱いを検討する構成員や運営方法等の仕組みについて必ずしも明記されてないところもあるが，これは明らかにすべきところであろう。

目黒区立図書館は「所定の委員のほか，必要な場合構成員以外を出席させ意見の聴取を求めることができる」と柔軟な考え方を示し，「各構成員は，図書館職員の意見聴取に努める」と，責任について明記している。東京都立図書館の場合，委員の構成をみると管理職が過半数を占め，委員会が管理者の意向の追認機関にされることを危ぶむ声が労働組合から出され，委員会を密室にせず，検討の内容を逐次職員に公開し，全職員に意見を述べる条件と機会の保障を求められている。穴吹町立図書館では，「わいせつ出版物と館長が認めたもの」は制限できると規定している。しかし，要綱には制限する資料を決めるための検討組織設置の定めもなく，果たして職員の意見はどう反映されるのであろうかと懸念される。

5　利用制限の再検討

いったん利用を制限すると決定された資料についても，一定期間ののちに再度その取り扱いについて検証されなければならない。その場合も，利用制限を決定する場合と同様に委員会等の組織によって検討されるべきである。これについて明記しているところは少ないが，神奈川県立川崎図書館は「利用制限措置等が決定された資料について，一定の期間が経過する前に，当該措置について再審議しなければならない」と再審議を規定している。なおこの期間についても「3年を超えない範囲内において，資料ごとに館長が定める」と決めている。東京都立図書館も「資料の提供を制限する措置がなされたものについて，措置決定から5年を経た後，当該措置を継続すべきか否かを協議し，その結果を館長に具申するものとする。ただし，資料の提供を制限する事由がなくなったと認められるときは，随時協議することができるものとする」と見直しを規定している。愛知県図書館も「5年経過後制限が必要か検討をし直し」，なお制限の継続が必要とされた資料については「さらに5年後を経過するごと」の検討を定めている。

[結語]

〈参考文献〉

- 「富山県立図書館所蔵資料の公開及び非公開の取扱いについて（内規）　昭和57年4月6日」『図書館の自由』8・9号　1988.6　p.7〜8
- 「群馬県立図書館資料提供制限実施要綱」『図書館の自由』23号　1999.1　p.8〜10, 『図書館年鑑1999』p.361
- 「滋賀県立図書館制限図書利用要綱」『図書館の自由』23号　1999.1　p.10
- 「穴吹町立図書館閲覧の制限に関する要綱」『図書館の自由』26号　1999.12　p.14〜15
- 「神奈川県立川崎図書館資料利用制限措置に関する内規」『図書館の自由』26号　1999.12　p.15〜17
- 「橿原市立図書館貴重書等の閲覧および館外利用の制限に関する要綱」『図書館の自由』25号　1999.9　p.7〜9
- 「目黒区立図書館の資料提供に係る検討委員会要項」『図書館年鑑1998』p.199〜200
- 「東京都立図書館資料取扱委員会設置要綱」『図書館年鑑2000』p.381〜383
- 東京都職員労働組合教育庁支部日比谷分会「『都立図書館資料取扱委員会設置要綱』策定についての見解　1999年12月15日」同上　p.383〜384
- 三苫正勝「資料提供制限に関する規定の問題（特集　いま，図書館の自由を考える）」『みんなの図書館』274号　2000.2　p.20〜24
- 「国立国会図書館から柳美里著『石に泳ぐ魚』の扱いについて回答届く」『図書館雑誌』96巻12号　2002.12　p.922〜924
- 「日図協，『石に泳ぐ魚』の利用禁止措置見直しを要望」『図書館雑誌』97巻4号　2003.4　p.206
- 「［愛知県］図書館資料の提供についての基本方針　平成19年1月1日施行」
- 浦部幹資「［第7分科会］事例報告　愛知県図書館の自由委（略称）の立ち上げと経緯と現在」『平成15年度第89回（静岡大会）全国図書館大会記録』　p.128〜129

図書館の自由に関する宣言
歴史的概観

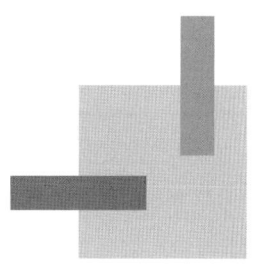

歴史的概観

図書館の自由が社会から問われる時代

I　総論

　1990年代からおおむね2005年頃までの10数年間は，バブル経済の崩壊後の国や自治体の財政難の影響を受けて，図書館資料購入費や人件費などの図書館運営経費が削減され，経費削減を目的とする指定管理者制度がいくつかの図書館で導入されるなど，図書館サービスを充実することが困難な環境が拡大した。

　しかし一方で，これまで図書館運営にかかわってきた先達の努力の賜物であろう，図書館の社会的認知度の高まりが明確に見えてもきた。たとえば，図書館がドラマや小説などに登場する機会が格段に増えたことも，そのあらわれと言えよう。もっとも，第三者が図書館（員）から利用者情報を入手するという取り上げられ方も目立ち，「図書館の自由」の社会への普及が大きな課題として認識されることにもなっている。

　日図協自由委員会は，2004年に，『「図書館の自由に関する宣言1979年改訂」解説（第2版）』を刊行した。17年ぶりに解説を書き改め，これまでの経験から得られた成果を記述に盛りこむとともに，コンピュータシステムやインターネットの普及などの環境変化に伴って生起する図書館の自由にかかわる問題点にも言及した。

[図書館の自由と司法とのかかわり]

　この時期は，図書館の自由をめぐる問題が司法とかかわって，社会の注目を集める機会が増えたことも印象的であった。それらの中には，従来のように，小説や記事など資料の内容をめぐる裁判の結果が，図書館の収集方針や提供方針に影響する事例も数多く見られた。また，それらに加えて，東大和市立図書館の資料閲覧禁止や船橋市西図書館の蔵書廃棄処分をめぐって，図書館そのも

のが実質的な訴訟当事者となる事例が登場してきた。これは，とりもなおさず，図書館の社会的責任の重大性が増してきていることを示すものといえる。さらに，国立国会図書館の53万人分もの利用記録が，裁判所の令状によって押収された事件も，司法とのかかわりという文脈の中で記録されるべき事件である。

[図書館の法的位置づけ]

　2005年7月14日の船橋市西図書館蔵書廃棄事件上告審判決は，公立図書館の法的な位置づけに大きな転換をもたらす画期的な判決となった。最高裁判所第一小法廷は，公立図書館の役割と機能について，「公立図書館は，住民に対して思想，意見その他の種々の情報を含む図書館資料を提供してその教養を高めること等を目的とする公的な場」と位置づけ，「公立図書館の図書館職員は，独断的な評価や個人的好みにとらわれることなく，公正に図書館資料を取扱うべき職務上の義務を負う」と公立図書館職員の基本的義務を明示した。

　富山県立近代美術館の天皇コラージュ裁判（2000年10月判決確定）や，東大和市立図書館における『新潮45』閲覧禁止事件（2002年1月判決確定）の判決は，公立図書館を地方自治法第244条の「公の施設」と位置づけるにとどまり，資料の提供方針などについても，当該「公の施設」の設置者の裁量権が大幅に認められていた。

　2005年最高裁判決により，図書館の法的位置づけが明確化されるとともに，従来「裁量」が許されていた資料の収集や提供の方針について，図書館の説明責任が求められることになった。

II　各論
1　資料収集の自由をめぐる動き
[富山県立図書館の図録引取り拒否]

　1995年10月，図録『'86富山の美術』の一部を破り捨てた利用者に対する器物損壊罪が確定した。その直後，富山県は県立図書館長名で，破られた図録の還付請求権および所有権を放棄した。その後，同図書館は，この図録だけでな

く図録問題関係資料の受入れおよび予約リクエストの受付けを拒否している。自らの思想以外は容認できない不寛容な人々からの圧力を背景とした決断であろうことが推測される。いずれにしても，県の機関である県立近代美術館が刊行した郷土資料の受入れを，同じ県の県立図書館が拒むという異常な事態が続いている。

[船橋市西図書館蔵書廃棄事件]

2001年8月に，船橋市西図書館のベテラン司書が「新しい歴史教科書をつくる会」関係者の著書を集中的に廃棄していた。この蔵書廃棄事件は，図書館界に大きな衝撃を与えた。「宣言第1　図書館は資料収集の自由を有する」の副文に掲げられた5項目は，長年の取り組みによって図書館界には定着しているものと考えられていたが，図書館の司書自身によっていとも簡単に踏みにじられたためである。「図書館の自由」の精神を，図書館界のみならず社会に根付かせるためには，より一層の図書館人による不断の努力が必要であるということを，あらためて肝に銘じなければならない。

2　資料提供の自由をめぐる動き

1994年，日本は「子どもの権利条約（児童の権利に関する条約）」を批准した。その第13条1は，児童が「あらゆる種類の情報及び考えを求め，受け及び伝える自由」を有すると明記している。図書館は，「児童の福祉に有害な情報及び資料から児童を保護」することにも配慮しつつ（第17条(e)），児童が多様な情報・資料に接することによって，自ら主体的に考え成長する環境を整えていかなければならない。

日図協自由委員会が2004年に編集・刊行した宣言解説2版では，とりわけ，資料提供の自由の制限項目として掲げられている「人権またはプライバシーの侵害」についての解説の精緻化に努めた。

[少年事件報道資料をめぐる図書館の対応]

1997年に発生した神戸児童連続殺傷事件以来，加害少年の顔写真，供述調書などが雑誌に掲載される事例が相次いだ。図書館では，それらの雑誌の提供の是非を検討してきた。1997年に日図協が示した見解では，少年法第61条についての当時の通説的解釈に基づき，当該雑誌報道が少年法に抵触する可能性があることを示した上で，各図書館の主体的な判断を求めた。しかし，その後の裁判所判断等をふまえ，2006年に発生した徳山工業高専学生殺害事件を契機に，日図協は，1997年の見解を修正し，加害少年の推知報道についても提供を原則とすることを提案した。

東大和市立図書館は，1998年に発生した堺市通り魔殺人事件における加害少年の実名と顔写真を掲載した『新潮45』1998年3月号について閲覧禁止措置をとった。この措置に対して，利用者から，市民の知る権利を侵害したとして損害賠償を求める訴訟が提起された。しかしながら，2001年の東京地裁判決，2002年の東京高裁判決ともに，閲覧禁止措置は図書館長の裁量の範囲内であるとして，利用者の訴えを退けた。

[「石に泳ぐ魚」最高裁判決と図書館]

『新潮』1994年9月号に掲載された柳美里の小説「石に泳ぐ魚」について，著者・出版社を相手取って出版差止め等を求めた裁判の上告審判決が2002年9月に出され，最高裁判所は，原告が請求した出版差止めおよび損害賠償を認めた。この裁判で原告は，当該小説に問題があることが記載された文書を同誌に貼付することを求める通知書を被告が図書館へ送付することも求めていたが，一審である東京地方裁判所の判決で退けられていた。

上告審判決の直後，国立国会図書館は，当該小説について閲覧禁止措置をとった。この措置は全国の図書館にも影響を及ぼした。しかしながら，国会図書館がとった措置は，判決の名宛人ではない図書館が，判決で退けられたにもかかわらず，原告の請求より厳しい提供制限措置をとったとして批判が加えられている。

[差別表現等による絶版・回収]

　1993年に復刻出版された小説『アイヌの学校』や1978年に復刻された徳島県の『富岡町志』が，差別表現を理由として利害関係者から絶版や回収を求められた。『アイヌの学校』については，回収要請に応じた図書館も見られた。一方，1995年になって『富岡町志』の焼却を求められた那賀川町立図書館長は，当事者との話し合いにより，図書館が所蔵する同書については原状のまま保存することで合意が得られた。

　図書館は，問題となった資料を隠すのではなく，住民が当該問題について検討，議論することができるよう閲覧に供することを基本使命とする。特定個人の人権が侵害されている場合の提供制限はやむを得ないが，その場合であっても回収要求に応じるべきではない。

　差別的表現が指摘されると，問題点を掘り下げた議論もおこなわずにただちに絶版・回収といった規制措置をとる出版社が少なからず存在する。そうした対応を続けても問題はくすぶり続け，一方で「言葉狩り」のレッテルだけが社会に流布してしまうおそれがある。日図協自由委員会は，『クロワッサン』2000年10月10日号や『ハリー・ポッターと秘密の部屋』における差別的表現問題を契機として，2001年に，「差別的表現と批判された蔵書の提供について（コメント）」を発表した。

[「誤った情報」を理由とする絶版・回収]

　差別表現のほか，内容の誤りを指摘された出版社が当該資料の絶版・回収措置を安易にとるケースがある。1991年に絶版となった遠藤周作対談集『こんな治療法もある』がそれにあたる。本件についても，問題の所在が明らかにされないまま，図書館に対して同書の回収依頼がおこなわれた。

　また，2000年に刊行された岡本道雄著『縄文の生活誌（日本の歴史第01巻）』は，刊行直後に，当時の東北旧石器文化研究所副理事長による旧石器発掘捏造が発覚し，同書の内容に誤りがあることが判明した事例である。利用者から，内容の誤りが明らかな資料を閲覧に供することへの疑問が提起され，名古屋市

図書館の自由問題検討委員会や東京都立中央図書館などが，それぞれ同書の扱いに取り組んだ。

[著作権侵害と資料提供]

　福島次郎著『三島由紀夫－剣と寒紅』に対し，三島由紀夫の遺族が著作権侵害を理由に出版差止めの仮処分を請求し，1998年3月に東京地方裁判所がこれを認める決定を下した。出版社は，この決定を受けて書店および図書館に回収依頼を送付し，一部の図書館では同書の閲覧・貸出を制限したが，東京都立中央図書館は，当該決定の効力は図書館には及ばないとして特段の利用制限措置をとらなかった。妥当な対応であろう。

3　利用者の秘密保護

　2005年4月，一連の個人情報保護法が施行された。この法律は，図書館の自由宣言にうたわれた「利用者の秘密を守る」ことを法的に補強するものであり，これまでの図書館の取り組みとことさら異なる対応が求められるものではない。しかしながら，法の趣旨に基づき個別に検討をおこなうことなく，一律的・機械的に個人の情報が提供されなくなるなど過剰反応も見られ，社会的に有用な情報が利用できない状況も生じている。また，『朝日新聞』の報道で，名簿や電話帳の図書館での閲覧が処罰の対象になるかのような誤った情報が流れ，図書館界でも一部混乱が見られた。

[メディアに登場した図書館]

　ドラマや小説で図書館が登場する機会は増えたが，NHK「ぴあの」，日本テレビ「新女検事霞夕子　輸血のゆくえ」，テレビ朝日「相棒　夢を喰う女」など，図書館が第三者に利用者情報を提供するかのように扱われる事例が跡を絶たない。図書館が利用者の秘密を守る機関であるとの認識が，いまだ社会には浸透していないと言わざるを得ない。これには，学校図書館の貸出方式が必ずしも記名式のニューアーク式から脱却しきれていないことも，あるいは影響し

ているのかもしれない。

　いずれにせよ，上記のような事例が見つかるたびに制作者等に図書館の自由の趣旨を説明して回っても，同じような事例は発生する。そのため，日図協自由委員会は，2005年2月，テレビ放送各社，新聞協会などに対し，「図書館は読書の秘密を守ることについて（ご理解の要請）」を送付した。

［国立国会図書館53万人利用記録押収事件］

　1995年4月，警視庁は，地下鉄サリン事件捜査に関連して，裁判所が発行した捜索差押許可状に基づき，国立国会図書館から，利用申込書約53万人分をはじめとする大量の利用記録を押収した。憲法第35条に定められた規定が守られていないにもかかわらず，「宣言第3　図書館は利用者の秘密を守る」の副文にある「令状を確認した場合」の部分のみをとった擬似的対応であったために，結果的に関係のない利用者を含めた無差別とも言える利用記録の押収がおこなわれてしまったことは，船橋市西図書館蔵書廃棄事件にもおとらない大事件であった。国立国会図書館に対する抗議も相次ぎ，同図書館では，その後，利用記録の保管期間短縮などの措置を講じた。

［ネットワークシステムとプライバシー］

　図書館におけるコンピュータシステムの普及に伴い，大阪市立図書館および大阪府立図書館コンピュータシステムへのハッカー侵入事件，三重県立図書館利用者情報の委託先での流出，加古川市立図書館における予約情報の漏洩，春日井市図書館や越前市武生図書館におけるメールアドレス流出など，利用者情報が漏洩する事件が発生している。利用者情報管理システムと他システムとの分離といった対応に加え，メールアドレス流出事件のような人為的ミスを防止するための方策を念には念を入れて講じておく必要がある。また，システムの開発や運用・保守業務を委託する会社に対する利用者情報保護対策の徹底も重要である。

　住基ネットが2003年8月に本格稼働したことに伴い，いくつかの自治体では，

住民基本台帳カード（住基カード）を図書館カードとしても利用している。この場合にも，利用者の利用記録などのプライバシーを保護する観点から，住基カードの住民番号と図書館利用カード番号を別々のものにしたり，住基ネットに利用者情報データベースをリンクしないといった対応が必要である。

　今後ますますネットワーク社会が進展することに伴って，利便性の追求とプライバシー保護の必要とが対立する局面が拡大することが予想される。いかに両者の調整を図るかが大きな検討課題に発展する可能性がある。

4　「検閲」にかかわる動き

　船橋市西図書館蔵書廃棄事件では，原告側から，同図書館の司書がおこなった「違法な」除籍廃棄処分が，検閲あるいはこれに類する行為に該当すると主張された。これに対し裁判所は，「憲法21条の禁止する検閲とは，行政権が主体となって，思想内容等の表現物を対象とし，発表前にその審査をした上，不適当と認めるものの発表を禁止することをいう」として従来からの見解を繰り返した。しかしながら，原告側が主張するように，「特定の思想・言論の流布を権力的に封じ込める」効果をもつ制度は，検閲にあたる，との主張には耳を傾けるべきであろう。

　東京都の区議会において，公明党議員が，区立図書館に対して，週刊誌排除要求や創価学会批判本を蔵書としていることへの批判をおこなった。こうした動きも「特定の思想・言論の流布を権力的に封じ込める」可能性のあるものととらえられる。

[有害図書規制の動き]

　1991年に大阪府の青少年条例が「有害図書」の包括指定，緊急指定制度を採用したのを皮切りに，他府県でも同様の規制強化が進んだ。2000年以降は，自民党からの法制化の動きも活発化している。

　90年代初頭に盛り上がった有害図書規制の対象は，おもに青少年向けポルノコミックであった。しかし，1997年以降，未成年者の自殺との関係が関心を呼

んだ『完全自殺マニュアル』や，神戸連続児童殺傷事件をきっかけに『ザ・殺人術』，『完全武装マニュアル』といった「粗暴，残虐性を有する」図書にも有害図書指定の対象を拡大する自治体が相次いだ。

　有害指定された図書は，多くの図書館では収集されず，条例による規制措置の妥当性を検証する機会を奪っている。こうした実態に鑑みると，有害図書規制も検閲と同様の効果をもつものとして，その動向に注意を払う必要がある。『タイ買春読本』をめぐっては，静岡市立図書館に廃棄を要求した団体が，その要求をとりやめる一方で，静岡県に対して同書の有害図書指定を求めて認められたように，有害図書規制の効果に着目した動きも現れてきた。

5　「自由」問題への図書館の取り組み

　1992年に，『杉並区史』の扱いを検討する中から，「杉並区図書館の自由に関する委員会」が設置された。図書館内部に委員会が設置されたのは，名古屋市に次いで2番目であった。町田市立図書館では，利用者からの「差別図書」撤去要求を端緒として職員有志により館内に立ち上げられた「図書館の自由委員会」が，1996年に同図書館の組織と位置づけられた。愛知県図書館では，柳美里の「石に泳ぐ魚」の扱いを契機に，2003年，「図書館サービスにおける表現の自由，個人情報の保護等についての検討委員会」が設置された。

　いずれの図書館でも，図書館の自由にかかわる具体的な問題への対応をきっかけに，職員が主体的に自由の問題を検討するための委員会組織がつくられた。全国各地で図書館の自由に係る問題が数多く発生しているが，このように委員会が組織される例は数少なく，これらは貴重な取り組みと言うことができる。

　上記のように，館内に自由委員会が組織された事例のほか，具体的に発生した問題への対応が評価されるものとして，那賀川町立図書館による『富岡町志』焼却要求事件への対応や，静岡市立図書館および「静岡市の図書館をよくする会」による『タイ買春読本』廃棄要求事件への対応があげられる。

　また，長野県の松本市立図書館では，『みどりの刺青』の提供問題での教訓を生かして，1994年に同書と図書館の自由についての資料集を刊行したほか，

1996年には「松本市図書館利用者のプライバシー保護に関する運用方針」を策定した。

　一方で，図書館自らが図書館の自由を妨げるかのような動きも見られる。

　図録『'86富山の美術』の還付請求権および所有権を放棄した富山県立図書館の決定は，問題とされた箇所以外の部分も含めた資料全体が抹殺されること，そのことに図書館が加担していること，図書館職員全体による検討がおこなわれていないこと，結果的に外部の圧力に屈していることなど，「図書館の自由」の精神がことごとく踏みにじられており，知る自由を保障する機関であるべき図書館界に禍根を残している。

　図書館が資料の収集方針や提供方針を定めて住民に公表することは望ましいことだが，1990年代後半以降，資料の提供制限規定を設ける事例が目立つ。1998年に施行された「群馬県立図書館資料提供制限実施要綱」には，自由宣言と比較すると提供制限の対象がより多く設けられ，拡大解釈が危惧される。また，国立国会図書館では，「資料利用制限措置等に関する内規」の改正により，人権侵害であることが裁判により確定した資料や著作権侵害により作成された資料については，利害関係者からの申し出がない場合であっても，利用制限措置をとることが可能になっている。

Ⅲ　むすび：「図書館の自由」の理念の社会への普及

　図書館が国民の知る自由を保障するためには，問題となっている資料，対立する思想をこそ国民に提供し，自ら考えることのできる環境を整えておくことが肝要である。

　しかしながら，現実の社会には，たとえば「有害」なものは社会から隠蔽しようと考える人たちや，自らの思想と相対立する思想・表現の存在を認めない人たちが存在する。船橋市西図書館蔵書廃棄事件は，ベテランの図書館職員の中にすら「図書館の自由」の精神を否定する人が存在することを示す象徴的な事件であった。

　自由宣言を図書館職員に浸透させ，国民に定着させるためには，何をしなけ

ればならないだろうか。一方で，広報活動を精力的に展開することも必要だと思われる。しかし，結局のところ，日常の活動の中で，静かに，粘り強く，丁寧に，繰り返し，じわじわと浸透させていくことが，おそらくもっとも重要なのであろう。さりげなく利用者の秘密を守ったり，さりげなくかつ丁寧に図書館の収集方針や提供方針を説明したりという活動が，これからももっとも威力を発揮するのだろう。ネットワーク環境が飛躍的に整い，デジタル情報の利用が紙資料の利用を凌駕するようになったとしても，それは変わらないだろうと思われる。

図書館の自由に関する宣言

年　表

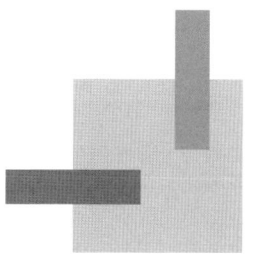

年　表

年表凡例

1　左欄に事例の発生月，中欄に事例内容，右欄に文献を記載した。
2　事例の発生月の確定できないものや各月にわたるものは左欄に☆で表した。
3　各年の末尾に図書館の自由に関連する刊行物をまとめて掲載した。著者『書名』（刊行年月）のように記載し，出版者は記載しなかった。
4　各事項について複数の文献は　/　で区切った。
5　全国図書館大会については，開催の回次（開催年）場所に続いて自由分科会の「テーマ」（講演や事例発表のタイトル）を記載した。
6　団体名で略称を用いたものは，日図協の他に次のようなものがある。
　　図書館問題研究会　＝　図問研　　　アメリカ図書館協会　＝　ALA
　　学校図書館問題研究会　＝　学図研　　国際図書館連盟　＝　IFLA
　　日本図書館研究会　＝　日図研
7　文献欄の記載は次のように略し，刊行年月は記載しなかった。
　　『図書館雑誌』　＝　雑誌
　　『図書館の自由』（ニューズレター）　＝　図の自由
　　『みんなの図書館』　＝　み
　　『現代の図書館』　＝　現代
　　『朝日新聞』　＝　朝日　『日本経済新聞』　＝　日経
　　『全国図書館大会記録○○年』　＝　大会○○
　　『図書館と自由』シリーズ○集　＝　○集
　　『図書館の自由に関する事例33選』の事例○　＝　33選○
　　『図書館の自由に関する事例集』の事例△　＝　本書△
8　『図書館年鑑』については文献欄に掲載しなかったが，『『図書館年鑑』にみる「図書館の自由に関する宣言」50年』（2004年10月）に2003年までの各年の動向と関連資料を掲載しているので併せて参照していただきたい。
　　また，『図書館の自由』の主要記事は『図書館の自由ニューズレター集成 1981－2000』（2006年3月）に収録している。
9　本年表の収録対象は，本文の1992～2004年を超えて2007年までとした。

1991（平成3）年

☆	●前年に始まった「有害」マンガ追放運動で，青少年条例に基づく書店の摘発，議会への請願など相次ぎ，岩手，広島，大阪，京都などで青少年条例の改正も相次ぐ ●某宗教団体関係書籍の寄贈・受入れ要求相次ぐ	13集4章 大会1991自由
1月	●JLA自由委員会関東地区小委員会，「長野市の『ちびくろサンボ』廃棄問題と市立図書館の対応について」見解発表 ●「ちびくろサンボ問題を考える集い」（長野市）	雑誌85(3)/13集p.216/33選10
2月	●篠山紀信『Water fruit　篠山紀信＋樋口可南子』発売，ヘアヌード写真集ブーム始まる ●盗難車両中の遺留品の図書に関し，東京都日野市立図書館に警察が貸出記録を照会 ●「成年コミック」マーク表示による自主規制開始 ●わいせつ漫画の販売容疑で3書店店長ら5人を摘発	本書29 雑誌85(9)
3月	●兵庫県西宮市立中央図書館，紙芝居『ある島のきつね』に身体障害者に対する差別的表現があるとの利用者の指摘を受け，開架から引き上げ ●東京都青少年の健全な育成に関する条例による指定誌，東京都から国立国会図書館へ移管，専門資料部特別資料課で保管	13集p.216 33選31
4月	●図書館利用者のプライバシー保護条例化なる－田辺町立図書館の設置及び管理に関する条例 ●東京都町田市立図書館に自由委員会設置 ●大阪城所蔵地図に差別語あり，大阪市は図録を回収し修正 ●漢字学習表に差別語，抗議で出版社回収へ	 本書31/大会2003自由 朝日1991.4.9 朝日1991.4.19
10月	●日図協自由委，『図書館雑誌』に「こらむ図書館の自由」を連載開始 ●滋賀県立図書館制限図書利用要綱 ●全国図書館大会77回（1991）徳島 「図書館の自由とこれを支える職員をめぐる課題」（ちびくろサンボ長野市問題調査報告と委員会見解，神奈川県個人保護条例と学校図書館における読書の自由について，寄贈図書の収集の自由）	雑誌85(10)より 本書32 大会1991
11月	●篠山紀信『Santa Fe　宮沢りえ』発売，公共図書館，学校図書館での受入れ論議 ●全日本精神障害者育成会，平凡社『哲学事典』の「精神薄弱」の項の記述に抗議。在庫分回収へ ●日本航空機内誌『ウィンズ』国際線用に差別的表現が	大会1997学校 33選14/13集p.217/朝日1991.11.12 読売1991.11.2

	あるとして28万部を回収 ●手塚治虫「ジャングル大帝」など黒人差別だとしてアメリカで絶版・改訂要求	毎日1991.11.3
12月	●大阪府，青少年健全育成条例の改正（包括規制，緊急指定，警察官の立ち入りなど） ・日本ペンクラブ，規制強化反対を表明	
☆	●ALA知的自由部編『図書館の原則－図書館における知的自由マニュアル（第3版）（図書館と自由12）』（1991.4） ●図問研長野支部『「ちびくろサンボ」が焼かれた－長野市における「ちびくろサンボ」廃棄依頼問題資料集』（1991.6） ●日図協自由委ほか『これからの図書館に何を望むか－豊かな地域と文化のためにシンポジウム記録』（1991.10）	
1992（平成4）年		
2月	●東京地裁，未決勾留中の者への新聞・雑誌記事の顔写真部分の閲読を不許可として墨塗りをして交付した措置を違法とする判決	本書1/判例時報1436
3月	●「コミック表現の自由を守る会」発足	
7月	●東京高裁，同性愛を描いたビデオテープ輸入者に無罪判決，個人的鑑賞目的にとどまる限り，刑罰法規でその自由に干渉できないとする	
8月	●講談社，全国の図書館あてに遠藤周作『こんな治療法もある』（1989.5）閲覧禁止を依頼，日図協自由委で出版社に説明を求め，図問研は9月に撤回申入れ	本書5/雑誌86(10)/み187
	●富山図録事件に関連して右翼団体幹部が中沖県知事に殴りかかる	16集3章/富山1992.8.5
9月	●「杉並区図書館の自由に関する委員会」の設置，『杉並区史』の閉架措置要求への対応から	本書31
10月	●全国図書館大会78回（1992）愛知 「今に生きる図書館の自由－図書館協会100周年と図書館の自由のあゆみ」（「子どもの権利条約」と「図書館の自由」，「図書館の自由」の理念の発展，シンポジウム「『図書館の自由』と『有害』図書規制」）	大会1992
11月	●名古屋高裁金沢支部，富山の天皇図録破損裁判で正当防衛認めず控訴棄却，神職は有罪判決を不服として最高裁に上告	北陸中日1992.11.14
☆	●差別的表現を理由とする絶版・回収：『学生ことわざ辞典』『文学・趣味・教養ことわざ辞典』『B型肝炎殺人事件』『マンボウ＆ブッシュマン』『報道写真家』『略	

	奪の海カリブ』 ●『あすなろ白書』『法月綸太郎の冒険』に利用者のプライバシー侵害の表現，自由委は著者に理解求める要望書送付	
☆	●日本性教育協会『青少年とマンガ・コミックスに関する調査報告書』（1992.6） ●杉尾敏明，棚橋美代子『焼かれた「ちびくろサンボ」』（1992.11）	

1993（平成5）年

1月	●東京税関が前年10月にわいせつ物と認定し禁輸としたマドンナ写真集『Sex』の図書館での貸出について論議	16集 p.134 / 雑誌 87(10)/カレント168
3月	●愛知県図書館「人権・プライバシーを侵害する恐れのある資料の取扱要領」制定	本書32
4月	●富山県，昭和天皇コラージュ作品を美術館運営の障害として個人に売却，図録470冊の焼却を決定 ●岐阜県青少年保護育成条例違反事件	北日本1992.4.21 刑集43（8）/本書8
6月	●日韓，韓日辞典に差別用語があるという指摘により出版社は書店から回収，図書館にも回収依頼があり日図協自由委は出版社に申し入れ	読売1993.6.10
7月	●筒井康隆，高校教科書掲載の「無人警察」に差別表現があるとするてんかん協会の抗議に断筆宣言	毎日1993.7.14/月刊部落問題209
9月	●全国図書館大会79回（1993）北海道 「読書の自由とこれをささえる司書の役割－広い大地に根をおろした図書館の未来を語る」（読書の自由を拡げるために－北海道における公共図書館の現状，子どもの権利条約と読む自由について）	大会1993
10月	●『完全自殺マニュアル』（1993.7刊）問題化，兵庫県の西宮東高校では予約を受けて論議始まる	本書8/毎日1993.11.2/大会1994/16集4章
11月	●テレビ朝日『さすらい刑事』，朝霞市立図書館へロケ依頼，日図協自由委と相談の上脚本変更 ●日本ペンクラブ「『差別表現』に関する研究会」発足 ●アイヌ蔑視表現との抗議を受けて倉本聰『北の人名録』（1982.3刊）を新潮社が回収へ 　・改訂新版（43刷）発行（1995.8）	本書22 毎日1993.10.23 本書7/毎日1993.11.25
☆	●H.ライヒマン『学校図書館の検閲と選択』（1993.11） ●馬場俊明『「自由宣言」と図書館活動』（1993.12）	

1994（平成6）年

☆	「自由宣言」採択40周年記念事業 ●「移動展示1994　なんでも読める　自由に読める!?」	

年表

	を全国各地で開催 ●『図書館雑誌』で特集「図書館の自由に関する宣言40周年」 ●「自由宣言」採択40周年記念シンポジウム「表現の自由から図書館を考える」開催（12月） 　・『シンポジウム記録』（1997.10）	雑誌88(7)
☆	●『完全自殺マニュアル』をもった中学生の自殺から有害図書への指定，図書館での提供について論議続く 　・福岡県では有害指定せず（読売1994.2.4） 　・全国図書館大会（鳥取）で論議（朝日1994.10.28）	本書8/朝日1994.1.18/大会1994
2月	●白雪姫，浦島太郎などに差別童話との指摘 ●差別表現をめぐって，週刊文春連載「徹底検証『言葉狩り』と差別」（2〜3月），週刊現代連載「差別用語問題ジャーナリズムの現場から」（2〜4月） ●長見義三『アイヌの学校』（1993.10復刻刊行）に差別表現と北海道ウタリ協会の抗議で出版社は絶版・回収を決定 　・日図協自由委，「『アイヌの学校』の図書館における提供制限，回収要請についての考え方（メモ）」を公表（6月）	毎日1994.2.14 本書7/北海道1994.2.22/創24(5)・(11)
4月	●日本「児童の権利に関する条約（子どもの権利条約）」批准 ●連続テレビ小説「ぴあの」で日図協とロケの大阪府立中之島図書館がNHKに申し入れ ●フジテレビ「キテレツ大百科」（8月），NHK「中学生日記」（9月）にも借りた生徒の名前を別の生徒に教える場面あり	雑誌89(5) 本書22/朝日1994.5.11/16集p.135/み207
5月	●福島市立図書館，寄贈本焼却事件 ●井上夢人『プラスティック』に貸出記録を教える場面，自由委が理解を求める文書送付	福島民報1994.5.9/16集p.135/雑誌89(5)
6月	●松本市立図書館，松本サリン事件で『みどりの刺青』貸出保留	本書6/16集p.135/信濃毎日1994.7.29/み214
8月	●名古屋市立図書館，プライバシー保護の手引き作成	本書31/み214
10月	●全国図書館大会80回（1994）鳥取 「すべての図書館資料に，自由と平等なアクセスを!!－『図書館の自由に関する宣言』採択40周年とその歩み」（自由宣言四十年－その軌跡と成果，図書館の自由に関する事例集を編集して，地方出版について，最近の事例から，「完全自殺マニュアル」の予約をめぐって）	大会1994

246

☆	●日図協自由委編『子どもの権利と読む自由（図書館と自由13）』（1994.4） ●湯浅俊彦『「言葉狩り」と出版の自由－出版流通の現場から』（1994.5） ●「特集ある自画像の受難－富山県立近代美術館・図書館事件」（『ず・ぼん』1）（1994.7） ●コミック表現の自由を守る会『差別表現に関するマンガ家アンケート』（1994.7） ●松本市図書館『図書館の自由って何だろう？－小説「みどりの刺青」と「図書館の自由」についての資料集』（1994.11）	

1995（平成7）年

☆	●「マスコミ倫理研究会」から各地の自治体へ図書館，公共施設からヘアヌード関連雑誌排除の要求相次ぐ	本書29/毎日1995.3.24
2月	●日本テレビ「火曜サスペンス劇場－新・女検事霞夕子」で交渉の結果脚本変更 ●掲載記事「ナチ『ガス室』はなかった」により月刊誌『マルコポーロ』廃刊へ	本書22/16集p.137
4月	●地下鉄サリン事件（1995.3）捜査で警視庁は国立国会図書館の利用記録53万人分など押収 ・日図協自由委，国会図書館に質問状（6月），図問研は全国大会で抗議のアピール採択（7月） ・日図協自由委，セミナー「図書館利用者の秘密と犯罪捜査」を開催（10月）	本書24/16集p.135/雑誌89（10）/み220/創25（1）/朝日1995.11.7〜9
6月	●日図協自由委，12号（1992.6）をもって休刊中の『図書館の自由』ニューズレター復刊13号を刊行	
7月	●日図協自由委，図書館の自由に関するアンケート調査実施 ●アニメ映画「耳をすませば」（1995.7公開）制作のスタジオジブリと日図協自由委で話し合い（5月，7月） ・学図研申し入れ（7月），回答（12月）	図の自由15/大会1996 本書23/雑誌89（7）・（8）/16集p.136
8月	●徳島県那賀川町で図書館蔵書『富岡町志』の閲覧・貸出の中止と焼却の申立て ●IFLAイスタンブール大会で「表現の自由と情報へのアクセスの自由」に関する決議採択	本書3/16集p.137/み238/雑誌90（2），91（2） 図の自由14
9月	●古田足日『宿題ひきうけ株式会社』（1966）にアイヌ民族差別の表現があるとの抗議を受け理論社が回収を決定 ・新版刊行（1996.9） ●オウム真理教関連図書の排除を求める市民の声に対	毎日1995.9.28/16集p.134

年　表

	し，名古屋市立図書館は自由宣言の趣旨に基づき特別な取り扱いはしないことを決定	
10月	●富山図録の破損者は最高裁上告棄却により有罪確定，富山県立図書館は証拠物件であった図録の所有権を放棄 ・自由委は図録の保存について質問と要望を富山県立図書館あてに送付，訪問して保存を要望（11月） ・富山県立図書館は図録の受け取りを拒否（12月） ●全国図書館大会81回（1995）新潟 「『図書館の自由に関する宣言』採択40年の現在を検証する」（地下鉄サリン事件に伴う記録押収，富山県版画図録問題，パネルディスカッション「メディアと図書館」）「国立国会図書館の利用記録押収事件に学び，利用者のプライバシーを尊重することを決意するアピール」	朝日1995.11.30/毎日1995.12.8 大会1995
11月	●『タイ買春読本』（1994.9）に市民団体から絶版・回収を求める抗議あり ・静岡市立図書館での所蔵をめぐり論議，公開討論会開催（1995.2） ・出版社は改訂版を刊行（1995.7）	本書15/16集 4 章/16集p.136/み232
☆	●『筒井康隆「断筆」をめぐる大論争』（1995.3）	

1996（平成 8 ）年

1 月	●穴吹町立図書館閲覧の制限に関する要綱	本書32/図の自由26
2 月	●『完全自殺マニュアル』を傍らに鳥取で 1 月に中学生が自殺したことから，県教委が学校に回収焼却を指示 ・鳥取市民図書館では高校生以下に貸出制限 ●ALA，通信品位法（The Communications Decency Act）について連邦司法省を訴える ・最高裁で違憲判決（1997.7）	本書 8 /16集第 4 章 図の自由15 図の自由15・18
3 月	●松本市立図書館，「利用者のプライバシー保護に関する運用方針」を松本サリン事件きっかけに制定	本書 6
4 月	●神奈川県立川崎図書館資料利用制限措置に関する内規 ●三重県立図書館が同和関係図書コーナーの一部を閉架したことについて市民より公開質問状 ・同館は閉架の図書を開架に戻し（ 6 月），「人権問題コーナー」設置（ 7 月） ・日図協自由委は現地調査し報告（ 9 月）	本書32/図の自由26 本書 9 /雑誌91（3）/み232・234/図の自由16
6 月	●雑誌『KEN』頒布禁止の仮処分決定に基づき，秋田県立図書館に提供中止の警告書	本書10/16集p.136/現代42（3）/早稲田法学74（3）

248

年　表

8月	●IFLA北京大会でCAIFE（情報のアクセスと表現の自由に関する委員会）開催，公開討議で日図協自由委の活動紹介	図の自由16・17
	●町田市立図書館の自由に関する委員会設置要領（内規），同運営要領（内規）	本書31/大会2003
10月	●全国図書館大会82回（1996）大分 「『宣言』を守り，広めていくために」（「図書館の自由」に関するアンケート調査について（報告），「タイ買春読本」問題から図書館の自由を考える，「完全自殺マニュアル」貸出制限をめぐって，福岡県内公共図書館における「完全自殺マニュアル」所蔵及び対応状況／「図書館の自由に関する宣言」への対応状況調査報告）	大会1996
	●日図協自由委，富山県立図書館図録問題について，主に図録損壊に関連する見解を公表	雑誌91（2）/図の自由16
12月	●日図協自由委，公開セミナー「人格権（プライバシー）侵害を理由にその販売・流布が仮処分決定により禁止された書籍を所蔵する図書館は当該書籍の閲覧を継続させない法的義務があるか」（講師：松本克美）	本書10/雑誌91（1）
☆	●川崎良孝『図書館の自由とは何か　アメリカの事例と実践』（1996.5） ●渡辺重夫『図書館の自由を考える』（1996.9）	

1997（平成9）年

1月	●熊野市立図書館に「木本事件」の資料展示コーナーの設置の要望	
3月	●「四畳半襖の下張」が『ユリイカ』に収録，三大「猥褻文書」公刊（「チャタレイ夫人の恋人」完訳1996.11，「悪徳の栄え（続）」1995復刊）	
5月	●大阪市立図書館のパソコン通信に不正侵入	本書25/図の自由18・19
	・大阪府のネットも不正侵入で図書館のID盗む（8月） ●日図協自由委，「土曜ワイド劇場／お料理学校殺人事件」（1997.5.10放送）についてテレビ朝日に文書で注意喚起	図の自由18
6月	●ゼンリンの住宅地図「荒川区」1984〜1996版の「屠殺場」の記載につき都の同和対策部が各局に記述抹消を求め，二十三区同対課長会より区立図書館にも依頼 　・改訂版発行（1997.6）	図の自由18
	●SMAPや宝塚などの「タレントおっかけ本」について東京地裁が出版差止めを命令 　・最高裁で確定（1998.10）	16集p.138/朝日1997.6.24/法律時報70（2）
7月	●神戸市の児童連続殺傷事件で14歳の少年が容疑者と	本書11/16集2章/16

249

	して逮捕（6月），容疑者の顔写真入り記事の扱いで論議あり，日図協は「『フォーカス』(1997.7.9号)の少年法第61条に係わる記事の取り扱いについて（見解）」公表 ●福岡県，改正青少年健全育成条例により包括指定，総量規制，ネット情報の指定，罰則強化 ●日図協自由委，国の図書館政策に対する要望書を文部大臣あて送付	集p.137-138/図の自由19/雑誌91(8)・(9)・(10) 図の自由18
8月	●IFLA/CAIFE（情報のアクセスと表現の自由に関する委員会），南仏極右政党の特定図書排斥を非難のアピール	図の自由19
9月	●諫早市立図書館で長野ヒデ子と丘修三の座談会と原画展の企画が教育委員会の介入で中止	本書28/日本児童文学44(1)/16集p.138/図の自由20
10月	●岡山県，『完全自殺マニュアル』(太田出版)，『ザ・殺人術』(第三書館)，『世紀末倶楽部Vol.1-3』(コアマガジン) など残虐を理由に有害指定 ●全国図書館大会83回（1997）山梨 「図書館の自由－資料提供とプライバシー保護」（シンポジウム「資料提供とプライバシー保護－『フォーカス』等の事例をめぐって」，『フォーカス』問題の背景－流通・出版の側面から）	本書8/山陽1997.10.18/図の自由23 大会1997
☆	●湯浅俊彦，武田春子編『多文化社会と表現の自由－すすむガイドライン作り』(1997.5) ●日図協自由委編『図書館の自由に関する事例33選（図書館と自由14)』(1997.6) ●ALA知的自由部編『図書館の原則　新版－図書館における知的自由マニュアル（第5版)（図書館と自由15)』(1997.7) ●日図協自由委編『表現の自由から図書館を考える－図書館の自由に関する宣言採択40周年記念シンポジウム記録』(1997.10)	
1998（平成10）年		
☆	●『文藝春秋』3月号，児童連続殺傷事件容疑者少年の供述調書掲載（2月10日発売)，『新潮45』3月号，堺通り魔事件容疑者19歳少年の顔写真と実名掲載，『フォーカス』3月11日号に少年の犯行ノート，4月15日号に少年の学習指導要録の一部掲載，『週刊現代』6月6日号，少年の精神鑑定書掲載など，少年事件をめぐる記事の図書館での取り扱い論議	本書11/図の自由20・21
3月	●福島次郎『三島由紀夫－剣と寒紅』手紙の公表権の	本書12/朝日1998.3.5

	侵害として出版差止め，回収の仮処分決定 ・最高裁で確定（2000.11） ●日図研第39回研究大会 「プライバシーと図書館」（図書館をめぐる二つのプライバシー問題，コンピュータとプライバシー，学校図書館とプライバシー，資料の中のプライバシーと資料提供）	図書館界50(2)
4月	●東京都立中央図書館，「福島次郎『三島由紀夫－剣と寒紅』(㈱文藝春秋1998）及び『文学界』1998年4月号に掲載された同上の小説に関する都立図書館の対応について」で特段の利用制限を行わないことを公表	本書12
	●群馬県立図書館資料提供制限実施要綱で制限の対象になる資料を広く規定	本書32/図の自由23
	●岩波新書『南京事件』本文と無関係の写真掲載で回収	産経1998.4.9
5月	●研修会「青少年保護育成条例と図書館の自由」岡山県青年図書館員研修会主催	16集4章
6月	●出版倫理協議会「児童買春・ポルノ禁止法案に関する見解」表明	
8月	●IFLAアムステルダム大会でFAIFE（情報へのアクセスと表現の自由に関する委員会）発足	図の自由22
9月	●大阪府S市立図書館が『新世界訳　聖書』を廃棄し予約を断ったことについて，日図協自由委の見解公表	図の自由22
10月	●最高裁，鹿砦社『ジャニーズおっかけマップ・スペシャル』および同様の出版物の出版・販売事前差止め決定 ・出版流通対策協議会は抗議の声明（11月）	法律時報70(2)/図の自由24
	●滋賀県，『完全自殺マニュアル』『危ない薬』有害図書指定	本書8
	●図書館の自由広報展示パネル「なんでも読める　自由に読める!?」改訂版作成	図の自由23
	●全国図書館大会84回（1998）秋田 「資料提供とプライバシー保護(2)」（講演「資料提供とプライバシー保護－憲法学の立場から」，神戸の少年殺傷事件の被疑者少年の検事調書を掲載した『文藝春秋』3月号の提供に関わる図書館の対応をめぐって，資料提供をめぐる大学図書館の現状から－『文藝春秋』『新潮45』等の事例から）	大会1998
12月	●東京地裁，名誉毀損に基づく『タイ買春読本』絶版回収は，時間の経過により認められないと判決	本書15/法律時報72(11)
	●日本書籍出版協会，「児童買春・児童ポルノ禁止法案」反対の見解を表明	図の自由24

251

年　表

1999（平成11）年

3月	●日図協自由委関東地区小委員会主催セミナー「少年犯罪報道と図書館の自由」（講師：田島泰彦） ●IFLA図書館と知的自由に関する声明，IFLA理事会で承認 ●橿原市立図書館貴重書等の閲覧及び館外利用の制限に関する要綱	本書11/現代37（3） 雑誌93（9） 図の自由25
5月	●児童買春，児童ポルノに係る行為等の処罰及び児童の保護等に関する法律（児童買春・児童ポルノ禁止法）成立 ●行政機関の保有する情報の公開に関する法律（情報公開法）成立（2001.4施行），「知る権利」の明記は見送り	
6月	●堺通り魔事件の実名報道訴訟で大阪地裁は，新潮社などに損害賠償を命じる判決 ●東京地裁，柳美里「石に泳ぐ魚」出版差止め判決（2002.9最高裁で確定） 　・東京都立図書館は閲覧制限せず ●アメリカ大学研究図書館協会「知的自由の原則」声明	本書11 本書13/16集p.139 図の自由27
8月	●組織犯罪対策3法の一つ「通信傍受法」成立 　・インターネット等も傍受でき，人権侵害や取材源を秘匿できないと各弁護士会や報道機関の抗議声明 　・図書館利用者の秘密も危ういと図問研は7月に廃案を求める声明 ●IFLAバンコック大会でFAIFE，キューバ政府に自主図書館への圧力を非難する声明	朝日1999.8.13 み271 図の自由26
9月	●東京都が『タイ買春読本』などの有害指定を見送ったことに対し，都内自治体議会から指定するよう意見書相次ぐ 　・図問研，都知事に対し指定しないことを求める要請書（11月）	本書15/毎日1999.9.25・28 図の自由27
10月	●全国図書館大会85回（1999）滋賀 「メディアの多様性と『知る自由』の課題」（有害図書指定の現状と問題点，事例研究7事例/"オウムが引っ越してくる"他）	大会1999
11月	●東京都立図書館資料取扱委員会設置要綱	本書32
12月	●東京都北区議会で公明党議員から袋綴じやヘアヌード掲載の週刊誌の図書館での収集について質問，同図書館は自由宣言を根拠に答弁 ●山形県，雑誌『an・an』を有害図書指定	本書29/読売1999.10.20夕 東京1999.12.5
☆	●灘本昌久『ちびくろさんぼのおはなし』（1999.5） ●灘本昌久『ちびくろさんぼよすこやかによみがえれ』（1999.5）	

年　表

2000（平成12）年

1月	●IFLA/FAIFE，中国政府がアメリカの大学図書館の中国系司書拘束に抗議声明	図の自由27
2月	●名古屋高裁，富山県立近代美術館の天皇コラージュ非公開に違法性なしと原告逆転敗訴，原告は上告へ ●堺通り魔事件被告の実名報道訴訟で，大阪高裁は「少年法は実名で報道されない権利を与えたものではない」と逆転判決	毎日2000.2.16，2.29 本書11/毎日2000.2.29
3月	●東京都大田区議会で公明党議員が『週刊新潮』『週刊文春』の排除要求	本書29
☆	●自民党「青少年有害環境対策法案（素案骨子）」（4月），「青少年有害環境対策基本法案」（5月），「青少年境環境対策基本法案（素案）」（9月） ・日本書籍出版協会，「青少年社会環境対策基本法案（素案）」に対して見解を発表（10月）	
5月	●東京都，有害図書の規制強化を青少年問題審議会に諮問	読売2000.5.12
6月	●日本新聞協会，新聞倫理綱領制定 ●島根県益田市人権センター『益田町史・益田市史・益田市誌下巻における「益田事件」に対する益田市の見解』発行	図の自由28 雑誌95(12)
8月	●IFLAエルサレム大会で「デジタル環境下における著作権に関する国際図書館連盟の立場」採択	図の自由29/雑誌94(12)
9月	●図書館を充実して情報格差をなくそう！IT憲章（グローバルな情報社会に関する沖縄憲章）への図書館問題研究会アピール	図の自由29
10月	●『クロワッサン』10月10日号（9月25日発売）差別的表現により出版社が書店から回収 ・横浜市立図書館は当該記事を切り取った上で提供 ・横浜市民から批判，「市民の知る自由と図書館の資料提供を守る交流集会」開催（2001.6） ・日図協自由委，横浜市の対応を調査し雑誌に報告（2001.8） ●天皇コラージュ訴訟，富山県立近代美術館の特別観覧要求に対し，名古屋高裁は2月に一審判決を覆し，最高裁は上告を棄却し原告敗訴が確定 ●全国図書館大会85回（2000）沖縄 「豊かな資料提供を求めて－沖縄の社会と図書館」（講演「沖縄の図書館－復帰前後を中心に」，シンポジウム「沖縄の社会と図書館」）	本書14/朝日2000.10.6/創30(11) 神奈川2001.6.8，10 雑誌96(1) 東京2000.10.28 大会2000

253

年　表

11月	●法務省の人権擁護推進審議会，人権救済制度のあり方に関する中間取りまとめを公表	
	●『三島由紀夫－剣と寒紅』訴訟，東京高裁で5月に控訴棄却，最高裁判所が上告を棄却して確定	本書12/毎日2000.11.10
	●講談社『日本の歴史01　縄文の生活誌』，旧石器遺跡捏造の発覚により回収 ・改訂版発行（2002.11）	本書19/図の自由42
	●個人情報保護法案大綱決定 ・日本新聞協会，10月に報道機関への適用除外を求める意見書を公表	本書21, 26
12月	●口唇・口蓋裂友の会の抗議により静山社は『ハリー・ポッターと秘密の部屋』の66刷以降，問題箇所を削除して発行，会は公共図書館に，貸出についての依頼文書を送付	本書16/図の自由32
☆	●川崎良孝，高鍬裕樹『図書館・インターネット・知的自由　アメリカ公立図書館の思想と実践』(2000.4) ●日図協自由委編『表現の自由と「図書館の自由」（図書館と自由16）』(2000.5) ●ウェイン・A. ウィーガンド『「図書館の権利宣言」を論じる』(2000.9) ●バーバラ・M. ジョーンズ『図書館・アクセス・知的自由　公立図書館と大学図書館の方針作成』(2000.11)	

2001（平成13）年

1月	●日図協，「差別的表現と批判された蔵書の提供について（コメント）」公表	本書14・16/雑誌95(2)
2月	●目黒区立図書館の資料提供に係る検討委員会要項（2月）	本書32
	●東京高裁，柳美里「石に泳ぐ魚」の出版差止め裁判で作家の控訴棄却	本書13
3月	●日図協，青少年社会環境対策基本法案についての見解を公表	雑誌95(5)
	●東京都中央区議会で，公明党区議が区立図書館の創価学会批判図書を非難，選書した職員の人事異動を求める ・共産党区議団は同区教育委員会に図書館の自由と言論出版の自由を守ることを申入れ（5月）	本書30/しんぶん赤旗2001.5.29
7月	●東京都青少年健全育成条例の改正，自殺，犯罪のおそれのある図書を不健全図書指定へ	
8月	●船橋市西図書館が特定著者の著作を除籍・廃棄	本書4
	●IFLA第67回ボストン大会，FAIFEの報告に基づいてキューバ問題についての決議文採択	図の自由33

254

9月	●東大和市立図書館の『新潮45』閲覧禁止は図書館の裁量と東京地裁判決	本書17/図の自由36
10月	●全国図書館大会87回（2001）岐阜 「情報格差と図書館における知的自由」（講演「IT時代の図書館と知的自由－情報格差と著作権を中心に」，インターネットの有害情報対策と図書館，青少年有害情報規制と「図書館の自由」）	大会2001
12月	●ALA，図書館利用記録の秘密性とプライバシーについて声明を公表	図の自由34・35

2002（平成14）年

☆	●日図協自由委「宣言1979年改訂」解説の改訂に着手	
1月	●国立国会図書館，利用規則見直し年齢制限緩和，18歳以上の者に入館を認める（関西館は開館の10月より適用）	本書2
	●東大和市立図書館，『新潮45』閲覧禁止裁判で東京高裁は控訴を棄却	図の自由36
2月	●「ドリトル先生」に差別表現があるとしての回収要求に，岩波書店は回収せず文書「読者のみなさまへ」を添付	朝日2002.2.4/雑誌96(3)
	●日本書籍出版協会，自民党「青少年有害社会環境対策基本法案」に対する意見	
4月	●東京都立図書館，それまで16歳以上であった入館の年齢制限を撤廃	本書2
	●船橋市西図書館が前年8月に特定著者の著作を除籍・廃棄したことが報道される	本書4/産経2002.4.12
	・日図協は見解発表（6月），自由委は経緯を調査し雑誌に報告（8月）	雑誌96(7)・(10)/図の自由36・37・38
8月	●IFLAインターネット宣言とグラスゴー宣言，IFLAグラスゴー大会総会で採択	図の自由37・45
9月	●柳美里「石に泳ぐ魚」出版差止め，最高裁で確定 ・国立国会図書館は10月に上記掲載の『新潮』1994年9月号の利用制限措置を決定 ・日図協自由委は国会図書館に質問 ・都立中央図書館は11月に上記の閲覧禁止を決定	本書13/16集p.139/雑誌96(11・12)/図の自由39
10月	●日図協自由委，「図書館の自由に関する宣言」絵はがきを作成	
	●全国図書館大会88回（2002）群馬 「国民の『知る自由』をめぐる状況と『自由宣言1979年』解説の改訂」（「メディア規制法の背景」，「自由宣言」解説の改訂）	大会2002
11月	●東京都江東区立図書館委託職員，個人情報を私的利用	読売2002.12.19/図の自由40

年　表

	●日図協自由委主催セミナー「図書館を利用する権利の法的位置づけ－図書館所蔵資料の閲覧請求を中心に」（講師：奥平康弘）	本書17/現代41(2)/図の自由39
☆	●川崎良孝解説・訳『公教育と図書館の結びつき　ホーレス・マンと学校区図書館』(2002.7) ●ロバート・S. ペック『図書館・表現の自由・サイバースペース』(2002.8) ●ヘンリー・ライヒマン『学校図書館の検閲と選択　アメリカにおける事例と解決方法』(2002.10) ●川崎良孝『図書館裁判を考える　アメリカ公立図書館の基本的性格』(2002.11) ●橋本健午『有害図書と青少年問題』(2002.11)	

2003（平成15）年

☆	●日図協自由委,「宣言1979年改訂」解説の改訂を進める ・改訂案の公表（2002.10, 2003.3・7・11月） ・意見集約会の開催（3・5月）	図の自由38・39・41・42
3月	●日図協,「石に泳ぐ魚」利用禁止措置の見直しについて国立国会図書館へ要望 ●大阪府青少年健全育成条例改正,「犯罪を誘発するような」図書類, 包括指定の強化, インターネット端末にフィルターソフトの努力義務を課す（7月施行）	本書13/雑誌97(4)/図の自由39・40/み309 図の自由40
4月	●愛知県図書館, 図書館サービスにおける表現の自由, 個人情報の保護等についての検討委員会設置	本書31
5月	●個人情報保護法の成立 ●北朝鮮拉致被害者家族の住所掲載の朝日新聞について, 図書館に該当部分墨塗要望の申入れ ●旧石器発掘捏造問題（2000.11発覚）で日本考古学協会は大会報告等を「利用してはならない」と会告	本書21 朝日2003.5.13/図の自由41 本書19/図の自由42
6月	●国立国会図書館の入館年齢制限に14歳少年が異議申立 ●米国連邦最高裁判所, 公共図書館にフィルターソフト義務付ける「子どもをインターネットから保護する法律（CIPA）」（2000年）合憲の判決 　・ALAの訴えにフィラデルフィア高裁は2002年に違憲の判断 ●インターネットにおける表現の自由について, IFLA/IPA共同声明 ●有事法制関連3法（武力攻撃事態対処関連3法）成立 　・民放連（日本民間放送連盟）は指定公共機関に指定	本書2/図の自由41 図の自由41 カレントE22/図の自由42

	される動きについて反対を表明（11月）	
7月	● 米国反テロ愛国者法（通称Patriot Act）への不信広がり，アメリカ自由人権協会，憲法に抵触とデトロイト連邦地裁に提訴	カレントE20/図の自由42
8月	● 住基ネットの本格稼働（住基カードの発行開始）と図書館利用	本書26/図の自由42/雑誌97(10)
9月	● 船橋市西図書館蔵書廃棄問題裁判で原告敗訴の東京地裁判決 ● 東京都議会で性教育関連教材の実態調査 ● 大阪府X市立図書館がスポーツ紙購入を中止したことに関して自由委に要請あり，委員会は調査して報告を送付（2004.3）	本書4/雑誌97(10) 図の自由41 図の自由43
10月	● 全国図書館大会89回（2003）静岡 「図書館の『社会化』と図書館の自由」（監視社会と情報主権，「『図書館の自由に関する宣言』解説」改定案の概要，町田市立図書館における自由委員会の活動について，愛知県図書館の自由委（略称）の立ち上げの経緯と現在）	大会2003
12月	●「女と愛とミステリー人気シリーズ③夏樹静子サスペンス」（テレビ東京11.9放映）で図書館が容疑者の利用記録を見せる場面，日図協の申し入れでお詫びを放送 ● 世界情報社会サミット，スイスのジュネーブで開催 ● 町田市立図書館の自由に関する調査委員会設置要領・運営要領（内規）改正施行	本書22/図の自由43 カレントE29/図の自由43 図の自由43
☆	● ALA知的自由部編『図書館の原則　改訂版－図書館における知的自由マニュアル（第6版）』（2003.1） ● マーク・スミス『インターネット・ポリシー・ハンドブック　図書館で利用者に提供するとき考えるべきこと』（2003.4） ● 文科省『「子どもとインターネット」に関するNPO等についての調査研究－米国を中心に－報告書』ALAとリバプール公立図書館の取り組み掲載（2003.4） ● イーヴリン・ゲラー『アメリカ公立図書館で禁じられた図書：1876－1939年，文化変容の研究』（2003.9） ● トニ・セイメック『図書館の目的をめぐる路線論争　アメリカ図書館界における知的自由と社会的責任 1967～1974年』（2003.10）	

2004（平成16）年

☆	「自由宣言」採択50周年記念事業	

年　表

	●『図書館雑誌』で特集「50年を迎えた『図書館の自由に関する宣言』」 ●全国図書館大会でシンポジウム「自由宣言50年」 ●記念刊行物（「図書館と自由」1集復刻版，年鑑集積版，文献目録）	雑誌98(10)
1月	●IFLA/FAIFE，キューバのインターネット接続禁止への憂慮を表明	図の自由43
2月	●『現代コンビニ商法』（かもがわ出版　2000.7）をめぐってサークルケイと出版者の和解成立，サークルケイは所蔵図書館に『現代コンビニ商法』の取扱いについての申し入れ（再度）文書を送付	図の自由45
3月	●船橋市西図書館蔵書廃棄問題裁判で東京高裁は原告の控訴を棄却 ●『週刊文春』（3月25日号）出版禁止仮処分 ・国立国会図書館は同記事の閲覧禁止要請に，利用制限等申出資料取扱委員会で「条件付利用」を決定（5月） ●東京都青少年健全育成条例一部改正，販売店での包装の義務化，罰則の新設	本書4/雑誌98(5)/図の自由44 本書18/雑誌98(4)・(5)/図の自由44・45 図の自由43
5月	●ALA，愛国者法恒久化法案に対する反対声明を発表	カレントE39/図の自由45
6月	●有事関連7法成立，国民保護法の9月施行で放送の自由制約の懸念 ●米国最高裁判所，「子どもをオンライン情報から守る法律（COPA）」違憲の疑いありとするが無効とせず下級審へ差し戻し	 カレントE40/図の自由45
7月	●東京都杉並区，防犯カメラ設置・利用条例施行	
9月	●愛知県春日井市図書館，メール送信設定のミスから398人のアドレス流出 ●米国大学出版局協会（AAUP）など4団体，米国財務省海外資産管理局（OFAC）の規定が出版の自由を妨げていると提訴 ●米国連邦地裁，愛国者法505条の規定に違憲判決	図の自由46/中日2004.9.24 カレントE46/図の自由47 カレントE46/図の自由47
10月	●名誉毀損の確定した『官僚技官』（五月書房　2002.2）について，各図書館に貼付用の文書送付 ●三重県立図書館，全利用者13万3千人の個人情報が委託先社員のパソコンから流出 ●全国図書館大会90回（2004）香川 「『図書館の自由に関する宣言』の50年－その歴史的意義と今後の課題」（学校図書館と図書館の自由，座談会	本書20 本書27/毎2004.10.17/図の自由46 大会2004

	「自由宣言50年　その歴史と評価」)	
11月	●『週刊ヤングジャンプ』(集英社) 連載の本宮ひろし作の漫画「国が燃える」, 9月16日と22日発売号に掲載された南京虐殺場面への地方議員グループなどの抗議で休載 ・出版流通対策協議会は抗議を表明 (12月)	図の自由47
12月	●テレビ朝日「相棒・夢を喰う女」12月8日放送で, 図書館利用者貸出履歴を見せる場面あり, 日図協より申し入れ ・日図協, 「図書館は読書の秘密を守ることについて (ご理解の要請)」を公表 (2005.2) ・世田谷区の職員労組, 「テレビ朝日に名誉および信用の回復措置を求める声明」を公表 (2005.3)	本書22/図の自由47・48/雑誌99(1)/東京2005.1.9
☆	●川崎良孝, 京都大学『アメリカにおける学校図書館蔵書をめぐる裁判事例の総合的研究1967〜1974年 (文科省科研費研究成果報告書)』(2004.1) ●伊藤昭治古希記念論集刊行委員会『図書館人としての誇りと信念』(2004.2) ●日図協自由委編『「図書館の自由に関する宣言　1979年改訂」解説』第2版 (2004.3) ●日図協自由委編『『図書館年鑑』にみる「図書館の自由に関する宣言」50年』(2004.10) ●日図協自由委編『図書館の自由に関する宣言の成立 (図書館と自由　第1集)』覆刻版 (2004.10)	

2005 (平成17) 年

☆	●米国で親に子どもへの貸出記録を開示する法律がアラバマ州などで立法化され, またイリノイ州などで審議	カレントE58
2月	●大阪府高槻市立中央図書館, 利用者89人分の名簿盗難 ・日図協自由委, 高槻市立中央図書館利用者登録情報盗難事件調査報告を公表 (5月)	日経2005.2.21/毎日2005.2.24/図の自由47・48
3月	●阪神応援歌の著作者詐称で私設応援団の元会長逮捕, CDの回収と図書館の対応 ●関西テレビのドラマ『みんな昔は子供だった』1月25日放送で, 学校図書館のブックカードが鍵となるストーリーに, 学図研は関西テレビに申入れ ・6月発売のビデオとDVD, 再放送時には「学校図書館ではプライヴァシーに配慮している」という旨のクレジットを入れるとの回答あり	図の自由48 学図研ニュース230・231/図の自由49
4月	●個人情報保護法の施行 ・日図協, 「個人情報保護法と図書館資料の扱いについて」公表	本書21/メルマガ251/図の自由48/

259

年　表

	●金沢市立図書館所蔵の明治・大正期受刑者名簿報道をきっかけに名簿の閲覧について論議 ●長野市立長野図書館で2004年6月に防犯カメラを設置し映像を録画していることについて市議会で論議 ●トルクメニスタンで2月に大学および国立図書館を除くすべての図書館が閉鎖，IFLA/FAIFEは図書館閉鎖と人権侵害に抗議声明	本書21/朝日2005.4.14/出版ニュース2005.5中信濃毎日2005.4.8，4.9/図の自由48 カレントE58/図の自由48
	●インド北東部インパールのマニプール州立中央図書館襲撃で約15万冊の蔵書が焼失	カレントE58/図の自由48
5月	●ALA「批判の多かった図書ベスト10」を発表，ルイジアナ州などで「図書館で同性愛を扱ったものや，性的描写を含む図書を置く場所には子どもを入れない」ことを定める決議案提出	カレントE60/図の自由49
6月	●共謀罪の新設を容認する「刑法等の一部改正案」に反対する刑法学者の声明	図の自由49
	●出版流通対策協議会，松文館裁判で成年マークをつけてゾーニング販売されていたコミックがわいせつ図画とされたことに，控訴棄却・有罪判決に抗議する声明	図の自由50
7月	●船橋市西図書館の蔵書廃棄事件訴訟で最高裁は6月の口頭弁論のあと，著作者の利益を不当に損なうものであると判決 　・日図協，「船橋市西図書館蔵書廃棄事件裁判の最高裁判決にあたって（声明）」（8月）	メルマガ257・263・266/雑誌99(8)/図の自由49
	●国立国会図書館，「資料提供部における『児童ポルノの類』の取扱いについて」に基づき，児童買春・児童ポルノ禁止法における「児童ポルノの類」の閲覧制限実施 　・日図協自由委，国会図書館にヒアリング（9月）	朝日2005.7.17/メルマガ270/図の自由49・50
	●『タイガースの闇』（2002.4）名誉毀損の疑いで，発行者の鹿砦社社長逮捕（2006.1釈放） 　・出版流通対策協議会，「鹿砦社代表の起訴に断固抗議する（声明）」（8月）	朝日2005.7.12/図の自由50
	●IFLA/FAIFE，中国政府にインターネット検閲の中止を求める声明	図の自由49
	●盗聴法〈組対法〉に反対する市民連絡会，共謀罪新設法案の廃案を求める市民団体共同声明	図の自由49
	●日本ジャーナリスト会議，「共謀罪」新設の刑法改正（案）に反対する声明	図の自由49
8月	●内閣府と総務省，地方公共団体あて「公共端末へのフィルタリングソフトの導入について（依頼）」 　・日図協は内閣官房IT担当室と意見交換，「図書館それぞれの資料の収集方針，基準に照らして運用」という回答を得た	メルマガ266/図の自由50

	●米国では愛国者法によるFBIの図書館利用者の調査に反発強まり，ALAは貸出記録の廃棄を勧める	カレントE61/図の自由50
	●米国愛国者法延長をめぐって攻防，米国市民自由連合（ACLU）は図書館の利用記録捜査は違憲と提訴	カレントE65/図の自由50
9月	●IFLA/FAIFE，チュニジアの図書館事情と知的自由に関するレポート公表	カレントE68/図の自由50
10月	●『歯科・インプラントは悪魔のささやき』（第三書館絶版）について，名誉毀損の和解成立のため閲覧停止を求める文書が，図書館に送付	メルマガ275/図の自由50
	●「バイブル本」は広告であるとして，前年7月に絶版，回収されていたアガリスク広告本の出版者が薬事法違反容疑により逮捕される	図の自由50/雑誌99(12)
	●『週刊新潮』（2005年10月27日号）元少年の実名掲載について，堺通り魔事件の少年被告の実名を報じた『新潮45』を是認する判断を示した大阪高裁判決を参考にするのが妥当と日図協メモ	朝日2005.10.20/図の自由50
	●IFLA/FAIFE，中国でのインターネット制限について再度声明	図の自由50
	●出版流通対策協議会，「出版の自由・表現の自由を侵す『共謀罪』は，ただちに廃案にすべきである（声明）」	図の自由50
	●全国図書館大会91回（2005）茨城 「個人情報保護法の全面施行と図書館」（船橋市西図書館・蔵書廃棄裁判の最高裁判決について，個人情報保護法制と図書館，個人情報保護法制と大学図書館，個人情報保護に関する新潟県内公共図書館アンケート調査の結果から，神奈川県個人保護条例に対する学校図書館の取り組み）	大会2005
11月	●船橋市西図書館蔵書廃棄事件差し戻し東京高裁判決で著者1人あたり3千円賠償命令	雑誌100(1)/メルマガ282/図の自由50/本書4
	●世界情報社会サミット（WISIS）チュニジア会合でアレキサンドリア宣言採択	カレントE71/図の自由50・51
12月	●日本新聞協会・日本民間放送連盟，犯罪被害者等基本計画に対する共同声明	図の自由51
	●茨城県那珂市立図書館（2006.10開館）で非接触型手のひら静脈認証技術を導入しRFIDタグを活用するシステムの受注を富士通が発表	日経BPニュースIT/PC 2005.12.22/図の自由51
☆	●橋本健午『発禁・わいせつ・知る権利と規制の変遷（出版年表）』（2005.4）	
	●中村克明『知る権利と図書館』（2005.10）	
	●日図協自由委編『「図書館の自由」に関する文献目録1950-2000』（2005.12）	

年　表

2006（平成18）年

1月	●日図研232回研究例会，前田稔「船橋市西図書館蔵書廃棄事件判決の位置づけと法理論」 ●兵庫県加古川市立図書館，予約システム設定ミスから登録者の個人情報漏えい ●総務省，インターネット上の違法・有害情報への対応に関する研究会中間取りまとめを公表 　・最終報告書の公表（8月）	図界58(3)/図の自由51 神戸2006.1.27/図の自由51 カレントE77・90/図の自由52
2月	●学図研第4回研究集会 「『図書館の自由』の視点から，選書を考えよう！」（基調講演「なぜ，『学校図書館の自由』か」，岡山市立中学校の学校司書加藤容子の実践報告）	
3月	●『タイガースの闇』（渡辺直子著・鹿砦社　2002.4刊）の著者の名誉毀損罪による有罪確定（神戸地裁　2006.3.3）を受けて，図書館では通常どおり提供 ●福井県越前市武生図書館で利用者の電子メールアドレスが職員の操作ミスで流出 ●同志社大学『評論・社会科学』78号（2006.1），淺野健一「犯罪被害者とジャーナリズム－事件事故報道の解体的出直しを」掲載をめぐって回収，再発行せず ●日本新聞協会・日本民間放送連盟，取材源秘匿を否定する東京地裁決定に対する緊急声明 ●米国愛国者法，捜査対象から図書館をはずすなど図書館条項を修正し成立	図の自由52 日刊県民福井2006.3.18/図の自由52 図の自由52 図の自由52 カレントE79/図の自由52
4月	●国立国会図書館，「児童ポルノに該当するおそれのある資料」について閲覧禁止措置を開始 ●船橋市西図書館蔵書廃棄事件裁判で最高裁，原告の再上告を棄却，東京高裁の差し戻し控訴審判決が確定 　・市は賠償金を支払ったのち，賠償金相当額を当事者に請求，即日支払われた（8月） ●米国カリフォルニア州の公立図書館で日本の漫画についての解説本をわいせつだとして撤去 ●失踪・虐待児童のための国際センター（ICMEC）と国際刑事警察機構（ICPO-Interpol），児童ポルノに対する立法状況と処罰に関する国際調査報告書を公表	朝日2006.4.1/図の自由52 メルマガ299/雑誌100(5)/産経2006.8.10 図の自由52 カレントE81/図の自由53
5月	●米国ニューヨーク大ブレナンセンター，『インターネット・フィルタリングの状況に関する報告書』2版を公表	カレントE84/図の自由53
6月	●ALA知的自由委員会，RFID（ICタグ）導入に関するガイドラインをALA年次大会で採択 ●国境なき報道団，中国でのサーチエンジンの検閲状況	図の自由53・54 カレントE86/図の自

262

	に関する調査結果を発表 ●日図研236回研究例会，高鍬裕樹「CIPA合憲判決とCOPA違憲判決の検討：情報を止める位置について」	由53
7月	●図問研第53回全国大会，教育基本法改悪法案の廃案を求める決議	図の自由54
	●安斎育郎『騙される人騙されない人』(かもがわ出版2005.6)，宗教団体の取材が不適切として改訂と回収	メルマガ319/図の自由54
8月	●小原孝『英語の達人・本田増次郎（岡山文庫242）』(日本文教出版　2006.7)，著作権法上の問題（盗用多数）で回収	読売2006.8.30/図の自由54
9月	●大阪府和泉市の図書館でダム建設反対の講演が「内容に問題がある」と図書館側の要請で中止，講師は館に申入書	朝日2006.10.7/図の自由54
	●学図研，教育基本法「改正」法案に反対し，子どもの「知る自由」の保障と学校図書館の条件整備を求めるアピール	図の自由54
	●第10回東京の図書館を考える交流集会，「教育基本法改正案」に反対し，その撤回を求めるアピール	図の自由54
10月	●日図協，徳山工業高専学生殺害事件に関連した雑誌，新聞の記事について公表（9月），加害少年推知記事の扱い（提供）について自由委員会検討素案を公表	雑誌100(12)/メルマガ320/図の自由54
	●日図協，「個人情報保護に関する主な検討課題」に関する意見を内閣府に提出	図の自由54
	●北海道立女性プラザの図書選定基準についての要望書（北海道知事あて） ・北海道立女性プラザ情報提供フロア図書等選定基準の公表（11月）	図の自由54
	●全国図書館大会92回（2006）岡山 「今こそ図書館の自由を－『自由宣言』の定着をめざして」（事例発表「アメリカの図書館は，いま」，パネルディスカッション「今こそ図書館の自由を」）	大会2006
11月	●日図協自由委，船橋市西図書館の蔵書廃棄事件の裁判記録を確認し，9月常務理事会に船橋市西図書館蔵書廃棄事件裁判「甲13号証」について報告，10月には自由委の考えを提出，常務理事会では当事者への要請を決定	雑誌100(10)/図の自由54
	●サーバ管理者の業界4団体，「インターネット上の違法な情報への対応に関するガイドライン」公表	カレントE97/図の自由55
☆	●有川浩『図書館戦争』(2006.2)，『図書館内乱』(2006.9) ●日図協自由委編『図書館の自由ニューズレター集成1981－2000』(2006.3) ●藤倉恵一『図書館のための個人情報保護ガイドブック』	

263

年　表

	(2006.3) ●日図協自由委編『図書館の自由に関する宣言1979年改訂－日韓中英』(2006.8) ●塩見昇，川崎良孝編著『知る自由の保障と図書館』(2006.12)	
2007 (平成19) 年		
1月	●「図書館　どうする"知る権利"」(NHKおはよう日本特集・くらしの中の憲法)で図書館の自由をテーマに放送 ●愛知県図書館，「図書館資料の提供についての基本方針」を制定	図の自由55 本書32
2月	●ハンセン病関係図書の件名について，前年末から修正の申し入れあり，各県立図書館やTRCなど対応の動き 　・日図協，厚生労働省の各都道府県に確認を求める通知について文書照会 ●衆院内閣委員会で図書館の所蔵資料に「訂正」貼付要求，国立国会図書館長答弁 ●米国で日本のマンガ選書のため対象年齢をより詳細に記述するレイティングシステムをTOKYOPOP社が整備 ●学図研第5回研究集会 「『図書館の自由』を考えよう！」(高専生殺害事件における少年容疑者の実名報道と図書館の閲覧制限をめぐって，『青少年保護条例』の有害図書包括指定の動きと学校図書館への影響～神奈川県の例を中心に，学校図書館における個人情報・プライバシー保護)	メルマガ336・340/雑誌101(2)・(3)/図の自由55 メルマガ347/図の自由56 カレントE102/図の自由56
3月	●国立国会図書館資料利用制限措置に関する内規の一部改定，著作権の侵害により作成された資料などに対象を拡大（4月1日施行） ●アニメ「名探偵コナン」（1月22日放映）の利用者プライバシーを侵害するシーンについて，学図研申し入れ ●ALA，2006年に批判を受けた図書トップ10を発表，うち5点が同性愛を扱ったもの	図の自由56 メルマガ350/雑誌100(5)/図の自由56 カレントE104/図の自由56
4月	●IFLA/FAIFE，情報アクセス・知的自由の現況紹介レポート公開	カレントE106/図の自由57
5月	●平凡社『世界大百科事典』「アイヌ」項目を全面改稿，既刊購入者には冊子『アイヌ関連項目集』送付 　・改訂新版刊行（9月） ●船橋市西図書館の蔵書廃棄事件について，日図協総会で承認，当事者へ文書送付 　・当事者より公表を断る回答通知書（6月） ●加害少年推知記事の扱い（提供）について，日図協総会で報告	図の自由57 雑誌101(7)/図の自由56・57 雑誌101(7)/メルマガ356/朝日2007.5.26/

264

	・日図協理事会，同方針を確認（6月）	図の自由57
6月	●大阪府熊取町立図書館の除籍図書の取り寄せをめぐる損害賠償請求訴訟で，町は大阪地裁で敗訴したが控訴　・和解成立（11月）	読売(大阪)2007.6.17/図の自由57・59/み370
7月	●雑誌『公衆衛生情報』37(4)(2007.4)の回収依頼	図の自由57
9月	●少年の「供述調書」を引用した図書『僕はパパを殺すことに決めた』の図書館における扱いについて，日図協としては提供制限を肯定できないと表明　・図問研，声明を公表	メルマガ371/図の自由58
	●神奈川県立学校等における図書貸出事務に関する個人情報事務登録簿に貸出資料の「タイトル情報」追加	図の自由59
	●『図書館のための個人情報保護ガイドブック』著者の藤倉恵一，私立大学図書館協会2006年度協会賞受賞	メルマガ347/図の自由56
10月	●全国図書館大会93回（2007）東京「いまこそ，図書館の自由－言論・表現の危機と図書館の自由，日常のなかでの図書館の自由を考える」（基調講演「誰のための図書館の自由　図書館の自由と自律を考える」，トークセッション「こんなとき，あなたならどうする？どう考える？」）	大会2007
	●同上　学図分科会「図書館の自由や著作権について考える」（学校図書館と「読書の自由」）	
11月	●『安来市誌』『伯太町史』に差別を助長する記述があるとして，安来市から図書館へ抹消要求	図の自由59
12月	●総務省，携帯電話のフィルタリングサービス普及促進のため青少年を有害情報から守る第三者機関設立	図の自由59
	●日本新聞協会，総務省「通信・放送の総合的な法体系に関する研究会」最終報告に関する談話	図の自由59
☆	●有川浩『図書館危機』(2007.2)，『図書館革命』(2007.10)　●川崎良孝『アメリカ公立図書館の基本的性格をめぐる裁判事例の総合的研究（科研費補助金研究成果報告書）』(2007.3)　●ALA知的自由部編『図書館の原則　改訂2版－図書館における知的自由マニュアル（第7版）』(2007.8)	

図書館の自由に関する宣言　1979年改訂

社団法人　日本図書館協会

（1979年5月30日　総会決議）

　図書館は，基本的人権のひとつとして知る自由をもつ国民に，資料と施設を提供することを，もっとも重要な任務とする。

1　日本国憲法は主権が国民に存するとの原理にもとづいており，この国民主権の原理を維持し発展させるためには，国民ひとりひとりが思想・意見を自由に発表し交換すること，すなわち表現の自由の保障が不可欠である。

　　知る自由は，表現の送り手に対して保障されるべき自由と表裏一体をなすものであり，知る自由の保障があってこそ表現の自由は成立する。

　　知る自由は，また，思想・良心の自由をはじめとして，いっさいの基本的人権と密接にかかわり，それらの保障を実現するための基礎的な要件である。それは，憲法が示すように，国民の不断の努力によって保持されなければならない。

2　すべての国民は，いつでもその必要とする資料を入手し利用する権利を有する。この権利を社会的に保障することは，すなわち知る自由を保障することである。図書館は，まさにこのことに責任を負う機関である。

3　図書館は，権力の介入または社会的圧力に左右されることなく，自らの責任にもとづき，図書館間の相互協力をふくむ図書館の総力をあげて，収集した資料と整備された施設を国民の利用に供するものである。

4　わが国においては，図書館が国民の知る自由を保障するのではなく，国民に対する「思想善導」の機関として，国民の知る自由を妨げる役割さえ果たした歴史的事実があることを忘れてはならない。図書館は，この反省の上に，国民の知る自由を守り，ひろげていく責任を果たすことが必要である．．

5　すべての国民は，図書館利用に公平な権利をもっており，人種，信条，性別，

年齢やそのおかれている条件等によっていかなる差別もあってはならない。

外国人にも，その権利は保障される。

6 ここに掲げる「図書館の自由」に関する原則は，国民の知る自由を保障するためであって，すべての図書館に基本的に妥当するものである。

この任務を果たすため，図書館は次のことを確認し実践する。

第1　図書館は資料収集の自由を有する。

1 図書館は，国民の知る自由を保障する機関として，国民のあらゆる資料要求にこたえなければならない。

2 図書館は，自らの責任において作成した収集方針にもとづき資料の選択および収集を行う。

その際，

(1) 多様な，対立する意見のある問題については，それぞれの観点に立つ資料を幅広く収集する。

(2) 著者の思想的，宗教的，党派的立場にとらわれて，その著作を排除することはしない。

(3) 図書館員の個人的な関心や好みによって選択をしない。

(4) 個人・組織・団体からの圧力や干渉によって収集の自由を放棄したり，紛糾をおそれて自己規制したりはしない。

(5) 寄贈資料の受入れにあたっても同様である。

図書館の収集した資料がどのような思想や主張をもっていようとも，それを図書館および図書館員が支持することを意味するものではない。

3 図書館は，成文化された収集方針を公開して，広く社会からの批判と協力を得るようにつとめる。

第2　図書館は資料提供の自由を有する。

1 国民の知る自由を保障するため，すべての図書館資料は，原則として国民

図書館の自由に関する宣言　1979年改訂

の自由な利用に供されるべきである。

　図書館は，正当な理由がないかぎり，ある種の資料を特別扱いしたり，資料の内容に手を加えたり，書架から撤去したり，廃棄したりはしない。

　提供の自由は，次の場合にかぎって制限されることがある。これらの制限は，極力限定して適用し，時期を経て再検討されるべきものである。

⑴　人権またはプライバシーを侵害するもの。
⑵　わいせつ出版物であるとの判決が確定したもの。
⑶　寄贈または寄託資料のうち，寄贈者または寄託者が公開を否とする非公刊資料。

2　図書館は，将来にわたる利用に備えるため，資料を保存する責任を負う。図書館の保存する資料は，一時的な社会的要請，個人・組織・団体からの圧力や干渉によって廃棄されることはない。

3　図書館の集会室等は，国民の自主的な学習や創造を援助するために，身近にいつでも利用できる豊富な資料が組織されている場にあるという特徴をもっている。

　図書館は，集会室等の施設を，営利を目的とする場合を除いて，個人，団体を問わず公平な利用に供する。

4　図書館の企画する集会や行事等が，個人・組織・団体からの圧力や干渉によってゆがめられてはならない。

第3　図書館は利用者の秘密を守る。

1　読者が何を読むかはその人のプライバシーに属することであり，図書館は，利用者の読書事実を外部に漏らさない。ただし，憲法第35条にもとづく令状を確認した場合は例外とする。

2　図書館は，読書記録以外の図書館の利用事実に関しても，利用者のプライバシーを侵さない。

3　利用者の読書事実，利用事実は，図書館が業務上知り得た秘密であって，図書館活動に従事するすべての人びとは，この秘密を守らなければならない。

第4　図書館はすべての検閲に反対する。

1　検閲は，権力が国民の思想・言論の自由を抑圧する手段として常用してきたものであって，国民の知る自由を基盤とする民主主義とは相容れない。

　　検閲が，図書館における資料収集を事前に制約し，さらに，収集した資料の書架からの撤去，廃棄に及ぶことは，内外の苦渋にみちた歴史と経験により明らかである。

　　したがって，図書館はすべての検閲に反対する。

2　検閲と同様の結果をもたらすものとして，個人・組織・団体からの圧力や干渉がある。図書館は，これらの思想・言論の抑圧に対しても反対する。

3　それらの抑圧は，図書館における自己規制を生みやすい。しかし図書館は，そうした自己規制におちいることなく，国民の知る自由を守る。

図書館の自由が侵されるとき，われわれは団結して，あくまで自由を守る。

1　図書館の自由の状況は，一国の民主主義の進展をはかる重要な指標である。図書館の自由が侵されようとするとき，われわれ図書館にかかわるものは，その侵害を排除する行動を起こす。このためには，図書館の民主的な運営と図書館員の連帯の強化を欠かすことができない。

2　図書館の自由を守る行動は，自由と人権を守る国民のたたかいの一環である。われわれは，図書館の自由を守ることで共通の立場に立つ団体・機関・人びとと提携して，図書館の自由を守りぬく責任をもつ。

3　図書館の自由に対する国民の支持と協力は，国民が，図書館活動を通じて図書館の自由の尊さを体験している場合にのみ得られる。われわれは，図書館の自由を守る努力を不断に続けるものである。

4　図書館の自由を守る行動において，これにかかわった図書館員が不利益をうけることがあってはならない。これを未然に防止し，万一そのような事態が生じた場合にその救済につとめることは，日本図書館協会の重要な責務である。

図書館の自由委員会内規

第1条　図書館の自由委員会（以下，委員会という）は，日本図書館協会委員会規程第2条に定める事業執行型委員会として設置する。

第2条　委員会は，図書館員が利用者の読書と調査の自由をまもり，ひろげる責務を果たすため，つぎのことをおこなう。

  1．「図書館の自由に関する宣言」の趣旨の普及につとめ，その維持発展をはかる。
  2．図書館の自由をめぐる侵害および抵抗の事実についてひろく情報を収集するとともに，当事者の求めに応じて調査研究する。
  3．会員もしくは地方組織の求めに応じて，調査研究の成果を提供し，または発表する。

第3条　委員会の構成は，つぎのとおりとする。

  1．委員会は東地区委員会と西地区委員会とをもって構成する。
  2．委員会は全体で25名以内の委員をもって構成する。
  3．東西両地区委員会の委員は，関東圏及び近畿圏の会員の中から，それぞれ10名以内，さらに両圏外の全国の会員の中から定数の範囲内で理事長が委嘱する。全国の会員で委嘱された委員は，希望する地区委員会に所属する。
  4．委員会に委員長と副委員長2名を置く。委員長は委員の互選による。副委員長は東西両地区委員会からそれぞれ1名，互選により決める。

第4条　東西両地区委員会および全体会は，定例会を開くほか，委員長が必要と認めたとき臨時会を開く。委員長が必要と認めた場合，会員の出席を認める。

　　　付　　則
この内規は，平成14年8月8日から施行する。

図書館の自由委員会委員名簿 (2008年8月現在)

委員長　　（東地区委員）	山家　篤夫	（東京都豊島区在住）
副委員長（東地区委員）	西河内靖泰	（荒川区立南千住図書館）
東地区委員	伊沢ユキエ	（横浜市中央図書館）
	井上　靖代	（獨協大学）
	佐藤　眞一	（東京都立多摩図書館）
	平形ひろみ	（仙台市民図書館）
	藤倉　恵一	（文教大学越谷図書館）
	松井　正英	（長野県下諏訪向陽高等学校）
	南　亮一	（国立国会図書館）
	渡辺真希子	（横浜市立大学学術情報課医学情報センター）
副委員長（西地区委員）	熊野　清子	（兵庫県立図書館）
西地区委員	喜多由美子	（八尾市立八尾図書館）
	木村　祐佳	（国立国会図書館関西館）
	白根　一夫	（宮若市図書館準備室）
	鈴木　啓子	（兵庫県立西宮今津高等学校）
	高鍬　裕樹	（大阪教育大学）
	巽　照子	（東近江市立八日市図書館）
	田中　敦司	（名古屋市名東図書館）
	西村　一夫	（松原市民図書館）
	福永　正三	（橿原市在住）
	前川　敦子	（大阪教育大学附属図書館）
	三苫　正勝	（西宮市在住）

索引

【ア行】

ICカード　183, 184, 188
　→：住基カード
愛知県図書館
　―図書館サービスにおける表現の自由，個人情報の保護等についての検討委員会　217, 238
　―「人権・プライバシーを侵害する恐れのある資料の取扱要領」　217, 223
　―「図書館資料の提供についての基本方針」　217, 223
『アイヌの学校』　56-67, 234
アイヌ民族（差別）　56-67
「相棒」（テレビドラマ）　162-168, 235
『悪魔の飽食　続』　48, 50, 215
アジアの女たちの会・タイ女性の友　120, 121
アジアの児童買春阻止を訴える会　→カスパル
アジアを考える静岡フォーラム（FAS）　121
新しい歴史教科書をつくる会　32-33, 232
「穴吹町立図書館閲覧の制限に関する要綱」　222, 227

阿南市立図書館　27, 29
『an・an』　74
諫早市立図書館　196-201
諫早湾干拓　196, 197, 199
「石に泳ぐ魚」出版差止め　30, 90, 109-113, 139, 217, 225, 233, 238
委託（契約関係）　157, 190, 193
委託先からの情報漏洩　190-194, 236
医療関係書　44-50
『Water fruit：篠山紀信＋樋口可南子』　202
宇都宮市立図書館　203
『海をかえして！』　197
閲読の自由（未決拘禁者の）　12-17
閲覧制限（禁止）　63, 66-67, 76-84, 88, 102, 108, 113, 138, 147, 150, 104-106, 108-110, 113, 128-133, 154, 160, 225, 231, 233
　→：『こんな治療法もある』
　→：東大和市立図書館『新潮45』閲覧禁止事件
　→：提供制限
　→：利用制限
大阪市立図書館　178-182, 236
大阪府立図書館　178-182, 236
公の施設　34-36, 131, 135, 231

索引

【カ行】

回収依頼（要求）　28, 48, 56-59, 64, 65, 87, 92, 105, 109, 114, 120, 122, 143, 146, 234, 235
　　→：絶版（措置）要求
開放性（公的施設の）　35-37
「加害少年推知記事の扱い（提供）について－検討素案－」　98
加害少年の推知報道　→少年事件報道
貸出記録　164, 169-172, 180-181
「貸出業務へのコンピュータ導入に伴う個人情報の保護に関する基準」　187
貸出禁止　44, 60, 63, 68
貸出制限冊数　18-21
貸出方式　169-173, 235
貸出保留　51-55
「橿原市立図書館貴重書等の閲覧および館外利用の制限に関する要綱」　222
カスパル　120-122
価値中立性　36-39
学校図書館　38, 68, 74, 147, 156-157, 169-173, 188, 235
学校図書館法　157
学校図書館問題研究会　84, 169, 171
「神奈川県立川崎図書館資料利用制限措置に関する内規」　222-227
「金沢市内刑罰者人名録」　154
「火曜サスペンス劇場　新女検事夕子」（テレビドラマ）　167
『完全自殺マニュアル』　66-76, 123, 238
『完全武装マニュアル』　238

『官僚技官』　31, 90, 149-152
議員（の介入）による排除要求　203, 204, 208-212, 237
『北の人名録』　65
旧石器遺跡捏造　142-148
『凶水系』　167
緊急指定（有害図書の）　70, 237
『クロワッサン』差別的表現問題　114-119, 127, 234
「群馬県立図書館資料提供制限実施要領」　222, 225, 239
「警察からの照会マニュアル」（町田市）　216, 220
刑事訴訟法第197条2項（公務所への照会）　174-175
刑法第175条（わいせつ物頒布等）　204, 205, 224
　　→：わいせつ（文書）
『KEN』（地域雑誌）　31, 88-91, 139
検閲　15, 61, 71, 83, 85, 89, 133, 140, 159, 199, 206, 209, 226, 237, 238
　　→：憲法第21条
県職員録　155, 159
検討の三原則（名古屋市立図書館）　118, 214, 218
県の（市の）方針　78-80, 82, 115, 198, 200
憲法
　―第13条（個人の尊重と公共の福祉）　14, 19, 183
　―第19条（思想・良心の自由）　12-

273

索　引

　　15
—第21条（表現の自由・検閲の禁止）
　　12-15, 19, 71-72, 130-135, 139-140,
　　206, 237
—第33条・35条（令状主義の原則）
　　174-175, 187, 236
口唇・口蓋裂友の会（口友会）　125-
　　128
講談社　44-50, 143, 202
公的な場　35-36, 39, 231
公表権の侵害　105-106, 107, 224
　　→：著作権侵害により作成された資
　　　料
幸福の科学　202
神戸連続児童殺傷事件　54, 92, 216, 238
　　→：少年事件報道
公務員の不正疑惑報道　150
公立図書館（の基本的性格）　35-37,
　　135-136, 231
　　→：公の施設
　　—職員の職務上の義務　36, 134, 231
「公立図書館の管理及び運営に関する望
　　ましい基準」　36, 135
国際子ども図書館　23
国際人権規約B規約　132
国立国会図書館　18, 23, 107, 109-113,
　　138, 156, 174-177, 222, 225, 231, 233,
　　236, 239
　　—「資料利用制限措置等に関する内
　　　規」　107, 222, 225, 239
　　→：利用記録差し押さえ

国立国会図書館法　19
個人情報の流出　→利用者情報流出
　　（漏洩）
個人情報保護法　154-161, 184, 193, 235
国家賠償法第1条　33, 36-37, 130, 134
子どもの命を守る会・ひまわり（静岡
　　市）　122
子どもの権利条約　23, 70, 232
子どもの人権をすすめる会（清水市）
　　121
個別指定（有害図書の）　69
『こんな治療法もある』　44-50, 234

【サ行】
堺市通り魔殺人事件　129, 216, 233
　　→：東大和市立図書館『新潮45』閲
　　　覧禁止事件
『ザ・殺人術』　74, 238
「さすらい刑事旅情編」（テレビドラマ）
　　167
座談会中止　196-201
差別（的）表現　15, 55-56, 61, 64, 112-
　　117, 124-127, 146, 148, 215, 223, 234
「差別的表現と批判された蔵書の提供に
　　ついて（コメント）」　116, 127, 224
差別図書　56 ,61, 216, 238
差別用語　→差別（的）表現
『Santa Fe：宮沢りえ』　202
『歯科・インプラントは悪魔のささや
　　き』　90
「滋賀県立図書館制限図書利用要綱」

222-224

自己規制（図書館員の）　36, 53, 61, 71, 72, 82, 83, 155, 160, 199, 206, 211

自主規制（業界・出版社の）　67, 70, 72

静岡市の図書館をよくする会　121-123, 238

静岡市立図書館　120-124, 238

児童の権利に関する条約　→子どもの権利条約

市の方針　→県の（市の）方針

『市民の図書館』　19, 21, 22

写真週刊誌『フライデー』肖像権侵害事件　30, 90

自由委員会（各地の図書館における）214-221, 238

集会や行事への圧力　199

『週刊現代』（排除要求）　203

『週刊新潮』（排除要求）　204, 209

『週刊新潮』1997年7月10日号　55, 92, 94, 216, 217

　　→：少年事件報道

『週刊文春』（排除要求）　204, 209

『週刊文春』3月25日号出版差止めの仮処分　137-141

『週刊宝石』（排除要求）　206

『週刊ポスト』（排除要求）　206, 209

住基カード　183-189, 236

宗教団体批判　205-206, 208, 210

住民の要求　36

『宿題ひきうけ株式会社』　65

出版差止め（禁止）

→「石に泳ぐ魚」出版差止め

→『週刊文春』3月25日号出版差止めの仮処分

→『三島由紀夫－剣と寒紅』出版差止め

守秘義務　166, 174, 190

準抗告（刑事訴訟法上の）　176

「少年A犯罪の全貌」　→『文藝春秋』1998年3月号

少年事件報道　92-104, 129-136, 233

少年法第61条　92-93, 96-97, 99, 129, 132, 233

『縄文の生活誌』回収　142, 145, 234

職務上の義務違反　36, 133

書庫入れ（除架）　33, 47, 59, 64, 77-85, 121, 126, 154, 160, 214, 215

除籍　47, 68, 88, 99, 226, 237

　―（船橋市西図書館の）　→船橋市西図書館蔵書廃棄事件

資料収集の自由　205, 210, 231

資料提供の自由　123, 205, 232

資料取扱規定（委員会）　145, 222-228

資料保存（の責務）　27-30, 46, 59, 61, 94, 117, 121, 146, 160, 161, 206, 224, 226

知る自由（憲法判断としての）　12-17

人権またはプライバシーを侵害するもの　→プライバシーその他の人権を侵害するもの

人種差別　61, 81, 126

　　→：民族差別

身体障害者差別　116, 126

索　引

『新潮45』1998年3月号　216, 217
　→：少年事件報道
　→：東大和市立図書館『新潮45』閲覧禁止事件
『杉並区史』　215, 238
「杉並区図書館の自由に関する委員会」　215, 219, 238
『図説拷問全書』　74
『図説死刑全書』　74
『図説自殺全書』　74
制限措置　→利用制限
青少年（保護育成）条例　67-76, 122, 123, 205, 211, 225, 237
　→：有害図書規制
性表現への異議申立　210
　→：ヘアヌード掲載週刊誌
絶版措置（・回収）要求　44, 47, 56-66, 120-124, 234
全国部落解放運動連合会（全解連）　77-81, 85
捜索差押許可状（捜査令状）　162, 174-176, 231, 236

【タ行】

『タイ買春読本』廃棄要求　74, 120-124, 238
大学図書館　146, 156-157, 181, 188
『タイ夜の歩き方』　120
地下鉄サリン事件　51, 174, 236
『ちびくろサンボ』　65, 84
地方自治法　35, 131-132, 134-136, 231

『チャタレイ夫人の恋人』　206
注意書き貼付　→付箋の貼付
『中小都市における公共図書館の運営』（中小レポート）　22
著作権侵害（により作成された資料）　105-108, 235, 239
　→：公表権の侵害
著作権法
　—第2条1項19号（頒布）　107
　—第18条（公表権）　106-107
　—第113条1項（侵害とみなす行為）　107
著作者の人格的利益　34-38, 135
つくる会　→新しい歴史教科書をつくる会
提供制限　59, 68, 72, 85-89, 90, 92-104, 109-113, 133, 150, 205, 230, 233, 234
　—の決定（過程）　114, 118, 134, 216
　—（の）規定　222-228, 239
　→：閲覧制限
　→：利用制限
東京都大田区議会　204
東京都北区議会　203
東京都杉並区立図書館　215
東京都青少年健全育成条例　74
東京都中央区議会　208
東京都立（中央）図書館　22, 106, 145, 235
「東京都立図書館資料取扱委員会設置要綱」　222, 223, 225, 227
当事者による総括　54, 84

同窓会名簿　155, 158, 217
　　→：名簿
同和関係図書　77-85
同和行政方針　82
読書記録　162-165, 169-173
　　→：貸出記録
読書の秘密　170, 176, 186
　　→：「図書館は読書の秘密を守ることについて（ご理解の要請）」
　　→：利用者の秘密
「特別機動捜査隊」（テレビドラマ）　164
徳山工業高専学生殺害事件　90, 98, 234
「図書館の権利宣言」　75, 83
「図書館の自由をもとめる会」（四日市市）　80
図書館法　89, 131-132, 135-136, 158
「図書館は読書の秘密を守ることについて（ご理解の要請）」　165, 236
『土壇場でハリーライム』　167
『富岡町志』焼却要求　26-31, 234, 238
富山県立図書館　226, 231, 239
「土曜ワイド劇場　お料理学校殺人事件」（テレビドラマ）　167

【ナ行】

那賀川町立図書館　26-31, 234, 238
『名古屋市史風俗編』　214
「名古屋市図書館の自由問題検討委員会」　143, 146, 214.220, 234
名古屋市立図書館　70, 118, 143, 146, 214
日本考古学協会（の会告）　142, 145, 147
日本教育法学会　60, 63
ニューアーク式　→貸出方式
年齢（による利用）制限　18, 22-23, 68, 74, 75, 121
「のぞましい貸出方式が備えるべき五つの条件」（学図研）　171
望ましい基準　→公立図書館の管理及び運営に関する望ましい基準
『法月綸太郎の冒険』　167

【ハ行】

パソコン通信　178
『'86富山の美術』　226, 231, 239
『ハリー・ポッターと秘密の部屋』　125-128, 146, 217, 234
（犯罪または）自殺を誘発する　68, 69
反射的利益　34, 38, 134
頒布禁止の司法判断（仮処分）　86-91
　　→：出版差止
「ぴあの」（テレビドラマ）　163, 235
『B型肝炎殺人事件』　49
東大和市立図書館『新潮45』閲覧禁止事件　34, 39, 129-136, 230, 231, 233
被疑少年実名（本人推知）報道　→少年事件報道
非公刊の名簿　159
ピコ事件裁判判決　38
被差別部落　→部落差別

索　引

『ピノキオ』(問題)　54, 65, 117, 118, 214, 218
　　→：検討の三原則
日野市立図書館　19, 22
広島県立図書館蔵書破棄事件　36, 84
『フォーカス』1997年7月9日号　92, 95, 133, 216, 217
　　→：少年事件報道
「『フォーカス』(1997.7.9号)の少年法第61条に係わる記事の取り扱いについて(見解)」　93, 97, 99
袋綴じ(閲覧制限方法としての)　138
　　→：ヘアヌード掲載週刊誌
不正侵入(ネットワークへの)　178-182, 183
付箋(注意書き)の貼付　89, 109, 144, 145, 148, 149-152, 233
船橋市西図書館蔵書廃棄事件　32-41, 134, 135, 205, 230, 232, 236, 237
『フライデー』(写真週刊誌)　202
　　→：写真週刊誌『フライデー』肖像権侵害事件
プライバシー侵害　15, 61, 109, 110, 137, 183, 210
プライバシーその他の人権を侵害するもの　15, 29, 62, 94, 98, 110, 111, 116, 150, 155, 225
　　→：名誉(毀損)・プライバシー侵害
「プライバシー保護の手引き」(名古屋市図書館)　215, 220
プライバシーマーク　193

ブラウン式　→貸出方式
部落解放同盟　26, 79, 82, 215
部落差別　29, 79, 116, 126
「部落地名総鑑」　116
『文藝春秋』1998年3月号　90, 93-96
　　→：少年事件報道
「『文藝春秋』(1998年3月号)の記事について＜参考意見＞」　94, 100, 134
『文藝春秋』(の排除要求)　204
閉架書庫への移動　→書庫入れ
ヘアヌード掲載週刊誌(写真集)　123, 202-207
包括指定(有害図書の)　70, 72, 237
法的保護に値する(人格的)利益　→著作者の人格的利益
『ぼくたちの「完全自殺マニュアル」』　68, 71
北海道ウタリ協会　56-64
『北方ジャーナル』事件　139, 140

【マ行】

マスコミ倫理研究会　202, 206
町田市立図書館　216, 219, 238
「町田市立図書館の自由に関する委員会設置要領(内規)」　216
「松本市図書館利用者のプライバシー保護に関する運用方針」　221, 239
松本市立図書館　51-54, 238
三重県立図書館　77-85, 190-194, 236
三重の教育を守る会　77
『三島由紀夫－剣と寒紅』出版差止め

90, 105-108, 235
『みどりの刺青』貸出保留　51-54, 84, 221, 238
「耳をすませば」(映画)　169-173
民間療法　47
民族差別　61, 126
　→：アイヌ民族
名簿　154-161, 235
　→：同窓会名簿
名誉（毀損）・プライバシー侵害　86-91, 94, 109, 117, 122, 140, 149-151, 202, 210, 224
　→：人権またはプライバシーを侵害するもの
　→：プライバシーその他の人権を侵害するもの
メールアドレス流出　194, 236

【ヤ行】
山口県立山口図書館図書抜き取り放置事件　36, 84
有害図書規制（指定）　70-72, 205, 237
　→：『完全自殺マニュアル』
　→：緊急指定（有害図書の）
　→：個別指定（有害図書の）
　→：青少年保護育成条例
　→：『タイ買春読本』
　→：包括指定（有害図書の）
ユネスコ公共図書館宣言　36
横浜市立図書館　68, 114-119

予約
　―（インターネット上の）　181
　―受付停止　105, 232
　―情報漏洩　194, 236
　―制限冊数　18, 21

【ラ行】
ラベリング　89, 147, 151-152
　→：付箋の貼付
利用記録差し押さえ（国立国会図書館）　174-177
利用者懇談会　53
利用者情報流出（漏洩）　230, 236
　―テレビドラマの中の　162-168, 172-173, 235
　―三重県立図書館の　190-194, 236
利用者の秘密（を守る）　170, 174, 180, 183, 235-236
利用制限（措置）　15, 57, 66, 69, 103-106, 107- 111, 112, 138, 224-225
　→：閲覧制限
　→：提供制限
　→：年齢による利用制限
　―の再検討　30, 160, 218, 227
　―の方法　160

【ワ行】
わいせつ（文書）（出版物）　15, 88, 202-206, 224, 226

279

視覚障害者その他活字のままではこの本を利用できない人のために，日本図書館協会及び著者に届け出る事を条件に音声訳（録音図書）及び拡大写本，電子図書（パソコンなど利用して読む図書）の製作を認めます。但し，営利を目的とする場合は除きます。

図書館の自由に関する事例集
Selection from the Cases on Intellectual Freedom in Japanese Libraries

定価：本体2,500円（税別）

2008年9月18日　初版第1刷発行©
2017年9月15日　初版第2刷発行

編　者　日本図書館協会図書館の自由委員会
発行者　公益社団法人　日本図書館協会
　　　　〒104-0033　東京都中央区新川1丁目11-14
　　　　Tel　03-3523-0811(代)
製　作　㈱PAN OFFICE

JLA201713　　　　　　　　　　　　　　　　　　Printed in Japan

ISBN978-4-8204-0812-3
本文の用紙は中性紙を使用しています。